AF267537

HENRI CORDIER

MEMBRE DE L'INSTITUT

PROFESSEUR A L'ÉCOLE DES LANGUES ORIENTALES

MÉLANGES

D'HISTOIRE ET DE GÉOGRAPHIE

ORIENTALES

TOME II

PARIS

LIBRAIRIE DES CINQ PARTIES DU MONDE

JEAN MAISONNEUVE & FILS, ÉDITEURS

3, RUE DU SABOT, 3

1920

MÉLANGES D'HISTOIRE

ET DE

GÉOGRAPHIE ORIENTALES

II

HENRI CORDIER

MEMBRE DE L'INSTITUT

PROFESSEUR A L'ÉCOLE DES LANGUES ORIENTALES

MÉLANGES

D'HISTOIRE ET DE GÉOGRAPHIE

ORIENTALES

TOME II

PARIS

LIBRAIRIE DES CINQ PARTIES DU MONDE

JEAN MAISONNEUVE & FILS, ÉDITEURS

3, RUE DU SABOT, 3

1920

L'ASIE CENTRALE ET ORIENTALE

ET LES ÉTUDES CHINOISES [1]

———

Monsieur le Ministre,
Mesdames, Messieurs,

Il y a une soixantaine d'années, un personnage de la *Vie de Bohème* s'adressant à Colline, le philosophe du groupe qui entourait le poète Rodolphe, lui disait :

« Comment, monsieur, vous savez le chinois ?... c'est fabuleux... j'aurais beaucoup aimé savoir le chinois. »

Et le brave garçon qui allait vendre ses livres pour venir en aide à Mimi Pinson de répondre froidement :

« Je vous l'apprendrai. »

Et cependant, à cette même époque, M. Stanislas Julien enseignait au Collège de France le chinois à un auditoire aussi clairsemé qu'infidèle. Les temps ont changé. Du cabinet du savant qui pâlissait sur les vieux textes de la littérature du Céleste-Empire, le Chinois s'est échappé pour jouer sa partie dans le concert international des nations qui luttent pour des intérêts de plus en plus complexes, et il est entré dans

———

1. Discours prononcé à la Sorbonne par M. Henri Cordier, à la Séance générale du Congrès des Sociétés savantes, le vendredi 24 avril 1908.

le domaine de la pratique. Le bourgeois de 1849 trouverait tout simple aujourd'hui que la langue parlée par quatre cents millions d'êtres humains, c'est-à-dire le tiers de la population du monde, fût étudiée dans un but autre que celui de la curiosité.

Il était fort naturel que l'étude du chinois, avant de former une branche très importante de la linguistique, ne fût, ainsi que beaucoup de sciences à leur début, considérée que comme un pur passe-temps d'amateur. Les premiers qui parlèrent de cette langue n'avaient nullement le dessein de l'apprendre aux autres, ni même celui d'indiquer les sources qui permettraient de l'étudier ; on ne s'occupait du chinois que pour compléter le cadre d'une histoire générale de la Chine ou d'un traité universel de linguistique ; on ne fournissait, par conséquent, aucune méthode régulière d'enseignement, on se bornait à citer quelques caractères vagues de la langue ou deux ou trois phrases usuelles, et, pour donner plus d'attrait à un sujet qui offrait plus d'intérêt pour le curieux que pour le savant, on agrémentait la dissertation de quelques signes bizarres qui, n'étant compris de personne, pas même de ceux qui les traçaient, pouvaient tout aussi bien passer pour du chinois que pour toute autre langue aussi peu connue.

La première mention de l'écriture chinoise dans les ouvrages occidentaux a été faite au XIIIe siècle par le cordelier Guillaume de Rubrouck, envoyé de Saint Louis à la cour du Grand Khan.

« [Les Chinois] écrivent, dit-il, avec un pinceau fait comme celui des peintres, et dans une figure ils font plusieurs lettres et caractères, comprenant un mot chacun. »

Les premiers livres imprimés en Europe dans les-quels on ait représenté des caractères chinois sont les *Cartas...* des Jésuites, Alcala, Lequerica, 1575, in-4º, p. 72 *b* ; le *Theatrum Orbis Terrarum*, d'Ortelius, Anvers, Plantin, 1584, in-fol., et l'*Historia del gran reyno de la China*, du P. Juan Gonçalez de Mendoça, publié à Rome en 1585, chez Grassi.

Dans l'énumération des langues que contient son *Thresor de l'histoire des langues*, Claude Duret, en 1613, cite les langues indienne orientale, chinoise, japonaise, sans parler *des sons, voix, bruits, langages ou langues des animaux et oyseaux*. Duret consacre son soixante-seizième chapitre à la langue chinoise. Outre le passage de Mendoça, qu'il reproduit en ajoutant à la fantaisie des caractères, Duret donne « le simple Alphabet de la Chine et du Gyapon, d'ont l'Escriture procède du haut en bas, par colomnes arrengées de la main droicte vers la gauche, à la mode Hébraïque, qui nous a esté imparty au publicq de la grace et beneficence de la Maiesté du feu Roy Henry III, par le moyen de feu Monsieur le comte du Bou-chage viuant Père Capuccin ; à la requisition de non moins éloquent que tres-docte le feu reuerend et deuot Père Monsieur Edmond Auger de la Société du nom de Iesus qui nous a moyenné ce bien, ainsi que le certifie le feu sieur de Vigenere en son Traicté des chiffres ». Quelques-uns des caractères de ce soi-disant alphabet sont assez bien tracés, et la plupart sont reconnaissables.

L'arrivée du P. Ricci à Pe-king au commencement du xviie siècle fut le point de départ de travaux sur la langue chinoise de Nicolas Trigault, Lazare Catta-neo, Gaspar Ferreira et Alvaro Semedo. Martin Martini apporta en Europe le premier atlas renfermant des cartes exactes de la Chine (1655) ; en passant par la Hollande, il fit la connaissance de l'illustre savant Jacques Golius à qui il donna des leçons de chinois. Plus tard, Philippe Couplet, lors de son voyage en Europe, en 1680, fit connaître les livres classiques de Confucius traduits par Ignacio da Costa.

Des savants, comme Christian Mentzel à Berlin, Thomas Hyde à Oxford, André Müller, de Greiffenhagen, hommes au savoir universel, partant superficiel, cultivaient au xviie siècle l'étude du chinois.

Gottlieb Siegfried Bayer, né à Kœnigsberg, mais Pétersbourgeois d'adoption, peut être considéré comme le dernier et en même temps le plus remarquable de ces sinologues de l'ancienne école ; nous entendons par ancienne école, celle des savants dont nous venons de parler, qui ont acquis leurs connaissances au hasard de leurs recherches ou de leurs rencontres, et dont les ouvrages, inutiles à consulter pour l'étude de la langue, ne sont que des objets de curiosité. Nous avons dit que Bayer était le plus remarquable de ces orientalistes, car, sans être fort en chinois, il était bien supérieur à ses devanciers et il a eu, le premier, le mérite de nous donner des textes étendus.

Avec Fourmont l'aîné, au xviiie siècle, commence l'école moderne des sinologues, et nous voulons dire par école moderne, celle qui a puisé ses inspirations directement dans les ouvrages publiés en Chine. Fourmont est le premier qui eut l'idée de se servir des ouvrages utilisés par les missionnaires eux-mêmes pour étudier la langue chinoise et il pilla copieusement le travail du dominicain espagnol Varo, imprimé à Canton en 1703, alors presque inconnu en Europe, pour compiler sa propre grammaire, en 1742.

La création d'une mission française par les Jésuites envoyés à Pe-king par Louis XIV a été le signal d'un grand développement donné aux études chinoises qu'ont illustrées Visdelou, Gerbillon, Parrenin, Prémare, Gaubil, Incarville, Amiot, et qui a donné naissance à ces grands recueils : la *Description de la Chine*, de Du Halde, l'*Histoire générale de la Chine*, de Mailla, la *Notitia linguæ sinicæ*, de Prémare, les *Mémoires concernant les Chinois*, qui sont l'honneur des travaux sinologiques français au XVIIIe siècle.

Une période d'arrêt se produit à Pe-king à la fin du XVIIIe siècle, mais pendant cet assombrissement temporaire dans le Nord, un nouveau centre d'études était créé dans le Sud de la Chine, à Macao et à Canton. Robert Morrison, le premier missionnaire protestant en Chine (1807), est le véritable fondateur de cette brillante école sinologique anglo-américaine sur laquelle ont jeté tant d'éclat Sir John Francis Davis, Medhurst, Bridgman, S. Wells Williams, Wylie, Sir Thomas Francis Wade et, jusqu'à nos jours, l'illustre James Legge.

En Europe, un renouveau se produisait : des sinologues plus remarquables par leur nombre et le bruit de leurs discussions que par la qualité de leurs travaux, publiaient des livres qui n'offrent plus guère qu'un intérêt historique ; ils tiraient leur origine, les étrangers, de la tradition créée à Saint-Pétersbourg par Bayer, les Français, des livres de Fourmont l'aîné : Jules Klaproth, Joseph Hager, Antonio Montucci, l'abbé Dufayel, le baron Schilling de Canstadt, Stephen Weston, et brochant sur le tout De Guignes fils, arrivé de Canton où, le dernier, il avait géré le consulat de France, armé du *Han-tseu si-ye*, dictionnaire de l'ancien vicaire apostolique du

Chen-si, le franciscain Basilio Brollo, de Gemona, qu'il devait publier sous son nom dans l'énorme in-folio qui encombre la bibliothèque de tout sinologue qui se respecte. De cette foule surgira, esprit lucide et créateur, Abel Rémusat, l'inspirateur de la tradition française actuelle. Il inaugura le 16 janvier 1815, le cours de « Langues et littératures chinoises et tartares-mandchoues » fondé pour lui au Collège de France et dans lequel il fut remplacé, lors de sa mort prématurée en 1832, par Stanislas Julien qui jeta un si grand lustre sur les études chinoises. Actuellement leur successeur suit leur tradition d'une façon brillante.

Il m'a toujours semblé que l'enseignement donné au Collège de France ne devait pas être le même que celui donné à l'Ecole des langues orientales vivantes. L'Ecole des langues orientales, sans perdre son caractère scientifique, a un but essentiellement pratique, celui de fournir des drogmans et des interprètes aux départements ministériels, et même d'apprendre aux jeunes gens se destinant au commerce et à l'industrie, les langues, les mœurs, les coutumes et les lois de l'Orient et de l'Extrême-Orient.

Le cours de chinois de l'École des langues orientales inauguré en 1841 par Bazin, continué à la mort de ce dernier (30 déc. 1862) par Stanislas Julien comme chargé de cours, ne prit son caractère définitif que lorsqu'il eut été confié, en 1871, au comte Kleczkowski, secrétaire-interprète du Gouvernement pour les langues de la Chine, qui avait longtemps résidé dans l'Extrême-Orient. Depuis lors, cette chaire a toujours été occupée par des interprètes du ministère des Affaires étrangères.

Jamais les études chinoises n'ont été aussi florissantes, en France et même en Europe, qu'aujourd'hui, grâce à l'enseignement donné au Collège de France, à l'Ecole des langues orientales, à la Faculté des lettres de l'Université de Lyon, et aux ouvrages publiés par les sinologues français, soit à Paris, soit en Chine et en Indo-Chine, où la jeune Ecole de Hanoï a conquis du premier jour une place considérable dans le monde scientifique sous l'habile direction de M. Louis Finot.

Quel a été le champ de ces études dans le passé ? quel est-il dans le présent ?

Dans un passé lointain et déjà historique, la Chine était formée d'une série d'Etats échelonnés dans le bassin du fleuve Jaune, véritable berceau de l'empire du Milieu, lorsqu'à la fin du iiie siècle avant notre ère, un grand guerrier, brisant la domination féodale des principautés, indépendantes sous la suzeraineté nominale des Tcheou, établit l'unité du pays et, répartissant l'Empire en trente-six provinces, se proclama, lui, chef de l'Etat de Ts'in, premier empereur, Houang Ti (220 av. J.-C.). C'est ce conquérant, Ts'in Chi Houang-ti, qui est bien connu dans l'histoire comme le persécuteur des lettrés et le destructeur des livres philosophiques de Confucius et de son école, qui conservaient une tradition dont il voulait anéantir jusqu'au souvenir, l'histoire de l'Empire devant commencer avec lui. Déjà, à cette époque, la Chine était menacée par les envahisseurs du Nord, aussi fut-ce pour arrêter leurs incursions que Chi Houang-ti fit exécuter, aux frontières septentrionales de son Empire, ce gigantesque travail qui fait encore l'admiration de la génération présente, la Grande Muraille ou Muraille des dix mille lis.

Ces envahisseurs étaient les Hioung-nou.

Les Hioung-nou, ou Huns, peuple turc, jadis sujets des Yue-tchi, à leur tour avaient vaincu ceux-ci une première fois à la fin du IIIe siècle et une seconde en l'an 177 avant J.-C. Les Yue-tchi, chassés du Kan-Sou, leur pays d'origine, en 165, émigrèrent vers l'ouest où ils se divisèrent en deux branches : les petits Yue-tchi, qui se retirèrent dans le Tibet, où ils se mélangèrent avec les Khiang ; les grands Yue-tchi, qui occupèrent Kachgar dont ils dépossédèrent les Sakas (163 av. J.-C.), puis traversant la Sogdiane, poussant toujours devant eux les Sakas (128 av. J.-C.), s'emparèrent de Caboul (126 av. J.-C.). Les Sakas, pourchassés, se réfugièrent dans le nord-ouest de l'Inde et occupèrent le Sindh et le Pendjab.

Alexandre le Grand, après s'être emparé de la Perse (330-328), occupa la région de l'Indus (327-325) et, de cet empire oriental, forma les trois satrapies de Bactriane, d'Ariana et d'Inde, dont Seleucus s'empara après la mort du conquérant (312-306) ; mais dès 304, le lieutenant d'Alexandre était obligé de céder ses possessions de l'Inde à Tchandragoupta, de Magadha, dont le petit-fils, Açoka, surnommé Piyadasi, célèbre par son zèle religieux, couvrit de monuments bouddhiques l'Inde depuis le nord-ouest jusqu'au Dekkan.

Les Yue-tchi, continuant le cours de leurs conquêtes, mettaient fin en 120 avant J.-C. à la domination grecque dans l'Asie centrale, s'emparaient du royaume saka de Soter Megas (60 av. J.-C.), faisaient la conquête du Cachemir et, après avoir vu leur empire de l'Inde tomber par lambeaux entre les mains des princes hindous, disparaissaient au

Ve siècle de notre ère devant les Huns Blancs.

Le rôle des Yue-tchi, Tokhares ou Indo-Scythes, avait été considérable, car ils furent probablement les intermédiaires entre la Chine et l'Europe, et c'est par eux, bien certainement, que le bouddhisme fut connu par le Céleste-Empire.

Dans la seconde moitié du IVe siècle, les Huns se divisent en deux branches : un groupe conduit plus tard par Attila roulera, en la dévastant, à travers l'Europe, et sa vague formidable ira, en 451, se briser dans les Champs Catalauniques contre les forces compactes et disciplinées des Romains d'Aetius, des Visigoths de Théodoric, des Francs de Mérovée et des Burgundes, unis dans un sentiment de commune conservation pour arrêter l'élan destructeur des barbares asiatiques. L'autre groupe détruira le royaume Kouchan de Caboul, le royaume de Gandhâra et l'empire goupta et, sous le nom de Huns blancs ou Hephthalites, créera dans l'Asie centrale un vaste empire, avec Badakhschân, à l'est de Faizabad actuel comme capitale, qui, au VIe siècle de notre ère, succombe aux attaques des Tou-kiué (Turcs) ; ceux-ci, après une période de grande puissance, tombèrent une centaine d'années plus tard à leur tour sous les coups des Ouigours, dont la capitale Kara-Balgasoun s'élevait sur la rive gauche de la rivière Orkhon.

Mais, du fond du nord-est asiatique, réserve inépuisable d'envahisseurs, s'élançaient de nouvelles hordes : les Tartares orientaux K'i-tan, d'origine toungouse, créèrent au Xe siècle la dynastie des Liao, qui régna successivement à Liao-yang (Mandchourie) et à Yen-King (Pe-king). Refoulés à leur tour vers l'ouest au XIIe siècle, par une autre tribu toungouse, les Niu-tchen, comme jadis les Yue-tchi par les Huns,

les Liao s'emparèrent de la Kachgarie, où ils fondèrent un nouvel empire sous le nom de Kara-K'itaï.
Les Niu-tchen, sous le nom de *Kin*, établis également à Pe-king, avaient créé dans le nord de la Chine
un empire tandis que les souverains chinois de la dynastie des Soung, chassés vers le sud, régnaient dans
le Tche-kiang à Hang-tcheou, devenu Lin-ngan.
C'est à ces deux divisions de l'Empire chinois que les
historiens occidentaux du moyen âge ont appliqué
les noms de Cathay et de Manzi.

Toutefois, à la fin du XIIe et au commencement
du XIIIe siècle, une formidable organisation guerrière
était constituée au sud du Baïkal — et les Mongols,
sous la conduite de Tchinguiz Khan et de ses héritiers, après avoir subjugué les tribus qui les envi-
ronnaient, Merkites, Kéraïtes, Naimans, détruisaient
les royaumes de Kara-K'itaï, du Kharezm, le khalifat
de Bagdad, anéantissaient les Kin et achevaient la
destruction des Soung. L'immense empire Mongol qui
eut pour capitales successivement Karakoroum, Kaï-
ping, puis Khan-bâliq (Pe-king), s'étendait depuis
l'Asie orientale jusqu'à l'Europe. La commotion
produite par les guerriers asiatiques fut telle que
papes et rois de France leur envoyèrent légats et
ambassadeurs ; les étudiants de l'Université de Paris
réclamèrent — ils réclamaient déjà ! — la création
d'une chaire de « tartare » ; diplomates, missionnaires
et marchands affluent sur la route de Karakoroum
et de Khan-bâliq ; la voie de Perse, grâce à l'esprit
libéral des Ilkhans mongols de l'Iran, est de nouveau
suivie pour s'embarquer sur l'Océan Indien depuis
longtemps inaccessible, grâce aux exigences des sultans mamelouks d'Egypte ; les mers lointaines sont
franchies par les voyageurs d'Occident et de leur

multitude surgit le nom de l'illustre vénitien Marco Polo qui, nouvel Hérodote, nous fera connaître par le minutieux récit de ses voyages, la géographie de l'Asie dans la seconde moitié du xiiie siècle, comme le grand pèlerin bouddhiste Hiouen-tsang nous aura fait connaître celle du viie siècle.

Cependant au milieu du xive siècle, la puissance mongole sombre à son tour et avec elle cette politique tolérante qui avait guidé les Grands Khans; Toghroul Timour se convertit à l'Islam, les chrétientés florissantes sont détruites, aussi bien dans l'Asie centrale à Al-Mâliq qu'en Chine à Khan bâliq et à Zaitoun. Les Chinois, à Nan-king d'abord, à Pe-king ensuite, ont réinstallé sur le trône la dynastie éminemment nationale des Ming. Les routes par terre et par mer sont fermées : la route de mer sera rouverte par les Portugais au xvie siècle lorsque, après la découverte du cap de Bonne-Espérance, ils auront brisé la tyrannie de l'Islam dans l'Océan Indien; la route de terre ne sera reprise qu'au commencement du xviie siècle par Benoît de Goës, parti de l'Inde, qui expirera empoisonné à Sou-Tcheou, aux portes mêmes de la Chine, la terre promise à son activité évangélique.

Un nouvel empire, aussi rapide dans sa formation, aussi puissant dans ses luttes, qu'éphémère dans sa durée, reconstitue à la fin du xive et au commencement du xve siècle la puissance mongole sous le cimeterre de Tamerlan qui sauve l'Europe vaincue par les Ottomans à Nicopolis, en écrasant à Ancyre le vainqueur Bajazet Ilderim, retardant ainsi d'un demi-siècle l'entrée du Turc dans les murs de Constantinople.

C'est la fin !

Désormais plus de grandes chevauchées à travers l'Asie centrale. Le sable a recouvert d'un linceul les villes jadis si peuplées et le voyageur erre au milieu de la vague sèche et brûlante du désert aride sans penser que son pied foule l'oasis jadis fertile qui abritait des tribus nombreuses et prospères ; le Chinois a repris sa marche vers l'ouest, et en 1759 il annexe définitivement à son vaste empire l'Asie centrale qu'il gardera malgré quelques sanglantes révoltes durement réprimées et la création d'un état musulman de courte durée par Yakoub, il y a une quarantaine d'années. Lorsqu'au milieu du XVIe siècle, le Russe commence sa course au delà de l'Oural, elle le conduit plus au nord ; les continuateurs de l'œuvre de Iermak Timofeevitch franchissent les uns après les autres les larges cours d'eau sibériens, et avant d'entreprendre la conquête du Kamtchatka, les Cosaques font un long arrêt sur les bords de la Léna ; ils explorent les affluents supérieurs de ce grand fleuve et c'est par eux qu'ils pénètrent dans le bassin du He-loung-Kiang où ils entrent en relations avec le peuple chinois.

Dans cette mêlée où les peuples se fondent les uns dans les autres, se superposent ou s'exterminent, quel a été le rôle de la Chine : le Chinois n'est pas l'être impassible à l'extérieur, immobile dans sa pensée, figé dans un moule unique, ignorant tout du monde — dont il est le centre — en dehors des dix-huit provinces qui forment l'Empire et des pays qui en dépendent, — souvent dépeint par les étrangers ; il a fait des emprunts à des civilisations étrangères, certaines de ses mœurs ont été modifiées par ses conquérants, et d'autre part son action politique et militaire s'est étendue de la Corée à l'Annam, du Japon à l'Asie centrale. De ses explorations vers l'Ouest, il a rapporté, avec la religion bouddhique, la connaissance d'un art affiné par la tradition de la Grèce qui a eu la plus décisive et la plus heureuse influence sur le goût de l'Asie orientale.

C'est dans le Gandhâra (Pèshawar) que se forma, au 1er ou au début du IIe siècle de notre ère, l'art charmant dénommé gréco-bouddhique qui emprunta sa forme à l'art antique et ses sujets à la vie indienne (bouddhisme). Le bouddhisme qui pénétra à Kachgar dès 120, en Chine, en Corée (372), puis au Japon (552), porta avec lui cet art que nous retrouverons dans les admirables sculptures que les To-ba, qui régnèrent en Chine sous le nom de Wei de 386 au VIe siècle, nous ont laissées à Ta T'oung dans le Chan-si, et dans le défilé de Loung Men dans le Ho-nan, soigneusement photographiées par M. Chavannes au cours de son beau voyage d'exploration archéologique en Chine, l'année dernière. Courte fut la prospérité de cet art que la décadence qui s'annonçait déjà au VIe siècle, lors du pèlerinage de Soung-yun, conduisit à la ruine constatée au siècle suivant par Hiouen-tsang. On pourra admirer dans une vitrine du Louvre, au premier étage, dans le vestibule au-dessus du musée égyptien, les beaux spécimens rapportés du Gandhâra par M. A. Foucher qui s'est fait l'historien attachant et érudit de l'art gréco-bouddhique.

La géographie ne doit pas moins que l'art, de reconnaissance au Bouddhisme dont les Chinois ont peut-être entendu parler pour la première fois dans leurs luttes contre les Hioung-nou ; ce n'est qu'en l'an 2 avant notre ère, qu'une ambassade de l'empereur Ngai, chez les Ta Yue-tchi, nous fournit une date précise au sujet de la nouvelle religion qui fut reconnue officiellement en Chine par l'empereur Ming Ti, en 61 de notre ère.

Les pèlerins bouddhistes chinois, avides de puiser la bonne parole à la source même, furent entraînés sur la route de la Haute-Asie jusqu'à la vallée sacrée du Gange, en quête des livres qui expliquaient la Sainte Doctrine ; depuis le IVe siècle, de longues théories de pèlerins, en accomplissant leur œuvre de foi, faisaient aussi un travail géographique considérable : Fa-hian au IVe siècle, Soung-yun au VIe, Hiouen-tsang et I-tsing au VIIe, pour ne nommer que les plus célèbres d'entre eux, en même temps qu'ils prenaient place en Chine parmi les personnages les plus révérés de sa religion, figurent au premier rang des grands explorateurs asiatiques, au-dessus de géographes ou de voyageurs laïques comme Tchao Jou-koua et Ma-houan que nous ont révélés Fried. Hirth et George Phillips.

On peut faire remonter les explorations des Chinois vers l'ouest aux missions confiées au célèbre Tchang k'ien (139-127 av. J.-C.) envoyé par l'empereur Wou-Ti (140-87 av. J.-C.) près des Yue-tchi et fait prisonnier par les Hioung-nou, qui étendirent les connaissances des Chinois jusqu'à l'Oxus et aux confins de la Perse. Au Ier siècle de notre ère, le fameux général Pan Tch'ao fit la conquête de tout le bassin du Tarim formé des cours d'eau qui baignent les villes du sud des T'ien chan, dont le déversoir est le Lob-Nor. C'est également à cette époque qu'il faut placer les renseignements sur la route de la soie donnés par le négociant macédonien Maës Titianus à Marin de Tyr et conservés par Ptolémée.

Cette route conduisait de Hiérapolis sur l'Euphrate

par Hékatompylos, Aria et Margiana (Merv) à Bactres, puis au nord au district montagneux de Komedi qui sépare l'Oxus de la rivière de Wakhshab et de Karategin, aux pâturages du plateau de l'Alai et quitte le bassin de l'Oxus pour celui du Tarim ; par la passe de Taun-murum, on gagnait la grande route qui met Kachgar en communication avec le Ferghana par le Terek Dawân, après avoir passé la Tour de Pierre, Tach-Kourgan, dont la position n'est pas encore fixée, et qui n'est sans doute pas celle que l'on rencontre en remontant du Taghdoumbash Pamir vers le nord.

La décadence de la puissance chinoise dans l'Asie centrale commença dès le début du IIe siècle de notre ère sous l'empereur Ngan Ti (107-125) des Han postérieurs. Au IIIe siècle, l'empereur Wou Ti (265-290) qui avait reconstitué, avec la dynastie des Tsin occidentaux, l'unité de la Chine divisée entre trois dynasties pendant la période dite *San kouo tchi*, essaya de rétablir l'influence du Céleste-Empire dans la vallée du Tarim, et l'on verra plus loin l'importance de ce règne au point de vue archéologique.

La destruction par la Chine (658-659) de l'Empire des Turcs occidentaux avait étendu la puissance du Fils du Ciel au delà de l'Oxus jusqu'à l'Indus ; c'est l'époque de sa plus grande extension vers l'ouest, mais les difficultés d'ordre intérieur pendant la souveraineté de Wou-Heou, la reprise des conquêtes arabes et surtout l'occupation de Kachgar (670-692) par les Tibétains qui fermaient la route des Pamirs à l'envahisseur de l'est, rendirent illusoire la domination de la Chine dans ces contrées lointaines, malgré l'expédition victorieuse que conduisit en 747 le général Kao Sien-tche au delà des Pamirs, à travers les passes de Baroghil et de Darkot qui lui livra Gilgit et la route de Kachmir. Semblable expédition serait aujourd'hui impossible : les Anglais en occupant ces mêmes passes se sont rendus maîtres du Wakkan et par conséquent de la vallée du Haut-Oxus et empêchent par suite toute menace d'invasion par le nord du bassin de l'Indus.

A la suprématie des Tibétains, au VIIIe siècle, se substitue celle des Ouïgours qui s'étend de Pei-t'ing (Gou-tchen) à Aksou.

Enfin, au milieu du Xe siècle, Satok Boghra Khan qui régnait de l'Issik-koul à Kachgar se convertit à l'Islam.

Nous avons terminé l'historique de la période qui offre aujourd'hui à l'activité et à la science des archéologues et des orientalistes tant de problèmes complexes. Tous les faits sont scrupuleusement relatés par les Chinois dans leurs Annales. On ne découvre pas la Chine ; on étudie ce que ses fils ont écrit ; la science occidentale contrôle leurs récits et l'expérience démontre la véracité des historiens du Céleste-Empire. Aucun peuple ne possède une littérature historique ou géographique aussi riche, mais si les sinologues ont déployé beaucoup de savoir et de sagacité dans la traduction et l'interprétation des Livres canoniques, ils n'ont encore qu'effleuré les textes historiques et ce n'est que de nos jours que l'étude de ceux-ci a été abordée avec une véritable méthode scientifique.

La traduction des voyages des pèlerins bouddhistes commencée par Abel Rémusat, poursuivie par Stanislas Julien et Samuel Beal, a été continuée de nos jours avec le plus vif succès par MM. Chavannes et

Takakusu ; ce sont ces voyageurs qui nous ont révélé la géographie de l'Asie centrale et du nord de l'Inde : le général Cunningham dans son grand ouvrage sur la période bouddhiste de la géographie de l'Inde (1871), M. Stein tout récemment, dans ses grandes explorations, ont tiré grand parti des recherches des sinologues.

C'est à ceux-ci également que l'on doit de connaître les parties les plus importantes des histoires dynastiques de la Chine ; M. Chavannes traduisit une partie de l'histoire des Han commencée par Wylie et ses documents relatifs aux T'ou-Kiué occidentaux (Turcs), publiés par l'Académie impériale des Sciences de Saint-Pétersbourg, ont éclairé d'une manière inattendue les découvertes de Sven Hedin et de Stein, en même temps qu'ils aidaient les explorateurs dans leurs futures recherches. Jadis Palladius traduisait des fragments de l'histoire des Youen dont Gaubil avait tiré sa *Vie de Gengis khan*. Groeneveldt et Hirth nous renseignent, le premier sur les Etats de la Malaisie, le second sur les connaissances des Chinois sur l'Empire romain. Il n'est pas téméraire de dire que, sans les travaux des sinologues, les grands ouvrages de Sir Henry Yule, *Cathay* et *Marco Polo*, de Brestchneider sur les voyages du moyen âge d'après les sources orientales, n'auraient pu voir le jour.

L'expérience allait bientôt confirmer les faits révélés par les livres. Les grands voyageurs dans l'Asie centrale, les frères Schlagintweit, Bonvalot, Henri d'Orléans, les Russes Sievertsov, Prjevalsky, Pievtsov, Groum-Grjimailo, Obroutchev et, de nos jours, Kozlov et Roborovsky, tant d'autres encore, poursuivaient soit des recherches d'histoire naturelle, soit des découvertes géographiques, soit simplement

un but politique, quoiqu'ils nous aient parfois parlé
des ruines rencontrées au hasard de leurs pérégrinations. On peut dire que de nos jours seulement, l'étude
de l'histoire du passé a été systématiquement entreprise, et qu'à la lumière des découvertes archéologiques, on a pu apporter la preuve de la sincérité des
écrivains chinois, reconstituer en grande partie la
chronologie et marquer la parenté des populations
si diverses qui ont jadis donné la vie à ces pays aujourd'hui si déserts.

Le 10 mai 1890, un Sibérien d'Irkoutsk, Nicolas
Yadrintsev, directeur de la *Revue Orientale* de cette
ville, m'apportait des rives de l'Orkhon, affluent de
la Selenga qui se jette dans le lac Baïkal, des inscriptions en caractères anciens, encore inconnus,
relevées lors d'une expédition dont il avait exposé
les trouvailles en janvier 1890, au VIIIe Congrès
archéologique russe de Moscou. M. Yadrintsev se
plaignait d'avoir vu sa découverte peu appréciée
en Russie, et il venait attirer l'attention du monde
savant de l'Occident sur ses recherches. Il fit une conférence à la Société de géographie et M. Philippe
Berger, dans sa remarquable *Histoire de l'Écriture
dans l'antiquité* (1891), constatait l'intérêt de la
mission qu'il avait accomplie. Suivant les traces de
Messerschmidt au xviiie siècle et d'Alexandre Cas-
trén au xixe, en 1887 et 1888, M. O. Donner, pour le
compte de la Société finlandaise d'archéologie, recueillait dans la région de l'Iénisséi des inscriptions
qui furent publiées à Helsingfors en 1889. Une nouvelle expédition organisée en 1890 sous la direction de M. Axel Heikel, donna de fort beaux résultats ; outre diverses antiquités, elle rapportait trois
monuments épigraphiques : 1º une stèle du prince

turc Gueuk Teghin, datée de 732, portant deux inscriptions, l'une en chinois, l'autre en turc altaïque ;
2º la stèle funéraire de Me Ki-lien, khakan des Tou-
Kiué, et enfin 3º des fragments sino-ouïgours. Un
autre résultat du voyage de M. Heikel fut de prouver que, contrairement à l'opinion d'Abel Rémusat,
le Kara Koroum des Mongols Tchinguizkhanides n'est
pas le Kara-Balgasoun, capitale des Ouïgours. Enfin,
en 1891, une expédition russe dans les mêmes para-
ges était dirigée par l'académicien W. Radloff, qui
ne tardait pas à publier les premiers résultats de son
voyage. Les inscriptions de l'Iénisséi et de l'Orkhon
appelèrent immédiatement l'attention de fantaisistes,
puis de savants sérieux, mais la gloire de leur déchiffrement revient, grâce à une méthode singulièrement
ingénieuse, au savant philologue de l'Université de
Copenhague, Vilh. Thomsen. Il est à regretter que
Yadrintsev, qui fut en quelque sorte l'apôtre de ces
nouvelles entreprises, soit mort prématurément à
Barnaoul, en 1894.

Le cordelier Guillaume de Rubrouck, envoyé au
milieu du XIIIe siècle par le roi de France Saint Louis
à la cour du Grand Khan Mangkou, nous dit que la
ville de Kara-Koroum, excepté le palais du Khan,
« ne vaut pas la ville de Saint-Denis en France,
dont le Monastère est dix fois plus considérable que
tout le Palais même de Mangkou » ; il y rencontra
un orfèvre parisien, Guillaume Boucher, qui lui
fabriqua un fer pour mouler les hosties. Cette véri-
dique histoire nous est confirmée par notre compatriote Marcel Monnier qui, parmi les objets curieux
que lui montrèrent les bonzes de l'Erdeni-Tso lorsqu'il visita ce couvent, qui occupe une partie de l'emplacement de Kara-Koroum, il y a quelques années,

reconnut un fer à hosties, sans aucun doute celui de maître Guillaume de Paris.

Mais c'est dans le bassin du Tarim et de ses affluents, qui ont pour déversoir l'instable Lob-Nor, que devaient se faire les principales découvertes quand on se mit à rechercher méthodiquement ces villes dont parlent les annales chinoises, et qui ne pouvaient être les agglomérations modernes constituant comme autant d'oasis dans le désert qui étend son immensité au sud des T'ien-Chan. D'après les itinéraires des voyageurs bouddhistes on pouvait supposer qu'il y avait une série de postes en bordure de la vaste mer de sable où une civilisation avait dû trouver un asile, et un passage de l'Ouest à l'Est, et Sir Henry Yule et moi nous écrivions dans notre édition de Marco Polo : « On peut dire, avec juste raison, que pendant les dernières années des traces nombreuses de civilisation hindoue ont été trouvées dans l'Asie centrale, s'étendant depuis Khotan, à travers le Takla-Makan, aussi loin que Tourfan et peut-être plus haut. »

Les restes de l'ancienne capitale du Khotan, Yotkân, à l'ouest de la ville actuelle de Khotan, furent découverts il y a une quarantaine d'années. En 1877, Sir Thomas Douglas Forsyth, chargé par le gouvernement de l'Inde d'une mission auprès de Yakoub-Beg, à Yarkand, signalait à la Royal Geographical Society l'existence de villes enfouies dans le sable. L'exhumation de manuscrits, de poteries, de monnaies, etc., allait donner une base solide aux théories et nous révéler la nature des documents que l'on pouvait retrouver dans des régions aujourd'hui désolées, après avoir connu une ère de prospérité.

En 1890, le lieutenant Bower trouvait les plus anciens manuscrits connus dans une écriture indienne, en partie du ve, peut-être même du ive siècle de notre ère, à Mingaï, dans la Kachgarie. D'autres manuscrits étaient envoyés à Saint-Pétersbourg par M. Petrovsky, consul de Russie à Kachgar. A la même époque, M. Weber, missionnaire morave à Leh, au Ladak, expédiait à Calcutta d'autres manuscrits. M. Serge d'Oldenburg a étudié à Saint-Pétersbourg les documents de M. Petrovsky, et M. A. F. Rudolf Hoernle publiait, dans le journal de la Société asiatique du Bengale et de la Société asiatique de Londres, une série de mémoires sur les manuscrits de Bower et de Weber. De notre côté, nous n'avions pas été moins heureux.

Pendant la grande exploration dans laquelle notre compatriote Dutreuil de Rhins perdit la vie, un document écrit sur écorce de bouleau, renfermé dans le mazar de Kountou, au sud-ouest de Khotan, sur la rive droite du Karakach-Daria, tomba en juin 1892 entre les mains du jeune compagnon de l'infortuné voyageur, M. Fernand Grenard, et l'examen de ce manuscrit par M. Emile Senart montra qu'il contenait des fragments du *Dhammapada* en caractères kharoshthi, ancienne écriture dont l'emploi semble avoir cessé dans l'Inde au i^er siècle de notre ère.

D'autre part, le célèbre explorateur suédois, le docteur Sven Hedin, en 1896, lors de son second voyage à travers le Takla-Makan, de Khotan à Chah-Yar, visita les ruines entre le Khotan-Daria et Kirya-Daria, où il trouva les restes de la ville de Takla-Makan, maintenant ensevelie dans les sables. Il découvrit des figures de Buddha, un morceau de papyrus avec des caractères inconnus et des vestiges d'habitation. Cette Pompéï asiatique, disait le voya-

geur, vieille au moins de dix siècles, est antérieure à
l'invasion mahométane conduite par Kuteïbe Ibn-
Muslim, au commencement du viiie siècle ; ses habitants sont bouddhistes et de race aryenne, probablement originaires de l'Hindoustan.

Toutes ces découvertes allaient servir de prétexte
au remarquable voyage dont nous allons parler.

Au cours des années 1900-1901, sous les auspices
du Gouvernement de l'Inde, le D[r]. M. Aurel Stein
accomplissait un voyage dans le Turkestan chinois.
L'acquisition en 1891 du célèbre manuscrit sur écorce
de bouleau acheté à Kou-tcha par le colonel Bower,
la découverte du manuscrit en écriture kharoshthi
par la mission Dutreuil de Rhins, les manuscrits
reçus et étudiés par le D[r]. A. F. R. Hoernle, provenant en majeure partie de l'oasis de Khotan et du
désert adjacent de Takla-Makan, ainsi que les doutes
sur l'authenticité de quelques-uns de ces documents,
rendaient nécessaire l'exploration du pays. Les résultats de la mission de Stein dépassèrent les espérances
de ceux qui l'avaient encouragée. Les documents
chinois furent confiés à l'examen de M. Chavannes ;
ceux qui furent trouvés à Dandân-Uiliq, dont les
dates s'échelonnent de 768 à 790, se rapportent à la
période où l'influence chinoise subsistait encore dans
tout le Turkestan oriental, bien qu'elle n'eût déjà
presque plus de communications avec le gouvernement central ; un certain nombre de documents
chinois écrits sur des fiches minces et étroites de bois,
trouvés à Niya, se rattachent au début de la dynastie
Tsin, qui commença de régner en 265 après Jésus-
Christ ; une autre trouvaille du plus vif intérêt faite

à Dandân-Uiliq fut celle d'un document judéo-persan qui ne paraît pas remonter au delà du viiie siècle, ce qui lui donnerait deux cents ans de plus que le plus ancien document judéo-persan connu jusqu'ici, c'est-à-dire le rapport légal de 1020 conservé à la Bibliothèque Bodléienne ; il est également le plus ancien document en persan moderne, puisque le manuscrit le plus ancien en cette langue d'un ouvrage en prose est l'exemplaire de Vienne daté 1055 du traité de Muffawak Ibn'Ali, de Hérat, composé entre 961 et 976 de notre ère. Un autre résultat du voyage fut la découverte à Khotan d'une véritable fabrique de faux manuscrits dont le Gouvernement indien, en 1895-1898, et quelques voyageurs anglais avaient inconsciemment acheté les produits du faussaire, Islam Akhun.

Le Lob-Nor, dont l'instabilité est si grande, a été l'objet des études des géologues et des géographes depuis la mémorable discussion de Prjevalsky et de Richthofen. En février 1901, Sven Hedin, sur la rive septentrionale d'un grand lac desséché qui serait le vrai Lob-Nor de l'antiquité, trouva les ruines de quatre villages qu'il identifia sans doute à tort avec la principauté de Leou-lan ou Chan-chan, qui était au sud du Lob-Nor.

D'autre part, la géologie venait contrôler les découvertes de l'archéologie ; les Américains, grâce à la générosité de M. Carnegie, avec le vétéran Raphaël Pumpelly, W. M. Davis, Bailey Willis, etc., étudiaient la substructure des montagnes et des mers de sable de l'Asie centrale, et le professeur Ellsworth Huntington émettait l'avis que le marais de Kara-Kochoun n'était qu'un petit reste moderne de l'ancien grand Lob-Nor et qu'entre le iiie et le viiie siècle de

notre ère, le lac semble avoir occupé la position qui
lui est assignée sur les vieilles cartes chinoises à un
degré environ au nord du Kara-Kochoun. Ceci viendrait à l'appui de la thèse que j'ai autrefois émise,
à savoir que Marco Polo, qui ne parle pas du Lob-
Nor, serait passé entre le lac septentrional de Sven
Hedin et le Kara-Kochoun de Prjevalsky, pour
prendre l'ancienne route utilisée par les Chinois à
l'époque de la dynastie des Han, pour traverser le
désert jusqu'à Cha-tcheou, sur la frontière du Kan-
Sou.

Cependant la nécessité de donner un peu d'unité
aux efforts des travailleurs devenait de plus en plus
évidente : une concurrence maladroite pouvait compromettre le fruit de sérieux efforts et il semblait
que la Russie, intéressée d'une manière spéciale dans
la question, fût particulièrement désignée pour
prendre en mains la direction des recherches archéologiques. Au congrès des Orientalistes tenu à Rome
en 1899, M. Radloff, membre de l'Académie des
Sciences de Saint-Pétersbourg, me consulta sur un
projet de règlements d'un Comité chargé de l'exploration de l'Asie centrale. Ces règlements revisés,
furent de nouveau présentés en 1902, au Congrès des
Orientalistes de Hambourg et adoptés : le siège de
l'Association, formée le 10 septembre 1902, était fixé
à Saint-Pétersbourg ; le statut du Comité russe était
confirmé par l'empereur de Russie, le 2 février 1903
et des branches devaient être créées dans divers
pays. MM. Senart, Foucher et Henri Cordier étaient
désignés pour constituer le Comité français.

Le Comité russe se mettait immédiatement à
l'œuvre et organisait les missions scientifiques sui-

vantes, nous ne citons que les principales : dans l'été de 1903, André Roudneff relève les dialectes des tribus mongoles et détermine la frontière de la population mongole au N.-E. de la Mongolie, au delà de Khingan ; en 1903, le docteur G. J. Ramstedt, envoyé par l'Université de Helsingfors, accomplissait deux missions, l'une chez les Kalmouks de la Volga, l'autre chez les tribus mongoles de l'Afghanistan ; la même année, deux étudiants étaient envoyés, l'un, Nicolas Bravine, en Crimée pour y poursuivre l'étude du dialecte des Tartares Nogaï, l'autre, Jean Belaiev, pour étudier les dialectes des Kara Kalpacs, habitant près du delta de l'Amou Daria ; M. Viatkine faisait des recherches dans les environs de Samarcande ; MM. Tcherkasov et Claret exploraient les ruines d'Otrar où ils dressaient le plan de la citadelle où mourut Tamerlan en 1405 ; dans l'été de 1904, une exploration archéologique était conduite par le professeur Barthold à Samarcande.

Des comités étaient formés en Hollande avec le professeur H. Kern comme président, à Budapest avec le *Keleti Szemle* (Revue orientale) comme organe officiel, à Rome ; ce dernier comité, présidé par le sénateur Paolo Mantegazza, vient d'envoyer dans l'Extrême-Orient, M. Giovanni Vacca, docteur en mathématiques, qui compte rester au moins une année au Se-tch'ouan et au Chen-si où il poursuivra, en outre du chinois, ses études relatives à l'histoire des sciences.

Les Allemands prenaient une part très active au défrichement de ce nouveau champ d'études.

En 1902, le Musée d'Ethnographie de Berlin organisait une expédition à Tourfan, sous la direction du professeur Albert Grünwedel et du docteur Georg

Huth mort depuis. Son but était l'exploration des antiquités du culte bouddhique au Turkestan chinois, qui avaient éveillé l'attention du monde savant à la suite des découvertes faites par l'expédition russe dirigée en 1889 par M. D. Klementz sous les auspices de l'Académie impériale des Sciences ; l'exploration des ruines de la ville d'Idiqutšahri, près de Kara-Khodja, à environ 30 kilomètres à l'est de Tourfan, a livré d'importants documents estranghelo, turk, sanscrit, brahmi, chinois, qui ont été étudiés par MM. F. W. K. Müller, Karl Foy, R. Pischel, H. Stönner, O. Franke. A son retour, M. Grünwedel rédigeait, pour le Comité russe pour l'exploration de l'Asie centrale, des *Remarques pratiques sur les travaux archéologiques dans le Turkestan chinois.*

J'ai eu l'occasion d'entretenir la Section de Géographie du Comité des travaux historiques de la seconde mission de M. Grünwedel. Un des membres de cette mission, le docteur von Le Coq, qui est un assistant du Musée d'Ethnographie de Berlin, quitta cette ville en septembre 1904, et se rendit à Ouroumtchi, capitale du Turkestan chinois, et de là, à Tourfan, distant de cinq jours de marche ; après trois mois de fouilles stériles, il découvrit une grande quantité de peintures murales sur plâtre bouddhistes, et de manuscrits sur papier, sur cuir ou sur bois, en nagari, brahmi, chinois, tibétain, si-hia, syriaque, manichéen, ouïgour, kok-turk et dans une langue inconnue ; à la fin de 1905, M. Grünwedel rejoignit le docteur von Le Coq à Kachgar et ils entreprirent ensemble des fouilles à Koutcha et à Kourla ; ils y firent une ample moisson de manuscrits nagaris et brahmis, de tablettes avec des inscriptions brahmi et kharoshthi et de peintures à l'huile. Tout récemment M. F. W. K. Müller semble avoir établi que l'une des deux langues encore inconnues que nous ont révélées ces fouilles doit être la langue des Tokhares, Indo-Scythes ou Yue-tchi qui paraît être indo-germanique et se rapprocher plus des langues européennes que du groupe aryen ; la seconde langue inconnue doit être un idiome iranien.

Nous ne sommes pas restés en arrière des étrangers. La section française du Comité international pour l'exploration de l'Asie centrale, avec le concours du Ministère de l'Instruction publique, de l'Académie des Inscriptions et Belles-Lettres, de la Société de Géographie, du Comité de l'Asie française, et de quelques particuliers, a organisé la mission dirigée par M. Paul Pelliot, professeur à l'Ecole française d'Extrême-Orient, avec la collaboration de MM. le docteur Vaillant et Charles Nouette, photographe. Parti de Kachgar, le 17 octobre 1906, M. Pelliot recueillait d'importants documents dans les ruines d'un temple bouddhique à Toumchouq, au nord-est de Maral-bachi, sur la route d'Aksou ; depuis il a soigneusement exploré Koutcha et ses environs, où la récolte est moindre qu'on pouvait l'espérer à cause des excavations déjà faites par les Allemands et même par les Japonais, Ouroumtchi et, aux dernières nouvelles, il était à Tourfan où était arrivé également le docteur Stein de retour de son second voyage qui l'avait conduit au Kan-Sou. Le docteur Stein avait fouillé les anciens sites au nord du Lob-Nor, puis il s'était dirigé vers Cha-tcheou ou Toun-houang à la frontière chinoise par la route de Hiouen-tsang et de Marco Polo abandonnée pendant plusieurs siècles ; à l'ouest de Toun-houang, il avait relevé une ligne de défense avec des tours de garde construite à la fin du IIe siècle avant notre ère par l'empereur Wou-Ti; un grand nombre de documents datés pour beaucoup d'entre eux de 98 avant J.-C. à 25 après J.-C. furent recueillis.

A ces voyages dans l'Asie centrale, il faut rattacher la première grande exploration archéologique faite systématiquement en Chine. Le voyage que M. Edouard Chavannes a entrepris l'année dernière dans la partie historique de l'Empire du Milieu, qui s'étend au nord du Yang-tseu, a révélé des faits nouveaux et confirmé d'autres signalés seulement par les livres. Après avoir relevé les tombes impériales de Moukden et son palais où il a pris le moulage de plus de soixante miroirs métalliques, M. Chavannes s'est transporté sur la rive droite du cours supérieur du Yalou, rivière frontière entre la Mandchourie et la Corée, pour voir les vestiges de l'ancien royaume de Kao keou li ; au Chan-toung, il faisait un pèlerinage aux lieux de naissance des grands philosophes Confucius et Mencius et visitait les fameuses chambrettes funéraires de la famille Wou dont les sculptures du IIe siècle de notre ère sont les plus anciennes connues en Chine. Dans le voisinage de Kong hien, il notait un temple avec des sculptures du VIe siècle; il relevait les sépultures des empereurs de la dynastie Soung, Jen tsoung et Houei tsoung, avec de longues files d'animaux et de personnages en pierre, analogues à celles des tombeaux des Ming. Notre compatriote passait sur l'emplacement du premier temple bouddhique construit en Chine et faisait un séjour de douze jours dans le Ho-nan, au défilé de Long-men, célèbre par ses sculptures ciselées au VIe siècle par les Wei, venus de Ta-t'oung, et au

VIIe et au VIIIe siècles par les T'ang, leurs continuateurs. En quittant Si-ngan fou, ancienne capitale de l'Empire, il visitait les tombeaux de Wou
San-seu, neveu de la fameuse impératrice Wou, de
Kao tsoung, de T'ai tsoung, de Jouei tsoung et de Hien
tsoung, empereurs de la dynastie T'ang. Plus tard,
il passait au lieu de la sépulture de l'illustre historien
Se-ma Ts'ien, dont il a traduit le grand ouvrage
Che ki, ou « Mémoires historiques », un défilé également nommé Long-men, puis il remontait au nord
du Chan-si, visitant les temples du massif du Wou-
T'ai chan, consacrés au culte de Manjuçri, et enfin
Ta-t'oung fou, où il a fait une étude complète des
bas-reliefs de Yun-kang, qui, bien que fortement
restaurés, fournissent encore par endroits quelques
bons spécimens de l'art des Wei septentrionaux au
Ve siècle de notre ère : c'est là que M. Chavannes découvrit ce curieux personnage rappelant l'Hermès
des Grecs et les nombreuses sculptures qui permettent de jalonner la route de l'art gréco-bouddhiste
qui, du nord-ouest de l'Inde, s'est répandu jusqu'au
Japon.

Ce voyage marque une date dans l'histoire des
recherches dont la Chine est l'objet : c'est la première
fois qu'un sinologue, doublé d'un archéologue avec
une forte culture classique, allait, mûri par une longue
et savante préparation, contrôler sur place l'authenticité des anciennes Annales du vieil empire chinois ;
et le grand honneur d'accomplir cette tâche revenait
à un savant français, digne continuateur de la tradition inaugurée par Abel Rémusat, continuée par
Stanislas Julien.

Les découvertes des voyageurs modernes ont
renouvelé complètement les études orientales dont

le domaine singulièrement élargi devient difficile, sinon impossible à embrasser dans son ensemble ; les différentes branches d'études s'enchevêtrent, se ramifient entre elles, et par l'art grec viennent se rattacher à l'Europe. Un seul homme ne suffit plus à pénétrer dans tous leurs détails les multiples problèmes que présente un pays asiatique : la division du travail s'impose et le nombre des ouvriers doit nécessairement s'accroître devant l'immensité et la diversité du labeur déjà préparé.

Nous avons tenté de retracer l'ensemble des travaux entrepris depuis vingt ans par les peuples d'Occident pour essayer de reconstituer l'histoire si embrouillée du passé de cette Asie si longtemps mystérieuse, aujourd'hui encore si mal connue. Au milieu des ruines accumulées par les hommes et par les siècles, le Chinois reste debout, non pas impavide, mais ferme dans sa tradition ; à ses côtés un jeune empire, fermé, il y a quarante ans encore, à toute influence extérieure, s'est placé d'un coup au premier rang des puissances militaires du monde. Une nouvelle page de l'histoire d'Asie se prépare ; des peuples que l'on croyait immobilisés dans leurs vieilles mœurs et coutumes se meuvent ; la placidité du fils de Han disparaît devant les assauts répétés des novateurs. Une évolution considérable se fait dans cette masse de peuples, hier encore si calmes en apparence.

Quel avenir nous réserve le réveil de la race jaune ?

Ici finit le domaine de la géographie et de l'archéologie ; ici commence le domaine de la politique.

Je m'arrête.

LES CHINOIS DE TURGOT [1]

Ko et Yang étaient deux jeunes Chinois de Pe-King, envoyés en Europe par les Jésuites pour compléter leur éducation religieuse ; ils ignoraient, à cause de leur jeunesse, à peu près tout de leur propre pays ; au moment où ils allaient retourner dans l'Extrême-Orient, l'illustre Turgot leur adressa une série de cinquante-deux questions sur la Chine : Richesse, Distribution des terres, Culture. — Arts (Papeterie, Imprimerie, Etoffes). — Histoire naturelle. — Quelques points d'histoire (Juifs en Chine, Miaotseu) ; pour permettre à Ko et Yang de répondre à ces questions, le grand économiste écrivit ce chef-d'œuvre : *Réflexions sur la formation et la distribution des richesses*, qui parut en novembre 1766. En cent paragraphes, « il renferme, dit un bon juge [2], sur les capitaux, la monnaie et la concurrence, les vérités les plus précieuses et les plus nouvelles pour l'époque où elles ont été produites. Il devait être et il a été nécessairement et incessamment présent à l'esprit d'Adam Smith, quand l'auteur de la *Théorie des sentiments moraux* écrivait, neuf ans plus tard, sa *Richesse des nations* ».

1. Extrait du *Florilegium Melchior de Vogüé*, 1909, pp. 151-158.
2. Léon Say, *Turgot*, Paris, 1887, p. 45.

J'ai pensé que des renseignements sur le séjour de ces Chinois en France, alors qu'il était rare de voir des Fils du Céleste Empire dans notre pays, pourraient présenter quelque intérêt ; je les ai recueillis en majeure partie dans les papiers du ministre Bertin conservés à la Bibliothèque de l'Institut.

Ces deux Chinois, originaires de Pe-king, de parents chrétiens, se nommaient Louis Ko [Kao], fils de Joseph Ko et de Cécile Tchao, et Etienne YANG, fils d'André Yang et de Catherine Li, né le 8 février 1733, moins âgé d'un an que son compagnon. Après avoir poursuivi leurs études chinoises et passé trois années chez les Jésuites de Pe-King, « ils se proposèrent de passer en Europe pour y voir la splendeur du Christianisme. Ils crurent, et ne se sont point trompés, que la Religion ne fleurit dans aucune autre Nation plus qu'en France, ils se déterminèrent à y venir ». Ils partirent de Pe-King le 7 juillet 1751 et ils arrivèrent à Canton à la fin de septembre 1753, passèrent à Macao où ils demeurèrent plus de trois mois en attendant le départ ; ils s'embarquèrent avec un compatriote nommé Louis TCHENG qui retourna avant eux en Chine et n'embrassa pas l'état ecclésiastique, au commencement de janvier 1754, sur un des vaisseaux de la Compagnie des Indes, commandé par M. DE FREMERIE qui mourut pendant la traversée longue de six mois et quelques jours. Arrivés en France, Ko et Yang furent conduits au collège royal de la Flèche où ils séjournèrent environ six ans, apprenant le français, se perfectionnant dans le latin, étudiant la logique et la théologie. En 1760, ils se rendirent à Paris avec l'intention d'entrer au noviciat des Jésuites et d'y prendre l'habit, mais le Général, sur l'avis

des missionnaires de Chine, s'opposa à leur dessein
pour sauvegarder leur liberté.

Quand la Compagnie de Jésus fut dissoute, ils
furent recueillis par l'abbé de Broquevielle, lazariste.
« Le R. T. Provincial des Jésuites, nommé La Croix,
touché de compassion pour notre état, écrivit en
Cour pour nous [1] obtenir une pension du Roi. Le
Supérieur, qui nous avait si bien accueilli, ne manqua
pas d'intéresser Mgr. l'Archevêque de Paris auprès
de Mgr. le Comte de Saint-Florentin. Mgr. le Comte
de Saint-Florentin [2], rempli d'humanité, se fit un
plaisir de solliciter pour nous auprès de Sa Majesté
Très-Chrétienne et nous obtint à chacun une pension
de 750 livres par an, ce qui nous donna le moyen de
continuer nos études de Théologie pour nous mettre
en état de recevoir les Saints Ordres.

« Au commencement de l'an passé 1764, voulant
profiter des vaisseaux que la Compagnie des Indes
envoya à la Chine, pour retourner dans notre pays,
nous fûmes heureusement obligés d'aller faire notre
cour à Mgr. Bertin [3], Ministre et Secrétaire d'Etat,
qui était alors chargé des affaires de la Compagnie
des Indes, et qui seul pouvait nous accorder le passage
sur le vaisseau.

« Pendant l'espace de cette année 1764, le Roi à la
recommandation de Mgr. Bertin, Ministre digne de la
confiance de Sa Majesté, nous ordonna de faire un

1. Note écrite par Yang et Ko le 17 janvier 1765, deux heures
avant leur départ pour Lorient.
2. Louis Phélypeaux, comte de Saint-Florentin, né le 18 août
1705 ; mort le 27 février 1777, à Paris ; ministre d'Etat en 1761 ;
beau-frère de Maurepas.
3. Henri-Léonard-Jean-Baptiste Bertin, né en 1719, mort
en 1792 ; contrôleur-général des finances ; ministre d'Etat.

Voyage à Lyon, dans le Forez et dans le Vivarais, pour y examiner et connoître toutes les plus belles Manufactures de ses Etats, afin qu'à notre retour en Chine nous puissions voir les différences qu'il peut y avoir entre les arts de la Chine et ceux de la France.

« Mgr. Bertin, Ministre et Secrétaire d'Etat, prévenu en notre faveur, a voulu nous rendre utiles à la France et en même temps à la Chine ; en conséquence nous avons été engagés à différer notre voyage à un an.

« Engagés par la reconnaissance, nous avons exécuté les ordres de Sa Majesté de point en point : nous avons donné preuve de notre exactitude et de notre attention, par les Observations que nous avons eu l'honneur de remettre par écrit à Mgr. Bertin.

« Comblés de bienfaits et de libéralités du Roi, nous nous voyons enfin sur le point de quitter Paris. Sa Majesté Très-Chrétienne voulant mettre le comble à ses bontés pour nous, nous a donné une tenture des belles Tapisseries de Sa Manufacture royale de Beauvais, une collection de douze glaces superbes, une collection de Porcelaine de Sa Manufacture royale de Sèvres, une imprimerie portative, une machine d'électricité, une collection de lunettes d'approche, un télescope, une chambre noire, un microscope solaire et un microscope à liqueur, avec une montre d'or à chacun, en nous laissant participans de ses bontés pendant notre vie ; et nous nous conformerons, pour ces présens aux Instructions que le Roi nous a données par son Ministre. Nous nous reconnaissons incapables de reconnoître jamais assez toutes les faveurs de Sa Majesté, c'est pourquoi nous ne cesserons de conjurer le Ciel de les reconnoître pour nous, par la conservation d'un Monarque digne de régner à jamais pour la prospérité de ses Etats. »

Outre les connaissances qu'ils purent acquérir dans leur voyage en province et leur séjour à Paris, Ko et Yang reçurent aussi vingt et une leçons de physique de M. Brisson [1], professeur au collège de Navarre, membre de l'Académie des Sciences, auquel ils furent confiés au mois de juillet 1764. Brisson les fit assister douze fois à des expériences de physique et construisit pour eux une machine électrique. On a fait instruire nos Chinois « autant que le peu de temps l'a permis, et en particulier de la chymie dont l'objet est d'analyser tous les corps et d'en connoître les principes dont ils sont composés ». Leur professeur de chimie était Cadet [2] : on les avait installés sur la paroisse de Saint-Nicolas-du-Chardonnet, au séminaire de Saint-Firmin, rue Saint-Victor.

Quand Ko et Yang partirent, on leur remit, le 16 janvier 1765, une *Instruction* détaillée sur la conduite qu'ils devront tenir en arrivant en Chine ; on sait que « la discrétion dont le S^r. Ko et le S^r. Yang ont usé en France ne laisse aucun lieu de douter qu'ils ne se conduisent pendant leur traversée à la Chine sur les vaisseaux de la Compagnie des Indes avec toute sorte d'égards et de ménagements » ; aussi dès qu'ils auront abordé à Canton « leur premier soin doit être de prendre les plus promptes et les plus justes mesures pour s'habiller à la Chinoise et faire attention de ne quitter leur bord que quand ils seront en état de paraître décemment suivant les usages de leur nation : Pour cet effet, ils s'informeront le plus exac-

1. Mathurin-Jacques Brisson, né à Fontenay-le-Comte le 30 avril 1723 ; mort le 23 juin 1806, à Croissy, près de Versailles ; il succéda à l'abbé Nollet dans sa chaire au collège de Navarre.
2. Sans doute Louis-Claude Cadet-Gassicourt, né à Paris en 1731 ; mort en 1799.

tement qu'il se pourra de la manière dont le S^r. Tcheng leur compatriote, qui est retourné à la Chine, il y a 3 ans, s'est comporté à son arrivée à Canton, et de suivre la même route que luy s'ils apprennent qu'il n'y a éprouvé aucune difficulté ; il est très essentiel pour la tranquillité du S^r. Ko et du S^r. Yang et pour le succès de tout ce qu'ils se proposent d'avantageux pour les deux états de la Chine et de la France de ne rien faire qui puisse donner lieu à des plaintes de la part du gouvernement chinois ; on comprend que cette observation a lieu pour tous les objets de la présente instruction sans qu'il soit besoin de la répéter ailleurs. »

On leur trace un véritable programme pour le moment de leur arrivée à Pe-king :

« Après avoir rempli tous les devoirs que la nature, les loix à la Chine et les bienséances exigent d'eux, le S^r. Ko et le S^r. Yang songeront efficacement à profiter des lumières qu'ils ont acquis en France dans la vüe d'être réciproquement utiles à la nation chinoise et à la nation françoise. Mais comme ils ne sauroient suffire d'eux-mêmes à la connoissance de tout ce qui leur est nécessaire pour remplir ces objets, ils doivent chercher soigneusement à former des liaisons différentes et analogues aux connoissances de différente espèce qu'il leur est essentiel d'acquérir à la Chine pour les comparer avec celles qu'ils ont pris en France ; ou recueillir celles des objets et des avis dont ils n'auront point entendu parler en France et dont ils croiroient que la France se trouveroit ignorer et à cet égard on les exhorte à ne se faire aucune peine sur la crainte qu'ils pourroient avoir ou de paroitre minutieux, ou de taxer la France d'ignorer des objets peut-être triviaux ou enfin de paroître eux-mêmes ignorer qu'ils étoient connus en France ; ils savent dans quel esprit toutes leurs questions, tous leurs détails seront accueillis, et lors même qu'ils ne nous apprendront rien de nouveau, ils doivent être assurés qu'on leur sçaura beaucoup de gré de leur attention, et les reponses qu'on leur fera les instruiront toujours de l'état où en est l'Europe relativement à ces mêmes objets.

« On a remis en partant, aux S^{rs}. Ko et Yang trois instructions détaillées et divisées en chapitres composés chacun de plusieurs questions. La première instruction concerne le droit public, ce qui comprend la chronologie, l'histoire, la religion, le gouvernement, la police, les forces et les revenus de l'empire de la Chine, etc. On a accompagné cette première instruction de trois mémoires en forme de lettres sur l'origine ou la création du monde, le déluge, l'histoire des premières générations des hommes, de leurs peuplades en différentes parties de l'univers, de l'origine des langues, de l'écriture, etc., afin que le S^r. Ko et le S^r. Yang puissent comparer les différens systèmes qu'on suit à la Chine sur tous les points, avec ce que la critique la plus exacte et l'examen le plus sévère des historiens sacrés et profanes ont établi de plus certain parmi les savans de l'Europe sur les mêmes objets.

« On donnera suite à ces premières lettres de manière que le S^r. Ko et le S^r. Yang puissent les recevoir l'année prochaine par les mêmes vaisseaux de la Compagnie des Indes.

« La seconde instruction concerne le droit civil et contient des questions sur la manière dont les loix de la Chine décident dans tous les cas qui intéressent les personnes privées et ce qu'elles possèdent dans l'ordre de la Société.

« La troisième instruction comprend en plusieurs chapitres tout ce qui a rapport aux sciences et aux arts mécaniques relativement à l'usage de l'homme et cette matière si vaste se réduit à connoitre :

« 1º Tout ce qui est indispensablement nécessaire à l'homme : la subsistance, le vêtement et le logement.

« 2º Ce qui luy devient utile, le commerce en toutes les branches.

« 3º Les objets qui servent à sa commodité et à son agrément.

« Ces trois genres d'instruction demandent de la part du Sr. Ko et du Sr. Yang une attentionp articulière à former des liaisons avec des personnages distingués et d'un grand mérite, dont ils puissent tirer, de chacun en ce qui les regarde, des connoissances relatives aux reponses qu'on attend de leur part : Ainsy à l'égard de la première instruction il convient au Sr. Ko et au Sr. Yang de former une liaison d'amitié autant qu'il se pourra, avec un ou plusieurs lettrés du grade le plus élevé qui soient doués en même temps d'un caractère doux et complaisant capables de dire avec franchise ce qu'ils savent sur la matière qui fera l'objet de la recherche, laquelle sera placée sans affectation dans le discours et par manière de conversation.

« Il faut faire en sorte dans ces recherches que l'on ne sache pas que l'autre soit consulté et s'abstenir par cette raison de faire des questions à plusieurs personnes dans une même société.

« Sur la seconde instruction et en observant la même réserve, les liaisons que le Sr. Ko et le Sr. Yang formeront avec des gens de loy leur seront infiniment utiles.

« Quant à la troisième instruction, le champ en est

si étendu et l'objet en même temps si nécessaire et si urgent qu'on ne peut trop inviter le S^r. Ko et le S^r. Yang de se mettre à portée de connoitre d'abord les plus nécessaires des Arts ensuite les plus utiles et enfin ceux qui concernent la commodité et l'agrément.

« Tous ces objets ne peuvent être traités que peu à peu, avec cet esprit de tranquillité et de réflexion qui paroit naturel à la Nation chinoise ; on ne presse donc de répondre sur aucun objet particulier, mais sur tous à peu près également parce que le goût et les occasions doivent en décider, mais de manière cependant que par chacune des expéditions des vaisseaux de la Compagnie des Indes on puisse recevoir du S^r. Ko et du S^r. Yang des mémoires relatifs à celles des instructions sur lesquelles ils auront pu se procurer des éclaircissemens ; ils doivent donc rassembler des matériaux à mesure qu'ils le pourront ou qu'ils se présenteront sur tous les objets, et s'occuper ensuite de les séparer par matière et de les mettre en ordre pour les envoyer. »

Je ne suivrai pas nos Chinois après leur arrivée en Chine, l'espace me manquant ici ; embarqués sur *Le Choiseul,* ils abordèrent après une traversée heureuse de cinq mois et deux jours à Canton, où ils eurent à souffrir des tracasseries du vice-roi *(Tsong-Tou)* qui voulait retenir leurs tapisseries destinées à être présentées à l'Empereur. Ko et Yang rentrèrent à Pe-king à la fin de janvier 1766 : le roi de France leur faisait à chacun une pension annuelle de 1.200 livres qu'ils surent mériter par les nombreux renseignements qu'ils recueillirent et envoyèrent à Paris. Ko mourut à Pe-King en 1780, et Yang, en 1787, dans le Kiang-si où il exerçait son ministère.

L'ITINÉRAIRE DE MARCO POLO

EN PERSE [1]

La popularité des voyages de MARCO POLO a singulièrement augmenté dans les dernières années. MARCO POLO est l'indispensable vade-mecum des voyageurs en Asie : STEIN et SVEN HEDIN m'ont déclaré qu'ils ne se séparaient jamais de leurs exemplaires du récit du voyageur vénitien dans l'édition de Sir Henry YULE, et j'ai eu la satisfaction de recevoir du premier la confirmation de ma théorie sur la route suivie par Marco dans les Pamirs, et du second son approbation de ce que j'avait écrit de son exploration dans la région du Lob Nor. Trois auteurs principaux ont écrit sur la Perse dans les trois dernières années : George N. CURZON [2], depuis Lord CURZON OF KEDLESTON, le Major P. Molesworth SYKES [3], et le voyageur suédois SVEN HEDIN. J'ai pu utiliser les renseignements donnés par les deux premiers dans mon édition du Marco Polo de Yule pu-

1. Extrait des *Comptes rendus des séances de l'Académie des Inscriptions et Belles-Lettres*, 1911, p. 298.

2. *Persia and the Persian Question* by the Hon. Georges N. Curzon, M. P. London, Longmans, 1892, 2 vol. in-8.

3. *Ten Thousand Miles in Persia or Eight Years in Iran* by Major Percy Molesworth Sykes. London, John Murray, 1902, in-8.

bliée en 1903 [1]. Je viens signaler à l'attention de l'Académie le résultat du voyage du troisième. Marco Polo, après être descendu de Kirman à Ormouz, est retourné à Kirman d'où il est remonté au Khoraçan. C'est l'étude de cette route qu'a faite Sven Hedin [2] et dont je me propose de parler aujourd'hui.

Quant l'en s'en part de Crerman, il cheuvauche bien sept jornée de mout aneuise vie, et voz dirai comant. Il hi a trois jornée que l'en ne treuve river se pou non, et celle que l'en trouve est sause et verde come herbe de pré, et est si amer qe nulz se poroit sofrir à boir, et se l'en en beust une gouse, il le firoit aler desout plus de dix fois, et encore dou sal que celle eive fait, cclui que en menuast un petitet graveus, il le firait ausi mout descorre desout ; et por ce les homes qui por illuec vont, portent com elz eive por boir. Les bestes en boivent à grant force et por grant soif, et si vos di que l'eive les font descorer outre mesure. Et en cest toute trois jornée ne a nulle habitaison, mès est tout dezert et grant seccetée. Bestes ne i ont por ce que il ne i troveront à manger. A chief de trois jornée trovon un autre leu que dure quatre jornée que ausint est dezert toute seche, et l'eive est aussi amer, et ne est arbres ne bestes for che asne solemant. Et à chief de cest quatre jornée finisce le reingne de Crerman, e trovon la cité de Cobinan [3].

Après les trois journées de désert, Ramusio ajoute le passage suivant qui ne se trouve pas dans le texte

1. *The Book of Ser Marco Polo the Venetian* concerning the Kingdoms and Marvels of the Esat translated and edited with Notes by Colonel Sir Henry Yule... Third edition, revised throughout in the light of recent discoveries by Henri Cordier (of Paris)... With a Memoir of Henry Yule by his Daughter, Amy Frances Yule..., With maps and illustrations London, John Murray, 1903, 2 vol. in-8.

2. *Overland to India* by Sven Hedin... London, Macmillan, 1910, 2 vol. in-8.

3. Marco Polo. Texte de la Société de Géographie, pp. 36-37.

français : « Vous arrivez à un ruisseau d'eau fraîche courant sous terre, mais le long duquel des trous sont percés de place en place, peut-être creusés par le ruisseau, par lesquels on peut l'apercevoir. Il y a de l'eau en abondance, et les voyageurs, harassés par les fatigues du désert, se reposent ici et se rafraîchissent, ainsi que les animaux. »

La fidélité de la description par Marco Polo du désert au delà de Kirman est confirmée par tous les voyageurs, et le dernier, Sven Hedin, écrit dans son récent ouvrage : « Au sujet de la portion intermédiaire du désert, la description de Marco Polo est aussi exacte maintenant qu'en l'année 1272. La rangée de trous ou de puits qu'il mentionne est, bien entendu, un canal ordinaire d'irrigation ou *kanat*. L'eau des puits est souvent aussi délétère à l'estomac que jadis [1]. » Ce désert est le Dash-i-Lut qui s'étend depuis une petite distance de Tehrân presque jusqu'à la frontière anglaise. La route actuelle pour se rendre de Kirman à Kubénan passe par Zerend (environ 50 milles), au Sâri Bénan (15 milles) et de là à Kubenân (30 milles), total 95 milles, mais comme le fait remarquer Sir A. Houtum-Schindler [2], comme Marco Polo a mis sept jours pour le voyage et qu'il parle de déserts sans eau, il ne peut avoir pris la route directe ; il a probablement fait un détour à l'est des montagnes, viâ Kuh payeh et le désert au nord de Khabis.

Cobinan est une grant cité. Les gens aorent Maomet...

— Et quant l'en se parte de cest cité de Cobian, l'en vait por un dezer bien huit jornée, en quel a grant seccheté, et ne

1. II, p. 68.
2. *Journal Royal Asiatic Society*, oct. 1881, pp. 496-497.

/ i a fruit ne arbres, et les eive hi sunt ausi amer et mauveises, et aporte tout ce qe a bisogne por mengier et pour boir for l'eive que le bestes boivent à grant anvie. Et à chiés de ceste huit jornée l'en treuve une provence qui est apelés Tonocain [1]...

Kubenán est mentionné par Mokadassi, au xe siècle de notre ère, comme une des villes de Bardesír, le plus septentrional des cinq cercles dans lesquels il divise Kirman. La remarque de Yule qu'il n'y a plus, à cet endroit, de ville qui mérite l'appellation de « grant cité » est confirmée par Sven Hedin, qui nous dit que « Kubenán n'est pas une grande ville, mais un village entouré de mûriers et de jardins [2]. »

Nous arrivons à la principale difficulté.

Quelle route a suivie Marco Polo pour se rendre de Kubenán à Tunocain ? Et d'abord, qu'est-ce que Tunocain ?

A Yule revient le mérite d'identifier ce nom ; c'est d'une part Tun-o[et] et de l'autre Kâin ; aujourd'hui Kâin est indépendant, et Tun étant rattaché à Tabbas, nous avons Tun-o-Tabbas, et Tun-o-Kâin disparaît. D'après notre théorie Marco Polo se serait rendu de Kubenán à Tunocain en passant par Tabbas ; le Major Sykes partagea cette manière de voir lorsqu'il publia son livre : « La section de Lut, nous dit-il (ch. XXIII), n'a pas jusqu'ici été redécouverte, mais je sais qu'elle est entièrement déserte, et en pratique il est certain que Marco Polo vit la fin de ses désagréables expériences à Tabbas, 150 milles de Kubenán. » Depuis lors, Sykes a modifié son opinion à la suite de nouveaux voyages, et dans une lettre adres-

1. Marco Polo, p. 37.
2. *L. c.*, II, p. 68.

sée au *Geographical Journal* (oct. 1905, p. 465), il écrit : « Il est à peu près certain que Ser Marco voyagea jusqu'à Tun, car Tabbas se trouve à l'Ouest de la grande route. » Polo, dans ce cas, serait passé par Naibend ; c'est également l'opinion du colonel C. E. Stewart qui, dès 1882, visitait cette ville et écrivait : « Par Naibend est la route la plus courte et la meilleure soit pour Tun soit pour Kain [1]. »

Curzon *(Persia*, II, pp. 248 et 251) pense que Marco Polo a passé « plus à l'Est de Tabbas et à travers la portion nord du Dash-i-Lut, grand désert de sable, qui sépare Kirman du Khoraçân et occupe un parallélogramme entre les villes de Neh et Tabbas au Nord et Kirman et Yezd au Sud. » Sir Frederic Goldsmid était d'avis que la route de Marco Polo de Kubenân à Tabbas et plus au Nord « pouvait bien permettre d'englober un peu de *Kavir* », et il pensait que les huit jours de désert du Vénitien n'étaient pas en désaccord avec l'expérience faite à des époques plus récentes par des voyageurs traversant le grand Kavir *(Proc. Roy. Geogr. Soc.*, XII, 1890, p. 586). Un nouvel appui vient d'être apporté à la théorie de Yule par Sven Hedin qui cherche à démontrer dans les lignes suivantes que Marco Polo a voyagé, non par Naibend à Tun, mais par Bahabad à Tabbas, et de là à Tun et à Kain :

« Le fait que la route principale passe par Naibend n'est pas une preuve, car nous trouvons que Marco Polo, non seulement en Perse, mais aussi en Asie centrale, témoignait d'un souverain mépris pour toutes les routes qui pouvaient être appelées commodes et sûres. »

1. *Proc. Roy. Geog.*, *Society*, VIII (1886), p. 144.

Je ne partage pas complètement l'avis de Sven Hedin sur ce dernier point ; je crois au contraire que le Vénitien suivait de préférence les routes déjà frayées ; dans tous les cas, le fait n'est pas douteux pour la Chine :

« La distance entre Kirman et Kubenân en ligne droite s'élève à 103 milles. Marco Polo a franchi cet espace en sept jours, ou à peine 15 milles par jour. De Kubenân à Tabbas la distance est de 150 milles, ou 18 milles pleins par jour pour huit jours. De Kubenân viâ Naibend à Tun, la distance est, d'autre part, 205 milles, ou plus de 25 milles par jour. Dans l'un ou l'autre cas, nous pouvons concevoir d'après les marches forcées qu'après avoir quitté Kubenân, il arriva dans une contrée où les distances entre les points devinrent plus grandes.

« S'il voyagea par la route de l'Est, il doit avoir fait des trajets quotidiens plus longs que par celle de l'Ouest. Sur la route orientale, les distances entre les points étaient plus grandes. Le Major Sykes a parcouru lui-même ce chemin, et de sa description détaillée, nous avons l'impression qu'il présentait des difficultés particulières. Avec un cheval ce n'est pas un grand exploit de franchir 25 milles par jour pendant huit jours, mais on ne peut le faire avec des chameaux. Si je faisais à cheval 42 milles et demi par jour entre Hauz-i-Haji-Ramazan et Sadfe, c'était à cause du danger de pluie dans le Kevir, et continuer une telle marche forcée pendant plus de deux jours est à peine concevable. Sans aucun doute, Marco Polo employait des chameaux dans ses longs voyages en Perse orientale, et même s'il lui avait été possible de parcourir 205 milles en huit jours, il n'aurait pas été obligé de le faire, car sur la route principale par

Naibend et Duhuk à Tun, il y a de nombreuses
occasions de se procurer de l'eau. S'il avait voyagé
par Naibend, en aucun cas, il n'aurait été obligé de
se presser si vite. Il aurait probablement marché à la
même allure que sur la route de Kirman à Kubenân,
et cette distance, il l'a franchie en sept jours. Pourquoi aurait-il fait le voyage de Kubenán à Tun, qui
est exactement le double de distance, en huit jours
seulement au lieu de quatorze, quand il n'y avait
pas de nécessité ? Et qu'il voyagea réellement de
Kubenán et Tunocain en huit jours, c'est évident, car
il mentionne ce chiffre deux fois.

« Il dit aussi explicitement que pendant ces huit
jours on ne voyait ni fruits, ni arbres, et qu'il fallait
apporter avec soi la nourriture et l'eau. Cette description n'est pas vraie pour la route de Naibend ;
car à Naibend il y a de l'eau excellente, de belles
dattes et autres fruits. Puis il y a Duhuk, qui, d'après
Sykes, est un village très important, avec un vieux
fort, et environ 200 maisons. Après avoir quitté
Duhuk pour le Sud, Sykes dit : « Nous continuâmes
notre voyage et fûmes enchantés d'apprendre qu'à
la prochaine étape, aussi, il y avait un village donnant
la preuve que cette partie du Lut est vraiment peu-
plée d'une manière dense. » Ceci ne correspond pas du
tout à la description de Marco Polo.

« En conséquence, je considère comme plus probable que Marco Polo, comme Sir Henry Yule le
suppose, voyagea, ou directement à Tabbas, ou fit
peut-être un détour insignifiant à l'Ouest par Bahabad, village de moyenne grandeur ; car de ce village
une route directe de caravanes, entièrement à travers le désert, conduit à Tabbas. Marco Polo aurait
alors voyagé 150 milles en huit jours comparés aux

103 milles en sept jours, entre Kirman et Kubenân ; en conséquence, il augmenta sa vitesse de quatre milles seulement par jour, et c'est tout ce qui est nécessaire par la route en question.

« Bahabad se trouve à une distance de 36 milles de Kubenân, tout à fait en ligne droite. Et ce n'est qu'au delà de Bahabad que commence le vrai désert. Pour montrer qu'une route de caravanes relie actuellement Tabbas à Bahabad, j'ai inséré dans la première et la seconde colonnes de la table suivante les renseignements que j'ai obtenus à Tabbas et à Fahanunch, et dans la troisième les noms marqués sur la « Map of Persia (in six sheets) compiled in the Simla Drawing Office of the Survey of India, 1897. »

De Tabbas à Bahabad		De Fahanunch à Bahabad	
1. Kurit	4	2. Moghu	4 1/2
2. Moghu	9	3. Sefid-ab	6
3. Sefid-ab	6	4. Belucha	5
4. Burch	5	5. God-i-shah-taghi	6
5. God	5	6. Rizab	5
6. Rizab	6	7. { Teng-i-Tabbas	4 1/2
7. Pudenum	8	7. { Pudenum	4 1/2
8. Ser-i-julge	4	8. Kheirabad	4
9. Bahabad	4	9. Bahabad	4
Farsakh	51	Farsakh	43 1/2

Carte de Perse.

2. Maga	puits salé
3. Chasma Sufid	—
4. { Khudafrin	source douce
4. { Pir Moral	puits salé
5. God Hashtaki	—
6. Rezu [1]	—

1. Sven Hedin, II, p. 73.

« Ces détails sont tirés d'autorités différentes, mais sont parfaitement d'accord. Les distances sont différentes dans les deux premières colonnes, parce que Faranunch se trouve plus près de Bahabad que Tabbas. Deux ou trois différences dans les noms sont sans importance. Burch signifie un château ou un fort ; Belucha est évidemment Chai-beluch ou le puits des Beluchi ; et il est très probable qu'un petit fort fut construit à quelque époque à ce puits qui fut visité par des éclaireurs du Belouchistan. Ser-i-julge et Kheirabad peuvent être deux campements distincts très près l'un de l'autre. Le Chashma Sufid ou « source blanche » de la carte anglaise est évidemment le même endroit que Sefid-ab, ou « eau blanche ». Son God Hashtaki est une corruption du God-i-shah-taghi, ou le « creux du saxaul royal ». D'autre part, Khudafrin est très apocryphe. C'est sans doute Khuda-aferin, ou « Dieu soit loué ! », une exclamation très appropriée dans la bouche d'un homme qui arrive à une source d'eau douce au milieu du désert. Si un Anglais prenait cette route, il aurait pu confondre cette exclamation avec le nom de l'endroit. Mais alors « unsurveyed » [carte citée de 1897] serait difficilement placé juste dans cet endroit du désert de Bahabad.

« Les renseignements que j'obtins au sujet de la route de Tabbas à Bahabad sont certainement très maigres, mais aussi d'un très grand intérêt. Immédiatement au delà de Kurit, la route traverse une bande du Kevir, large de 2 farsakhs et renfermant un lit de rivière que l'on dit rempli d'eau à la fin de février. Sefid-ab est situé au milieu de collines, et Burch dans un district élevé ; au Sud, s'étend le Kevir à peine large d'un farsakh, que l'on peut éviter par un circuit. A God-i-shah-taghi, comme le nom l'indique, le saxaul pousse *(Haloxylon Ammodendron)*. Les trois dernières étapes avant Bahabad se trouvent toutes parmi de petites collines.

« La route du désert court, alors, à travers une contrée relativement montagneuse, traverse deux petites dépressions de Kevir, ou des pointes du même Kevir ; elle a des pâturages au moins à un endroit et ne présente de difficultés d'aucune sorte. La distance en ligne directe est de 113 milles, correspondant à 51 farsakh persans — le farsakh dans le district étant environ de 2.2 milles de long contre 2.9 milles du grand Kevir. Les caravanes qui traversent le désert de Bahabad font généralement le voyage en dix jours, dont l'un au moins est un jour de repos, de telle sorte qu'elles ne marchent pas plus de 12 milles par jour. Si l'on ne trouvait pas d'eau plus ou moins salée dans tous les huit campements, il ne serait pas possible aux caravanes de faire des marches aussi courtes. Il est aussi tout à fait possible que l'on trouve de l'eau douce à un endroit ; où pousse le saxaul, se trouve ordinairement du sable mouvant, et les puits creusés dans le sable sont ordinairement doux.

« Pendant mon séjour à Tabbas, arriva de Sebsevar une caravane d'environ 300 chameaux. Ils étaient chargés de naphte (pétrole) et attendirent jusqu'à ce que la première zone du Kevir fut desséchée après la dernière pluie. La caravane devait alors prendre aussitôt la route de Bahabad décrite ci-dessus, et de là à Yezd. Et cette route de caravanes, Sebsevar, Turshiz, Bajistan, Tun, Tabbas, Bahabad, et Yezd, est considérée comme offrant moins de risques que le chemin un peu plus court à travers le grand Kevir.

J'ai moi-même traversé une partie du désert de Bahabad, où nous n'avons pas suivi une seule fois les routes
de caravanes, et je n'ai pas trouvé ce pays un des plus
mauvais de la Perse orientale. »

Je rappellerai que c'est dans la région de Tunocain
que Marco Polo place son Arbre sec. Il confond
l'Arbre sec de Mamré planté par Abraham et coupé
par ordre de l'empereur Constantin, et le cyprès de
Kashmar, planté par Zoroastre, souvent confondu
avec Abraham, et coupé par ordre du khalife Muta-
vatkil. Généralement l'Arbre sec est supposé être le
Tchinar ou platane oriental, abondant dans la région ;
dans un mémoire récent, Houtum-Schindler émet la
théorie ingénieuse que *l'arbre sol* ou *arbre seul* est
non pas le *tchinar*, mais le cyprès de Zoroastre, en
persan le *dirakht i sol* [1].

Après l'Arbre sec, Marco Polo traite du Vieux de la
Montagne, puis il fait un voyage de six jours dans un
pays où se trouvent un assez bon nombre de villes ou
de villages habités par des sectateurs de Mahomet.
Il arrive à Sapurgan, aujourd'hui Shibrgan.

Le Major Sykes abandonne l'itinéraire à Tun-o-
Tabbas en disant : « Ici nous disons adieu à l'illustre
Vénitien, car, à cause probablement d'une lacune
dans le manuscrit, la route vers Balk, la Mère des
Cités, ne peut être tracée. Toutefois, nous pouvons
être sûrs que Nichapour ou Herat aurait été mentionné, ne serait-ce qu'à cause du cataclysme qui les
a frappées quand Tchinguiz fit son invasion meurtrière. En même temps, il est agréable de pouvoir
établir la profonde véracité du grand voyageur, dont
le caractère, comme celui d'autres bienfaiteurs du

1. *Journal Royal Asiatic Society*, Jan. 1909, p. 157.

nonde, a souffert de l'ignorance des hommes et de la endance à diminuer ce qui n'a pas été compris[1]. »

Et quant l'en se part de cest caustiaus, l'on chevauche par iaus plain et por bele vallée et por belle costeres là où il a iaus herbajes e bon pascor, et fruit asez et de toutes coses n grant abundance, et les ost hi demorent voluntieres por le rant plantée qui hi estoient, et cest contrée durent bien ix jornées, et li a villes et caustiaus, et les homes aorent Iaomet. Et alcune foiés trouve ben desert de soixante miles t de cinquante esquelz ne i se trove eive, mès convent que es homes les portent avec elz. Bestes ne boivent jusque atant ju'il ne sunt eussi de cel desert et venus as leu où il trovent ive ; et quant l'en a chevauchés six jornée tel che je vos ai ontés, adunc treuve l'en une cité qui est apellé Sopurgan. Elle est ville de grant plantée de toutes couses, et vos di qui ii a les meior melon do monde en grandisime quantité, qu'ils es font secher en ceste mainere ; car ils les trincent tous nviron si con coroies, puis les metent au soleil et li font echer et devienent plus douce qe mel, et voz di qu'il en font nercandie et li vont vendant por la contrée environ à grant lantée, et hi a veneison de bestes et de ausiaus otre mesure. Or voz lairon de ceste ville et voz conteron doun autre cité je Balc a nom [2].

Il est certain que ce passage est tout à fait insuffiant pour marquer la route suivie par le célèbre Vénitien. Khanikoff pense qu'il est passé par Hérat et Baghdis ; Yule, au contraire, suppose qu'il est passé par Nichapour et Meched. Sven Hedin est d'un avis tout contraire : « J'ai voyagé, dit-il, entre Sebevar et Meched, dans l'automne de 1890, et je ne puis concevoir que la description de Marco Polo soit applicable à ce pays. Il parle d'un voyage de six jours

1. *L. c.*, p. 273.
2. Marco Polo, pp. 41-42.

à travers des vallées superbes et de charmantes collines. A l'Est de Sebsevar, vous arrivez dans une contrée déserte, qui, cependant, passe dans une contrée fertile avec plusieurs villages. Puis vient une steppe aride sans limite au Sud. Au village de Seng-i-kal-i-deh, vous entrez dans une région ondulée avec d'immenses troupeaux de moutons... Bref, la route entre Sebsevar et Meched est d'un tel caractère qu'elle peut à peine convenir à la description enthousiaste de Marco Polo des six jours ; on ne peut non plus identifier les régions désertes indiquées avec les déserts vers le cours moyen de la Mourghab qui s'étend entre Meched et Shibirkhan. Il doit avoir traversé le désert en premier, et cela peut être identifié avec le nemek-sar ou désert salé à l'Est de Tun et Kain. Les six jours doivent avoir été passés dans les chaînes de Paropamisus, Firuz-Kuh et Bend-i-Turkestan. Marco Polo n'a pas ordinairement l'habitude d'effrayer ses lecteurs par des descriptions de régions montagneuses, mais à cet endroit il parle de montagnes et de vallées et de riches pâturages. Naturellement, comme c'était son intention de continuer son voyage dans le cœur de l'Asie, un détour par Sebsevar était inutile et en dehors de sa route. S'il avait voyagé à Sebsevar, Nichapour et Meched, il ne pourrait guère appeler la province de Tun-o-Kain l'extrémité de la Perse vers le Nord, même avec les frontières politiques telles qu'elles étaient placées alors. De Balkh, ce voyage merveilleux a continué vers l'Est, et c'est pourquoi nous le quittons [1]. »

Et à notre tour, nous quittons le voyageur suédois, comme lui-même a quitté le voyageur vénitien.

1. *L. c.*, II, pp. 76-77.

LA SITUATION EN CHINE [1]

La révolution qui vient d'amener la chute de l'empire mandchou et la proclamation de la République en Chine est un des événements les plus considérables, non seulement de l'histoire de ce vieux pays, mais aussi l'un des plus importants de l'histoire du monde. Les nations étrangères devront suivre avec le plus grand soin un mouvement qui aura sa répercussion tôt ou tard sur la politique de l'univers entier ; malgré l'intérêt des nombreuses questions à l'ordre du jour en Europe et en Amérique, aucune, pour l'observateur et le philosophe, de même que pour le politique, n'égale en importance pour l'avenir et pour le présent celle de l'Extrême-Orient. Il n'est pas indifférent d'assister à la transformation politique et sociale d'un peuple qui représente le tiers de la population du globe. Assurément ce n'est pas la première fois qu'un trône chancelant croule tout à coup dans l'Empire du Milieu ; des dynasties nouvelles se sont échafaudées sur les ruines des dynasties en décadence ; il y a même une étrange ressemblance entre la fin des Ts'ing, dynastie étrangère, et celle des Ming, dynastie chinoise : affaiblissement du pouvoir impérial, rivalité stérile des coteries de la cour, influence croissante des eunuques. Jusqu'à présent les étrangers qui ont

1. Extrait de la *Revue Bleue*, 20 avril 1912.

accaparé le pouvoir, tels les Mongols au xiiie siècle, les Mandchous eux-mêmes au xviie siècle, n'ont pas réussi à modifier le caractère général des mœurs et de l'administration du pays. Malgré la création de rouages administratifs nouveaux, tel que le *Kioun Ki tch'ou*, Grand Conseil, créé en 1732 pour battre en brèche le *Nei Ko*, Chancellerie Impériale, tel le doublement des présidents chinois des ministères par des présidents mandchous, telle la création des fonctions de général tartare dans les principales capitales provinciales, même l'organisation de l'armée des Huit Bannières, n'ont pu donner la prépondérance à l'élément étranger, et le conquérant a fini par être absorbé par le conquis dont la natte qui lui pend sur le dos témoignait seule encore récemment qu'il avait dû subir le joug venu du dehors. Et puis, si la dynastie mandchoue avait compté de grands empereurs, comme K'ang hi et K'ien loung, depuis le xixe siècle, le trône du Dragon n'avait été occupé que par des souverains de plus en plus débiles, à la merci d'un soulèvement bien dirigé. Même K'ang hi eut à lutter vigoureusement contre les rebelles du vieux parti chinois, et de son époque datent quelques-unes de ces sociétés secrètes qui à partir du règne de Kia K'ing (1796-1821), prirent une extension formidable : en 1813, les rebelles de la Société des Triades envahirent le palais impérial de Peking, et n'en furent repoussés que grâce à l'énergie du jeune prince qui devait régner sous le nom de Tao Kouang (1821-1851). Pendant quinze ans (1849-1864), la rébellion des T'ai P'ing, qui avaient fait de Nan King leur capitale, tint en échec les forces de l'Empire, et celui-ci aurait peut-être succombé si, au lieu de le secourir, ses ennemis de la veille, Anglais et Français, avaient tendu la main à ses adversaires ; mais on s'était aperçu que le chef de ceux-ci, le T'ien wang, était devenu fou, et que ses partisans s'étaient transformés en hordes de pillards. La situation était tellement difficile que l'empereur Kouang Siu lui-même essaya en 1898 une tentative de réforme, qui devait fatalement avorter entre ses mains inhabiles ; l'inexpérience de ses conseillers allait se heurter à la forte volonté de l'impératrice douairière Ts'eu hi. Mais cette tentative, eût-elle réussi, n'aurait pas suffi à amener assez rapidement la transformation radicale que désirait la jeune Chine.

Les causes du mouvement révolutionnaire chinois sont multiples : il faut tout d'abord compter la haine, tantôt ouverte, tantôt latente, mais toujours constante, du vieux Chinois pour son conquérant mandchou ; l'éclat des succès des Japonais contre les Russes, qui prouvaient que les Européens pouvaient être vaincus par les Jaunes : le bruit des victoires japonaises retentit à travers l'Asie entière et l'Hindou, comme le Siamois et l'Annamite, comme le Chinois, y virent le triomphe de l'Asiatique. De là, réveil d'aspirations que l'on pouvait croire étouffées. Les jeunes Chinois se rendirent en masse à Tokio, pour y étudier, tandis que la Chine, malgré son antipathie pour les habitants de l'Empire du Soleil Levant, faisait appel aux officiers japonais pour instruire son armée, non seulement parce qu'ils coûtaient meilleur marché que les instructeurs européens, mais aussi parce qu'ils étaient victorieux ; les étudiants, en même temps que la culture scientifique, prenaient au Japon des idées de progrès ; d'autres venaient en France, et absorbaient, sans pouvoir les digérer, Jean-Jacques Rousseau et les philosophes du xviiie siècle ; d'autres allaient aux Etats-Unis ; ils y puisaient des idées d'une liberté dont ils ne soupçonnaient pas l'existence. Tous ces exilés volontaires apprenaient à connaître ce qui faisait la faiblesse de leur pays ; tout en s'apercevant que leur civilisation surannée ne pouvait coexister avec les progrès de la société moderne, ils s'en prenaient de leur infériorité aux Mandchous, qui n'étaient que les continuateurs d'une tradition qu'ils avaient acceptée en s'emparant du pouvoir. Les sociétés secrètes qui pullulent en Chine, travaillaient depuis longtemps au renversement de la dynastie mandchoue, mais leurs efforts manquaient de coordination, et l'unité dans l'action leur fut donnée par les novateurs qui avaient été puiser en Occident leurs idées de liberté et de réforme. Leur venue amena l'écroulement de toute la machine gouvernementale vermoulue.

D'autre part, le gouvernement mandchou était sorti de la révolte des Boxers amoindri, humilié devant son peuple et devant les étrangers ; il cherchait le salut dans une réorganisation de son armée ; il construisait des chemins de fer ; il se donnait même une apparence de moralité en prohibant la culture du pavot, mais ses efforts mêmes pour échapper à l'abîme vers lequel il se précipitait, allaient lui créer des ennemis parmi les vieux Chinois. Les chemins de fer ruinaient les auberges et les marchands qui vivaient des mandarins et de la suite nombreuse qui les accompagnait dans leurs pérégrinations sur les grandes routes de Chine ; les anciens cultivateurs du pavot, source de l'opium, s'empressèrent, dans le Yun nan, de se joindre aux rebelles et de reprendre la culture de la plante proscrite lorsque le mouvement actuel se produisit. Et ainsi de suite. On peut dire que la révolution a été faite, autant par les vieux partis que par les réformateurs, et c'est justement l'antagonisme des intérêts qui rendra plus difficile le règlement de l'imbroglio chinois.

Concilier des intérêts séculaires avec des réformes radicales n'est pas chose aisée.

La rébellion n'était imprévue que pour ceux qui ne se tiennent pas au courant des affaires de Chine ; même les efforts de rénovation du gouvernement, mal dirigés par des mains malhabiles et malhonnêtes, devaient se retourner contre ceux qui les faisaient : insuffisants pour les réformistes, ils excitaient le mécontentement des gens attachés aux traditions ; le trône mandchou loin d'être consolidé par ses projets a vu se tourner contre lui le parti de la Jeune Chine, moins considérable que ses membres voudraient le faire croire, et la masse des vieux conservateurs ; c'est la coalition de ces éléments opposés auxquels se sont ajoutés les déclassés, les gens sans aveu, les pirates, qui a fait crouler l'édifice branlant.

Il ne faut pas essayer de comparer la révolution chinoise d'aujourd'hui avec la révolution japonaise de 1868. Les Japonais ne renversaient pas leur empire, ni leur souverain, le *tenno*, mais bien le maire du palais, le *shogoun* appartenant à cette famille de Tokugawa qui, à partir du milieu du xviie siècle, avait fermé le Japon à toute communication extérieure. Ils n'avaient pas non plus à se débarrasser d'une tradition séculaire qui, si elle a fait la grandeur de la Chine dans le passé, l'entrave aujourd'hui complètement dans ses projets de réforme. Son écriture, son art, le Japonais l'avait pris au dehors, et il lui était facile de changer son habit d'emprunt contre un autre;

aussi sauta-t-il de plein pied dans la civilisation euro-
péenne, lui prenant ce qui lui paraissait le plus utile
dans sa situation nouvelle. Le Japon d'ailleurs tirait
une force singulière de sa puissante aristocratie militaire, chatouilleuse à l'excès sur le point d'honneur,
en regard de laquelle la Chine ne peut opposer qu'une
masse de fonctionnaires enlisés depuis des siècles
dans les doctrines morales, mais terre à terre, de
Confucius. Les gens éclairés en Chine se rendent
parfaitement compte qu'il faut modifier l'état des
choses, ils se rendent moins compte que la grande
masse du peuple est beaucoup trop ancrée dans ses
habitudes pour qu'elle puisse changer sur un simple
mot d'ordre et en quelques jours. Jusqu'à présent,
le Chinois, dans ses tentatives de réforme, même dans
ses révolutions, n'a jamais cessé d'être lui-même ; or,
aujourd'hui, on lui demande de devenir un autre
homme. Oh ! il pourra abandonner son ma koua,
couper ses ongles, ne plus se raser la tête, délaisser
ses souliers de drap ou de feutre, pour endosser la
jaquette et le pantalon occidental, laisser pousser
ses cheveux, chausser des bottes vernies, mais
l'apparence seule aura changé, le fond restera le
même. On peut changer la forme du gouvernement,
modifier le costume, on ne changera pas en quelques
semaines la mentalité d'un peuple qui s'est formé
lentement au cours des siècles, qui a subi des guerres
désastreuses, enduré le joug des conquérants, mais
dont la civilisation, supérieure à celle de ceux qui
l'ont subjugué, n'a jusqu'ici subi aucun assaut
sérieux. Ce ne sont pas des banquets dans les capitales de l'Europe et des discours enflammés mais
creux, prononcés par des gens qui n'ont jamais mis le
pied en Chine, qui opéreront la transformation du pays.

La révolution a commencé au Se tch'ouan, qui n'était cependant pas le meilleur terrain pour les réformateurs. Justement, par un essai de politique générale, on a voulu nationaliser le chemin de fer ; or, le Chinois, particulariste, veut bien payer pour les travaux de sa province, mais non pour ceux de l'Empire en général. Ajoutez à cela que le pays avait été affreusement pressuré, non seulement pour le chemin de fer, mais aussi pour l'expédition contre les Tibétains ; et voilà des motifs de révolte, causés par des intérêts personnels qui ont été lésés, et non pas des motifs de réforme. La révolte éclate, il faut la réprimer : et on envoie au Se tch'ouan les troupes du Hou Pe, et voilà cette immense agglomération d'hommes qui vit au confluent du Han et du Yang tseu, à Wou tch'ang, Han-yang et Han K'eou, livrée à elle-même. L'occasion est trop bonne pour n'être pas saisie par les novateurs, et immédiatement le mouvement révolutionnaire éclate, dirigé par les jeunes éléments, qui reçoivent leur inspiration de Soun Ya-tsen.

Et que fait pendant ce temps, la Cour mandchoue, affolée, désemparée, avec un empereur enfant, sans homme, sans chef ? Le prince K'ing, homme médiocre d'ailleurs, est trop âgé pour jouer un rôle actif ; et il faut bien le dire, sauf le prince Koung, les hommes de valeur dans ces derniers temps, ont été des Chinois et non des Mandchous, Tseng Kouo-fan, Li Houng-tchang, Tso Tsoung-tang, Tchang Tche-toung.

La Cour fait appel à Youen Che-k'ai, qui, disgracié par le Régent, il y a deux ans, s'est retiré dans sa province : Youen Che-k'ai est le seul homme capable de sauver la dynastie !

Est-ce vrai ? Youen Che-k'ai est un homme de la

province du Ho-nan. C'est lui qui commanda la garnison chinoise de Séoul quand éclata la révolution coréenne de 1884, et il se trouva en conflit avec les Japonais. Alors qu'il est encore en Corée, Youen est nommé par décret impérial du 2 mai 1893, tao-t'ai de Wen-tcheou, à la place de Ts'ao Chou-jao, promu juge provincial du Tche-Kiang. Rappelé de Corée en 1894 et remplacé comme résident chinois à Séoul par Li Siao-yün, ancien consul chinois à Tchemoulpo, il est appelé au poste de juge au Tche-li en juillet 1897. L'empereur Kouang-Siu met en lui sa confiance ; il commandait alors dans le Chan-toung, 7.000 hommes de troupes exercées par M. Von Hanneken ; il est chargé, le 5 août 1898, de faire exécuter à T'ien tsin Jong Lou, qui est considéré comme un obstacle aux projets impériaux de réforme, et d'arrêter l'impératrice douairière. Fort peu soucieux de remplir sa tâche, Youen Che-k'ai va trouver Jong Lou : « Mes lèvres, dit-il, en tendant l'arrêt de mort, ne me permettent pas de prononcer de paroles. » Avec calme, Jong Lou lit le document, le remet à Youen et lui dit : « Il est de votre devoir d'exécuter les ordres de votre empereur. » Youen insinue que Jong Lou aurait peut-être quelques affaires privées à régler avant d'être décapité et dit en se retirant qu'il reviendrait le surlendemain. A bon entendeur, salut ! Jong Lou n'attendit naturellement pas la seconde visite de son bourreau désigné ; immédiatement, il prenait le train pour Pe-king, prévenait l'impératrice du sort qui lui était réservé, à lui, Jong Lou, et du danger que faisait courir à elle, impératrice, un second édit, qui l'éloignait de Pe-king, et l'exilait dans un de ses palais d'été. Depuis la guerre sino-japonaise, et le retour du prince Koung aux affaires, l'impératrice T'seu Hi était tenue dans une sorte de disgrâce, due autant à sa conduite politique qu'à ses intrigues de palais et à son ingérence dans les affaires de concubines ; l'inaction pesait à cette femme ambitieuse, et il était évident qu'elle saisirait la première occasion de reprendre le pouvoir abandonné contre son gré. Sans perdre de temps, l'impératrice faisait séquestrer Kouang-Siu à Yong-t'aï, petite île du parc impérial, dont on coupait les ponts, et elle s'emparait du gouvernement. Le décret du 20 septembre 1898 marquait la déchéance de Kouang Siu.

La récompense de Youen Che-k'ai ne se fit pas attendre. En septembre 1898, il était nommé vice-président d'un ministère en expectative d'emploi, et chargé de la formation des troupes. Il recevait à titre de récompense 4.000 onces d'argent (29 septembre 1898), et plus tard, par décret du 6 janvier 1899, cette insigne marque de faveur impériale :

« Nous accordons à Soung K'ing, général de division du Se tch'ouan, et à Youen Che-k'ai, vice-président en expectative d'emploi, la faveur de pénétrer à cheval à l'intérieur du palais en dedans de la porte Si-Youen-men, et de se servir soit d'une barque, soit d'un traineau ». (Dans le lac qui entoure l'île Yong-t'aï où se trouvait la résidence de l'empereur).

Nommé gouverneur par intérim du Chan-toung le 6 décembre 1899, à la place de Yu hien, Youen Che-k'ai réussissait à faire partir les Boxers de sa province et à les faire évacuer sur le Tche-li. Au mois de mars 1900, il était nommé gouverneur en titre, et malgré son deuil (juin 1900), put rester à son poste, qu'il quitta en novembre 1901 pour remplir les fonctions de gouverneur général du Tche-li. En janvier 1902, directeur-général des Chemins de fer du Nord, et

ministre l'année suivante (juillet 1903), il est placé
à la tête du Conseil de réorganisation de l'armée ;
enfin, le 4 septembre 1907, il devient Président du
Ministère des Affaires Étrangères et Grand Conseiller. Mais l'empereur Kouang Siu meurt, puis sa
puissante protectrice T'seu Hi. Youen porte ombrage
au Régent ; celui-ci, Tsai Foung, prince Tch'ouen,
frère du malheureux Kouang Siu, et père du jeune
empereur Siouen Toung, n'a d'ailleurs pas oublié la
trahison de 1898 et la recommandation de l'empereur de tirer vengeance de celui qui a été la cause de
l'agonie de ses dernières années ; Youen est disgracié
et se retire dans sa province.

Le mouvement révolutionnaire éclate : Youen
Che-k'ai est rappelé à Pe-king. Il se fait désirer ;
enfin, il cède aux prières : il sera le sauveur de la
dynastie mandchoue menacée. Il va envoyer immédiatement à Han k'eou ses troupes bien exercées
pour écraser les rebelles. Le grand homme va faire
preuve de décision et d'énergie. Rien de la sorte ! il
garde ses troupes dans le Nord et négocie avec les
rebelles, qui faisant appel à tous les mécontents et
aux gens sans aveu toujours prêts à jouer un rôle
aux journées de révolution, voient grossir leurs rangs
de jour en jour : ils ont tout le temps de se rendre
maîtres de Wou-tch'ang, de se répandre dans la
vallée du Yang-tseu, et d'établir à Chang-hai une
sorte de Grand Conseil. Pendant ce temps, Youen
entreprend de prouver aux Mandchous que la situation est perdue pour eux ; il réussit ; les princes sont
apeurés et l'Empereur enfant abdique. La République
est proclamée et Youen Che-k'ai en devient, le
1er mars, le premier Président, alors que Soun Ya-
tsen, la véritable cheville ouvrière du mouvement

réformateur, n'a accepté, avec un désintéressement qu'il faut reconnaître, que le titre de président provisoire. La haute situation à laquelle Youen est arrivé par ambition, non par conviction, n'est pas celle à laquelle aspire cet ambitieux personnage. *Quo non ascendam ?* pense-t-il. Et son rêve, caressé depuis longtemps, connu de ceux qui suivent ses faits et gestes, c'est de restaurer une nouvelle dynastie dont il serait le premier empereur. Mais la Roche Tarpéienne est près du Capitole. Déjà les bombes meurtrières (16 janvier) lui montrent les dangers de la situation ; il est suspect aux réformateurs, exécré des Mandchous ; son existence est en perpétuel danger. Il a sur beaucoup de réformateurs l'avantage de connaître la Chine à fond ; mais ils ont sur lui celui de connaître les pays étrangers, qui, en fin de compte, sont appelés à jouer un grand rôle dans les destinées de la Chine. Somme toute, Youen est resté un vieux Chinois ; il ignore les beautés du parlementarisme et il agit sans consulter son premier ministre, ce qui le brouillera forcément avec l'Assemblée de Nan King ou celle qui la remplacera, Assemblée de convention, qui est loin de représenter les aspirations du pays. Pauvre Youen Che-k'ai !

Qui a-t-il devant lui ? dans le parti réformateur : Soun Ya-tsen, un Cantonnais, élevé aux îles Sandwich, aujourd'hui âgé d'environ quarante-cinq ans, qui a étudié à Hong-Kong, connaissant l'anglais probablement mieux que le chinois classique, qui a exercé la médecine à Macao, et qui, lorsqu'il entend parler de réformes, s'enthousiasme, voyage en Amérique, en Angleterre, pour y porter la bonne parole ! En 1896, à Londres, alors qu'il passait dans Portland Place, en face de la Légation de Chine, Soun Ya-tsen, avait été reconnu, saisi par les gens de la Légation, et emprisonné jusqu'au moment où l'on pourrait subrepticement l'embarquer pour la Chine, où sa tête était mise à prix, dans l'attente des plus horribles supplices. Soun Ya-tsen a la chance d'échapper à ses geôliers, et commence sa propagande. On le voit à Paris, où il cherche l'appui de quelques hommes politiques ; en 1905, il fonde le Comité républicain chinois d'Europe, à Paris, à Bruxelles, Londres et Berlin. Il sait ce qu'il veut. Alors que Kang-Yeou-wei, le réformateur de 1898, sympathisant avec l'Angleterre, rêvait une monarchie constitutionnelle avec la dynastie mandchoue, Soun Ya-tsen, imbu des idées républicaines de la France et surtout des Etats-Unis, cherche à fonder une fédération d'Etats sur les ruines du trône des Ts'ing. Il n'a cependant pas rompu avec la vieille tradition chinoise, car nous apprenons que ce mois-ci même, il s'est rendu aux tombeaux des Ming à Nan-King, pour annoncer aux mânes des souverains de cette dynastie, renversée par les Mandchous, que leurs conquérants étaient dépossédés du pouvoir qu'ils avaient usurpé, et que les Chinois étaient maîtres de leur propre pays. Soun Ya-tsen me paraît être un homme convaincu, de bonne foi, sans ambition personnelle, le seul désintéressé, peut-être, dans le groupe des réformateurs. Accouru en Chine pour suivre le mouvement qu'il a suscité, il est nommé président provisoire de la République, et s'efface sans effort devant Youen Che-k'ai lorsque celui-ci est nommé président définitif, malgré la défiance dont il est l'objet de la part de tous.

Les deux figures marquantes du parti réformateur, à côté de Soun Ya-tsen, sont incontestablement Wou Ting-fang et T'ang Chao-yi. Wou Ting-fang, le pre-

mier ministre des Affaires Etrangères du nouveau
régime, autre Cantonnais, est, des chefs de la révolution, celui qui a le plus d'expérience; jadis avocat à
Hong Kong sous le nom de Ng Choy, il entra au service de son pays, et après avoir été chargé avec Lien
Fang d'échanger avec Ito Miyoyi le 8 mai 1895 à
Tche-fou les ratifications du traité de Shimonoseki,
il prit une part active à la rédaction du traité de
commerce signé entre la Chine et le Japon le 21 juillet 1896.

En novembre 1896, envoyé comme Ministre plénipotentiaire aux Etats-Unis, en Espagne et à Cuba,
c'est-à-dire dans les pays où se porte l'émigration
chinoise, il signa le 14 avril 1898, à Washington, un
arrangement préliminaire pour la ligne du chemin de
fer Pe-King-Han K'eou. Nommé en mai 1903, secrétaire, puis la même année vice-président du Ministère des Affaires Etrangères, il fut envoyé une seconde
fois comme Ministre à Washington à la fin de 1907.

T'ang Chao-yi est un Cantonnais également, créa-
ture de Youen Che-k'ai dont il a été secrétaire lorsque
celui-ci résidait en Corée. Il fut lui-même consul-
général dans ce pays après le traité de Shimonoseki,
et a été directeur-général du chemin de fer Nan-
King-Chang-hai et Pe-King-Han-K'eou (1906); premier gouverneur de Feng-tien en avril 1907, lors de
la réorganisation de la Mandchourie, il fut désigné
comme envoyé spécial en Amérique pour remercier
les Etats-Unis de la générosité avec laquelle ils
avaient abandonné la part qui leur revenait de
l'indemnité après la révolte des Boxers en 1900. C'est
lui qu'on a nommé président du premier Conseil des
Ministres de la République, et il a débuté en pro-
voquant la méfiance du Consortium financier des

Quatre Puissances : France, Angleterre, Allemagne et Etats-Unis, en faisant en dehors de lui un premier emprunt qui a amené les protestations des légations de ces puissances.

Voyons maintenant quelle est la situation dans le pays même ? Anarchie et massacre dans toutes les régions. A Canton, les bandits qu'on avait enrôlés pour garder la ville, n'étant plus payés, occupent les forts. A Fou-tcheou, deux régiments en viennent aux mains, parce que les hommes de l'un ont gardé la natte, tandis que les autres ont supprimé cet appendice caudal. A Pe-King, dans les soirées du 29 février et du 1er mars, les soldats, secondés par la racaille, se paient leur solde en pillant les maisons et les gares de chemin de fer, brûlant le palais de Kouei-siang, frère de l'Impératrice douairière, fournissant ainsi un prétexte excellent à Youen Che-k'ai, incapable de réprimer leurs excès, pour ne pas se rendre à Nan-King, au milieu de l'Assemblée des réformateurs qui annihileront toute son influence. A Tchi-tcheou, au sud de Pao-ting, ce mois de mars, des soldats assassinent le missionnaire protestant Day, qui accompagnait l'évêque anglican Scott ; la victime est ailleurs l'Américain Hicks. A Si-ngan fou, massacre de missionnaires suédois et de milliers de Mandchous. Dans le Se-tch'ouan, massacre de missionnaires américains. En Asie Centrale, les troupes sont battues par les rebelles. A Chang-hai même, des soldats du Tche-Kiang, mécontents de leur solde, se mutinent. La Mongolie, hésitante, va peut-être se jeter dans les bras des Russes. La Mandchourie est une proie mûre pour les Japonais. Les partis réactionnaires se remuent déjà : on voit un général des troupes du Chan-si marchre sur la capitale et s'entendre avec son collègue de la Mandchourie. Pour que le ridicule s'ajoute à l'horreur de l'anarchie dans laquelle la Chine est plongée, viennent se greffer les manifestations de suffragettes singeant leurs sœurs d'Angleterre et leurs exploits. Grâce à la multitude de journaux poussés comme des champignons, les fausses nouvelles circulent dans tout l'Empire et ajoutent aux angoisses de la situation. Les réformateurs ne sont plus qu'une infime minorité. Le pays a besoin de réformes sans doute, mais ce n'est ni Montesquieu, ni Rousseau, ni les socialistes russes qui pourront servir utilement de modèles à la Chine en ce moment. Il lui faut tout d'abord sortir du gâchis dans lequel elle est plongée, s'adresser à des gens d'expérience, pratiques, ayant la connaissance de la vieille Chine, tout au moins autant que de la vieille Europe, et avant de remplacer les enseignements de Confucius par ceux de la Sorbonne, il sera bon de voir ce qui répond naturellement aux habitudes et aux aspirations de la Chine. Chaque pays a ses besoins, et ce qui est bon pour la France ou les Etats-Unis, n'est pas nécessairement bon pour l'antique empire asiatique ; il n'y a pas de panacée universelle.

Et puis, il y a la question financière ; les événements des derniers jours montrent que sans argent, la révolte éclate partout ; et ceux qui ont déchaîné la révolution en seront les premières victimes, s'ils ne savent pas apaiser à prix d'or les ambitions qu'ils ont soulevées. C'est alors qu'il faudra s'adresser à l'étranger. Ce dernier est flatté par la jeune Chine parce qu'elle le sent nécessaire, mais il est exécré par le fond même de la population.

Quelle sera l'attitude de cet étranger ? Il a déjà assuré sa défense en occupant dès janvier le chemin de fer de Peking à la mer. Assurément il a désiré une Chine paisible et travailleuse, mais il la voit sans mélancolie s'affaiblir elle-même par ses dissensions. On peut dire que son intervention seule sortira la Chine de l'anarchie ; mais dans quelles conditions pourra-t-elle se produire ? Ce qui domine tout, c'est la politique financière. Les « Quatre Puissances » sont disposées à aider la Chine ; le Japon s'est rallié avec des réserves au Consortium financier ; il envoie d'ailleurs des troupes à Port-Arthur et à T'ien-tsin. La Russie fait ses conditions et marchera sans doute avec les autres. Mais pour cet appui financier, il faut donner des gages. Les Douanes et une partie des chemins de fer sont déjà données en garantie. Il y a de nouvelles lignes de chemin de fer à construire, des mines à exploiter, de nouveaux travaux à exécuter ; c'est là ce qu'on leur demandera comme garantie, et de nouveau le particularisme provincial se trouvera en opposition avec l'intérêt général du pays. Source toujours nouvelle de difficultés ! Les « Quatre Puissances » n'ont que des intérêts économiques en Chine ; elles doivent désirer le *statu quo* dans le pays et l'intégrité du territoire, mais il serait, je crois, naïf de penser que le Japon et la Russie soient disposés à abandonner le terrain qu'ils ont acquis en Mandchourie, et cette même Russie qui redoutait la colonisation chinoise dans la Mongolie profitera certainement de la situation actuelle pour empêcher les tribus qui lui servent d'avant-garde ou mieux de tampon, de retomber sous le joug du Céleste Empire. Les Russes ont déjà placé dans leur sphère d'influence la région du haut Iénisséi, c'est-à-dire le pays au nord de Kobdo ; soyons certains qu'ils voudront prendre Kobdo même, ainsi que le Tarbagataï. Et quant à leur agent

Doriev, qui les avait si fidèlement servis au Tibet, et qui vient de quitter Saint-Pétersbourg, pour la Mongolie, je ne doute pas qu'il ne sache persuader au *Houtoukhtou lama* d'Ourga que le salut est vers l'Ouest et le Nord, plutôt que vers l'Est.

La monarchie mandchoue est à terre, la République chinoise est proclamée, mais elle n'existe pas encore.

DELHI [1]

Le nom de DELHI évoque l'idée de richesses et de splendeurs depuis longtemps évanouies. Au récent durbar, le Roi-Empereur, GEORGES V, a déclaré que Delhi serait désormais la capitale officielle de l'Inde, et le 15 décembre 1911, revêtu de l'uniforme de général, entouré de l'Impératrice-Reine et du Vice-Roi Lord HARDINGE, il posait solennellement la première pierre de la nouvelle ville. Déjà, la reine VICTORIA avait lancé de Delhi la proclamation impériale du 1er janvier 1877. La capitale du GRAND MOGOL va-t-elle retrouver sa gloire d'antan ? Il peut être utile, il est en tous cas d'actualité de rappeler à grands traits l'histoire de cette ville fameuse.

La ville moderne de Delhi, appelée CHAHDJIHAN-ABAD du nom de son fondateur, ne date que de 1648 ; à 1.300 kilomètres de Calcutta à vol d'oiseau (1.628 kilomètres en chemin de fer), 179 kilomètres d'Agra et 448 kilomètres de Lahore, elle est située à 252 mètres d'altitude sur la rive droite de la Djemnah, affluent de droite du Gange : elle est entourée sur trois côtés d'une enceinte d'environ 10 kilomètres de longueur, percée de dix portes. Sa population, en comprenant celle des faubourgs, est d'environ

1. Extrait du *Journal des Savants*, mars 1912, pp. 108-118.

185.000 habitants. Au sud de Chahdjihanabad
s'étend l'immense amoncellement de ruines qui représentent l'emplacement des villes qui ont successivement porté le nom de Delhi.

L'évêque de Calcutta, Reginal HEBER, écrivait
dans son *Journal*, le 30 décembre 1825 :

De la porte d'Agra à la tombe de Houmayon on se trouve
en présence d'une terrible scène de désolation, ruines après
ruines, tombes après tombes, fragments de briques, de
pierres, de granit et de marbre, dispersés partout sur un sol
naturellement rocheux et stérile, sans culture, excepté dans
un ou deux endroits, et sans un seul arbre. Cela rappelle
Caffa en Crimée, mais un Caffa à l'échelle de Londres, avec
les misérables fragments d'une magnificence dont Londres
même ne peut se vanter [1].

Parlant de l'ancien Delhi, le général CUNNINGHAM
écrit :

Ce désert de ruines s'étend de l'extrémité sud de la ville
actuelle Chahdjihanabad jusqu'aux forts abandonnés de
Rai Pithora et de Tughlakabad, une distance de dix milles.
La largeur de l'extrémité septentrionale, en face Kotila de
Firouz Chah, est d'environ trois milles, et à l'extrémité
méridionale, du Kutb Minar à Tughlakabad, elle est d'un peu
plus de six milles ; la surface totale couverte par les ruines
n'ayant pas moins de quarante-cinq milles carrés. Il est fort
probable, toutefois, que pas plus du tiers de cet espace n'a
jamais été occupé pendant une seule période, car les ruines
actuelles sont les débris de sept villes, qui ont été construites
à différentes époques par sept des vieux rois de Delhi [2].

1. *Narrative*, Lond., I, p. 552.
2. Major General A. Cunningham. — *Report of the Proceed. of the
Archaeological Surveyor to the Government of India for the Season of
1862-63. Journal Asiatic Society Bengal*, XXXIII, 1864, Suppl.,
pp. II-III.

Les « sept forts » du vieux Delhi dont il existe encore des restes, seraient suivant Cunningham (p. iv) : — 1. Lâlkot, construit par Anang Pal vers 1052 ; 2. Kila Rai Pithora, construit par Rai Pithora, vers 1180 ; 3. Siri ou Kila-Alai, bâti par Ala-uddin en 1304 ; 4. Tughlakabad construit par Tughlak-Chah en 1321 ; 5. la Citadelle de Tughlakabad, construite à la même époque ; 6. Adilabad, construit par Mohammed Tughlak vers 1325 ; 7. Djihanpana, de la même époque.

L'origine de Delhi et celle même de son nom sont à peu près inconnues. L'incertitude la plus complète règne au sujet de sa fondation ; les traditions hindoues sont sujettes à caution et les preuves font défaut. A l'époque légendaire on compte une dynastie des Somavansa de Pratishthana, suivie d'une dynastie des Somavansa de Hastinapura qui aurait été remplacée par une dynastie des Somavansa d'Indraprestha. Suivant une tradition, le site d'Indraprestha est occupé par Indrapat ou Purana Kila (Vieux Fort) à 3 kilomètres au sud de la porte de Delhi ; ce fort fut réparé par Houmayoun qui lui donna le nom de Dinpanah.

Suivant le Bhâgavata Purana, Yudhishthira fut le premier roi d'Indraprestha dont l'occupation est placée par Cunningham dans la seconde moitié du xve siècle av. J.-C. Yudhishthira eut pour successeurs les descendants de son frère Arjuna, c'est-à-dire trente générations de princes qui furent remplacés par la dynastie des Gotamavansa comprenant quinze Gautama, puis par une dynastie de quinze Mayuras dont le dernier, Raja-pâla, fut tué par le Raja de Kumaon, « Seigneur des Sakas », *Sakâditiya.*

Les Sakas furent renversés par Vikramâditiya qui

prit le titre de *Sakâri*, et dont l'ère commence en
57 av. J. C. ; toutefois Cunningham attribue à un
autre Vikramâditiya la défaite du conquérant de
Dillî à Koror, entre Moultan et Loni en 179 de notre
ère, qui est le point de départ de l'ère Saka de Sâli-
vâhana.

D'après Cunningham, c'est à cette époque que le
nom de Dilli apparaît dans l'histoire, mais, dit-il, il
est universellement accepté que Dilli est d'une date
plus ancienne qu'Indraprestha, la ville de Yudhishthira lui-même. Suivant une tradition populaire et
bien connue, Dilli, ou Dhili, fut construit par Raja
Dilu, ou Dhilu, dont la date est tout à fait incertaine.
Cette tradition fut adoptée par Ferishta, qui ajoute
que Raja Dilu, après un règne de quatre ou de quarante ans, fut attaqué et tué par Raja Phur, ou Porus,
de Kumaon, qui fut l'adversaire d'Alexandre le
Grand. Malheureusement, nous dit Cunningham, la
chronologie ancienne de Ferishta est un tissu d'erreurs.

C'est à Anang Pal I dont on place l'avènement à
736 ap. J.-C., qu'on attribue la reconstruction de
Delhi.

Anang Pal, ou Bilan Deo, fondateur de la dynastie
de Tomara, construisit sur une colline rocheuse un
Pilier de fer d'environ huit mètres de haut, avec un
diamètre d'une vingtaine de centimètres. A l'érec-
tion de ce pilier se rattache une curieuse légende ainsi
racontée par Hunter *(Gazetteer of India)* :

Un saint brahmine assura au Raja, que le pilier avait été
enfoncé si profondément dans la terre, qu'il atteignait la
tête de Vasuki, le Serpent-Roi, qui supporte le monde, et
par conséquent est devenu immobile, ce qui fait que la suprématie est assurée à la dynastie de son fondateur, aussi

longtemps que le pilier sera debout. Le Raja incrédule donna l'ordre de déterrer le monument, et sa base fut trouvée rouge du sang du Serpent-Roi. Ainsi convaincu, Anang Pal commanda que le pilier fut de nouveau mis en terre, mais en punition de son manque de foi, aucune force ne put le replacer comme auparavant. De là l'origine du nom de la ville Dhili, la colonne restant mobile *(dhila)* dans le sol. Malheureusement pour la légende, non seulement l'inscription prouve sa fausseté, mais le nom de Dilli est sans aucun doute antérieur à l'avènement de la dynastie de Tomara.

Ce Pilier de fer existe encore ; il est placé devant l'ouverture centrale de la mosquée de Kutbu'l Islam *(Kuvat ul-Islam)* construite par Kutb ud-din Aibek après la prise de Delhi en 1191 ; elle se trouve à environ 15 kilomètres de la porte d'Ajmere ; près de la mosquée se dresse un grand monument, le Kutb Minar, probablement construit par Altamich sur l'emplacement de l'ancien Delhi, croit-on dans l'ancien fort de Lâlkot bâti en 1052 par Anang Pal II, autour duquel avait été élevé le fort de Rai Pithora en 1180. Le fort de Lâlkot et le fort de Rai Pithora formaient le Delhi musulman après la construction du fort nouveau de Siri par Ala ud-din Khaldji, c'est donc un des points les plus intéressants pour l'histoire du vieux Delhi.

En 860, le royaume d'Ajmere avait été fondé par Anala, Radjpute Kahumana ; les Kahumanas ne tardèrent pas à placer les Tomara sous leur dépendance (1152) ; en 1171, Phritvi Ràja (adopté en 1169 comme fils par Akshal, le dernier roi Tomara) connu dans le pays sous le nom de Rai Pithora, arriva au pouvoir ; ce fut lui qui construisit le fort qui porte son nom. Cependant depuis le VIIIe siècle, les musulmans poursuivaient leurs conquêtes dans l'Inde ;

en 712, le Sindh tombait entre les mains des khalifes
arabes ; en 977-997, le Ghaznévide Sabak Tegin
s'emparait d'une partie du N.-O. de l'Inde ; son successeur Mahmoud de Ghazni (998-1030) ne fit pas
moins de douze expéditions dans l'Inde et étendit
singulièrement les limites de ses domaines. Au milieu
du xie siècle, les princes hindous avaient de nouveau
fait reculer les musulmans qui ne gardaient plus que
la ville de Lahore ; mais ceux-ci se relevèrent bientôt et en 1051 le Pendjab tombait entre leurs mains :
le chef Ghaznévide Mas'ud (1099-1144) établit sa
capitale d'une manière définitive à Lahore. Cependant la dynastie des Ghaznévides tombait en décadence ; en 1152, les Afghans de Ghor la renversaient
et leur chef Muiz ud-din (Shanab ud-din) s'empara du
Pendjab (1186), mais lors de sa première expédition
contre Delhi, il fut écrasé par les Hindous à Thanes-
war (1191) ; Muiz ud-din ne tarda pas cependant à
prendre sa revanche : il défit et tua Phritvi Rája
qui régnait à la fois sur Delhi et Ajmere (1193) ;
puis il s'empara en 1194 de Kanauj où régnaient les
Rahtors Radjput qui émigrèrent vers l'Indus et
créèrent les principautés de Radjputana. Muiz ud-
din, sous le nom de Mohammed Ier ou de Ghor est
considéré comme le premier empereur musulman de
Delhi ; il mourut en 1206, après avoir conquis le
Bengale en 1203.

Son lieutenant Kutb ud-din Aïbek, ancien esclave
turk, le véritable vainqueur de Delhi, créa une nouvelle dynastie ; ce fut ce prince qui commença la
construction de la mosquée de Kutb'ul Islam *(Kuvat
ul-Islam)* sur la plate-forme du temple hindou de Rai
Pithora ; cette mosquée a été entourée d'un cloître
formant une grande cour par Altamich, dont le tom-

beau se trouve au nord-ouest de l'enceinte. Kutb ud-din mourut en 1210 ; sa dynastie qui dura jusqu'en 1290 est connue sous le nom de dynastie des « Rois esclaves ». Il eut pour successeur Aram, lequel fut remplacé par Altamich (1211-1236), le plus grand des princes de cette dynastie ; sa fille, la princesse Raziyá lui succéda. Le dernier sultan de la dynastie ayant été empoisonné, le chef de Khildji, Djelal ud-din Firouz II, occupa le trône de Delhi (1290-1296) ; sous la dynastie de Khildji, la conquête du sud de l'Inde fut faite. La faiblesse du dernier sultan Mubárik et les crimes du renégat hindou Khusrú Khan qui assassina son maître et se substitua à lui, amenèrent une révolte (1320) à laquelle se joignit un ancien esclave turk Ghiyas ud-din qui fonda la dynastie de Tughlak (1320-1414). Ghiyas ud-din plaça à une petite distance sa capitale qu'il nomma Tughlakábad ; il fut assassiné par son fils Mohammed (1324) qui régna jusqu'en 1351 ; celui-ci eut pour successeur Firouz Chah (1351-1388) qui fit exécuter de grands travaux et construisit le fort de Firouzabad (1354), aujourd'hui en ruines; c'est lui qui fit apporter à Delhi, peut-être, de Nigambod, fameux lieu de pèlerinage, en 1356, les deux piliers de pierre portant des inscriptions d'Açoka. C'est sous la dynastie de Tughlak que l'Inde fut visitée par le moine Odoric de Pordenone qui ayant été voir Tana de Salsette, où quatre de ses confrères franciscains avaient été martyrisés en 1321, écrit de cette ville : « Et nunc subiacet imperio Daldili [Delhi]. »

Le voyageur maghrébin Ibn Batoutah qui la visita aussi au xive siècle, écrivait :

Cette ville [Dihly] est d'une grande étendue, et possède une nombreuse population. Elle se compose actuellement

de quatre villes voisines et contiguës, savoir : 1º Dihly,
proprement dite, qui est la vieille cité, construite par les
idolâtres, et dont la conquête eut lieu l'année 584 (1188 de
J.-C.) ; 2º Siry, aussi nommée le séjour du Khalifat : c'est
celle que le sultan donna à Ghiyâth ed-din, petit-fils du Khâ-
life abbacide Almostancir, lorsqu'il vint le trouver... 3º Togh-
lok Abâd, ainsi appelée du nom de son fondateur... 4º Djihan
penâh (le refuge du monde), qui est destinée particulièrement à servir de demeure au sultan Mohammet Châh,
actuellement roi de l'Inde... Le mur qui entoure la ville de
Dihly n'a pas son pareil. Il a onze coudées de largeur, et l'on
y a pratiqué des chambres où demeurent des gardes de nuit
et les personnes préposées à la surveillance des portes... La
ville de Dihly a vingt-huit portes, ou, comme les appellent
les Indiens, *derwazeh* [1].

D'après Cunningham [2] les quatre villes d'Ibn Batoutah seraient : « Rai Pithora, Djihanpana et Siri
(dont les murailles continues peuvent être aisément
trouvées à ce jour) et la quatrième doit être Tughlakabad ». Ce dernier fort fut commencé en 1321 et
terminé en 1323 ; en dehors, près du mur méridional
se trouve le tombeau de Tughlak au milieu d'un lac
artificiel.

L'invasion de Tamerlan ruina les Tughlaks ; le
conquérant mongol s'empara le 13 janvier 1399 de
Delhi qui fut mis à sac ; un épouvantable massacre
accompagna la chute de la grande ville et la défaite
du sultan Tughlak, Mahmoud II (1394-1413). Après
sa victoire, Tamerlan rentra dans l'Asie centrale. La
dynastie de Tughlak fut remplacée en 1414 par celle
des Seyyids, qui le fut elle-même par celle des

---

1. Ibn Batoutah, Paris, 1855, III, p. 148.
2. *Loc. cit.*, p. iii.

Afghans de Lodi (1451). En 1526, un descendant de
Tamerlan, BABER, envahissait l'Inde et battait à
Pânipat, Ibrahim, le souverain de Delhi ; Baber
mourait à Agra en 1530, ayant créé une nouvelle
dynastie, celle des Timourides, plus connue sous le
nom de Grands Mogols. Pendant quelques années,
son fils et successeur HOUMAYOUN fut dépossédé par
SHER CHAH, gouverneur afghan du Bengale, créateur
d'une dynastie qui régna à Delhi jusqu'en 1556,
époque à laquélle Houmayoun remonta sur le trône.
Ce prince eut des successeurs illustres : AKBAR Ier,
(1556-1605), DJIHANGHIR (1605-1628), CHAH DJI-
HAN Ier (1628-1658), AURENGZEB (1658-1707). La
décadence commence après ce prince ; la dynastie
des Grands Mogols dura pourtant jusqu'à la déposi-
tion de Mohamoud Bahadur II par les Anglais en
1858. Agra et Lahore furent les résidences préférées
d'Akbar et de Djihanghir ; ce fut leur successeur
Chah Djihan qui reconstruisit Delhi et lui rendit
toute sa magnificence.

Venant d'Agra, le voyageur anglais William FINCH
se rendit à Delhi : « A main gauche, dit-il, on
voit la carcasse du vieux Delhi, appelée les Neuf
Châteaux, et les Cinquante-deux Portes, habitée
maintenant seulement par des Googers [1] », nom sous
lequel ces ruines sont encore connues [2]. Il semblerait
donc que dès cette époque, c'est-à-dire sous le règne
de Djihanghir, il ne restait rien des villes, des monuments et des forts qui avaient successivement occupé
l'emplacement de Delhi. Les cinquante-deux portes
dont parle Finch seraient, suivant Cunningham [3],

---

1. Purchas, *His Pilgrimes*, I, p. 430.
2. Cunningham, p. III.
3. *Loc. cit.*, p. LXXV.

quatorze pour le Delhi hindou, vingt pour le Delhi musulman, et dix-huit pour Tughlakabad.

Finch raconte qu'il y a quatre Delhi : le plus ancien construit par « Rase » qui sur le conseil de ses pandits ou sorciers enfonça un pieu dans la terre, qui lorsqu'il fut retiré était couvert du sang d'un serpent, ce qui pour les sorciers fut considéré comme un signe de bon augure ; on pourra comparer avec la légende d'Anang Pal citée plus haut ; la seconde Delhi construite par « Tozall Sha », un roi Pathan ; la troisième de peu d'importance ; la quatrième construite par « Shersalem » où est le tombeau d'Houmayoun ; French nous dit que la sépulture d'Houmayoun se trouve dans une vaste pièce, avec de riches tapis, son sabre et ses chaussures ; près de l'entrée se trouvent les tombeaux des femmes et des filles du souverain. L'évêque de Calcutta, Heber, parlant de ce monument, écrit [1] :

Le tombeau de Houmayon, noble construction de granit incrusté de marbre, est dans un style très modeste et simple d'architecture gothique.

Il est situé à un kilomètre au sud d'Indrapat ; sa construction ordonnée par la veuve d'Houmayoun, la Nawab Hamidah Bano Begum, ne dura pas moins de seize années.

La ville actuelle fut construite en 1648 par Chah Djihan qui lui donna le nom de Chahdjihanabad. Le palais de ce souverain magnifique commencé en 1638 est aujourd'hui le fort qui domine le fleuve ; on y pénètre par deux portes : celle de Lahore d'où part la principale rue de la ville, appelée Chândni Chauk

1. Heber, *Narrative*, p. 553.

(rue de l'Argent), et celle de Delhi ; on y admire la grande salle d'audience publique *(Diwan-i-âm)*, d'une étonnante richesse d'ornementation, et la salle d'audience privée en marbre orné d'or *(Diwan-i-Khas)*. Chah Djihan construisit aussi la *Djemmah Musjid*, la grande mosquée : seul le Grand Mogol pouvait y entrer par la porte centrale qui aujourd'hui encore n'est ouverte que pour le vice-roi.

Delhy, nous dit Tavernier [1], est une grande villace près de la rivière de Gemna, qui court du Nort au Sud, puis du Couchant au Levant, et après avoir passé à Agra et à Kadioue se va perdre dans le Gange. Depuis que Cha-Gehan eut fait bâtir la nouvelle ville de Gehanabad à qui il donna son nom, et où il aima mieux faire sa résidence qu'à Agra, parce que le climat est plus tempéré, Delhy est fort ruinée et presque tout en mazures, ne restant guère sur pied que de quoy loger de pauvres gens. Ce sont des ruës étroites et des maisons de Bambouc comme dans toutes les Indes, et il n'y a que trois ou quatre Seigneurs de la Cour qui font leur demeure à Delhy dans de grands enclos où ils font dresser leurs tentes... Gehanabad de même que Delhy est une grande villace, et une simple muraille en fait la séparation. Toutes les maisons des particuliers sont de grands enclos au milieu desquels est le logis, afin qu'on ne puisse approcher du lieu où les femmes sont renfermées. La plupart des Seigneurs ne demeurent pas dans la ville, mais ils ont leurs maisons dehors à cause de la commodité des eaux. En entrant dans Gehanabad du côté de Delhy on voit une longue et large ruë, où de côté et d'autre il y a des voûtes sous lesquelles se tiennent des marchands, et le dessus est en plateforme. Cette ruë vient aboutir à la grande place où est la maison du Roy, et il y en a une autre fort droite et fort large qui se vient rendre à la même place vers une autre porte du même palais, dans laquelle sont les gros marchands qui ne tiennent point boutique.

1. *Les Six Voyages...*, Paris, 1676, 2 vol. in-4, II, p. 60.

Delhi eut à subir les horreurs d'un nouveau massacre le 11 mars 1739, ordonné par le souverain persan NADIR CHAH qui fit un immense butin et emporta le fameux diamant (jadis joyau du trésor de Baber), qu'il baptisa *Koh-i-noor* (montagne de lumière). De Perse, la pierre précieuse revint aux Indes en 1813 aux mains de Runjet Sing, le Lion de Lahore ; lors de l'annexion du Pendjab en 1849, les Anglais s'en emparèrent ; offerte à la Reine en juin 1850, elle est aujourd'hui conservée à la Tour de Londres avec les joyaux de la couronne.

Seize ans plus tard en 1756, nouveau sac de Delhi par l'Afghan Ahmed Chah Duráni. Le Grand Mogol CHAH ALAM II qui devait le trône aux Mahrattes, avait laissé le pouvoir à Sindhia, leur chef ; il essaya de secouer le joug (1788), mais sa résistance eut pour résultat l'installation permanente d'une garnison mahratte dans sa capitale (1789). Les Mahrattes furent défaits par les Anglais commandés par Lord LAKE le 14 mars 1803, mais avec Jaswant Rao Holkar à leur tête, ils mirent le siège devant Delhi en octobre 1804 ; toutefois Lake et la ville furent délivrés par le colonel OCHTERLONY. Les Anglais, tout en conservant le contrôle de l'administration, maintinrent Chah Alam (1759-1806) sur le trône, ainsi que ses deux successeurs, AKBAR II (1806-1837) et BAHADUR II (1837-1858). C'est sous ce dernier prince, le dernier des Grands Mogols, qu'éclata la grande rébellion qui faillit faire perdre aux Anglais l'empire des Indes.

Lord CANNING, nommé Gouverneur général de l'Inde en remplacement de Lord DALHOUSIE, débarqua à Bombay le 26 janvier 1856, mais malgré l'éclat de l'administration de Dalhousie, de graves germes de mécontentement existaient chez les indigènes :

l'armée indigène avait donné des signes d'insubordi-
nation ; un motif de peu d'importance en apparence
fut la cause d'une conflagration générale. Il y avait à
Meerut, à une cinquantaine de kilomètres de Delhi en
mai 1857 le 3e régiment de cavalerie et le 11e et le
20e régiments d'infanterie indigènes ; 85 cavaliers qui
avaient refusé d'accepter les nouvelles cartouches
destinées au fusil Enfield parce que l'on s'était servi
de graisse de vache et de porc considérée comme
impure par les Hindous et les Musulmans, furent
traduits devant un conseil de guerre et condamnés à
la prison ; ils furent délivrés par leurs camarades ; ce
fut le signal de la révolte qui éclata soudaine, terrible,
dans l'après-midi du dimanche 10 mai 1857 ; des provinces du Nord-Ouest et d'Oudh jusqu'au Bengale,
elle s'étendit comme un torrent de feu dont les flammes éclairaient le massacre des Européens sur son
cours tumultueux. La faiblesse du général Hewitt
permit à la cavalerie indigène de gagner Delhi : le
fort tomba entre les mains des rebelles, l'église fut
détruite, et les Européens et les chrétiens furent mis à
mort ; les troupes indigènes de Delhi commandées
par le colonel RIPLEY et le major ABBOTT passèrent
aux mutins. Il fallait reconquérir Delhi. Le 8 juin
1857, Sir H. BARNARD gagnait la bataille de Badlika-
Saraï qui permit de commencer le siège de la ville
rebelle, siège mémorable qui dura trois mois : le
8 septembre, à la suite d'un bombardement, l'assaut
fut préparé ; il eut lieu le 14 ; les troupes anglaises
s'emparèrent des bastions et occupèrent la partie
orientale de la ville qui ne tomba définitivement
entre les mains du vainqueur que le 20 septembre
après un combat meurtrier ; il avait fallu reprendre
rue après rue ; le Grand Mogol, Bahadur Chah, ré-

fugié au tombeau d'Houmayoun, se rendit le 21 ; il fut condamné à un bannissement perpétuel et déporté à Rangoon où il mourut le 7 octobre 1862. Enfin le 11 janvier 1858, l'administration civile remplaçait le gouvernement militaire et reprenait possession de Delhi. Le conquérant de Delhi, le général NICHOLSON était tombé à la tête de ses troupes ; la réduction de Lucknow, la pacification d'Oudh par Lord CLYDE, la campagne dans l'Inde centrale par Sir Hugh ROSE (Lord STRATHNAIRN) mirent fin à la rébellion avec laquelle coïncident la chute de la Compagnie des Indes et celle de la dynastie du Grand Mogol, le transfert de l'administration de l'Inde à la Couronne et la nomination d'un vice-roi, qui était d'ailleurs le dernier Gouverneur général, Lord Canning.

Le choix de Delhi comme nouvelle capitale est évidemment une mesure politique destinée à donner satisfaction à certaines aspirations des habitants de la presqu'île hindoustane, agités d'un ferment de révolte depuis la guerre russo-japonaise et la réunion de la partie orientale du Bengale à l'Assam : cette dernière mesure impopulaire vient d'être rapportée. Delhi est certainement mieux placée au centre des provinces où se déroulèrent les grands événements de l'histoire du pays que Calcutta, maintenant déchue du premier rang, située à l'extrémité de l'Empire. Le changement ne se fera sans doute pas sans susciter d'amères récriminations et sans léser des intérêts généraux et particuliers ; ce sera chose coûteuse et peu facile d'opérer le transfert de la capitale. Il y a des traditions presque séculaires, des habitudes prises à Calcutta, qui restera forcément la métropole commerciale du nord de l'Inde où devront nécessaire-

ment résider les consuls étrangers ; d'où la création
de nouveaux postes pour les représentants des intérêts étrangers dans la capitale de l'Empire. Toutefois,
il n'y a aucune impossibilité matérielle et l'avenir
nous dira si les Anglais eurent raison d'abandonner
les rives de l'Hougly pour les bords de la Djemnah
et la ville de Warren HASTINGS pour la capitale du
GRAND MOGOL.

L'ISLAM EN CHINE [1]

Malgré les travaux de Palladius, de Ch. Schefer, de Deveria, de Hirth, de M. Hartmann, on peut dire que l'Islam en Chine a été peu étudié. Généralement on se borne à citer les deux volumes que P. Dabry de Thiersant a consacrés au *Mahométisme en Chine* en 1878 malgré les nombreuses erreurs qu'ils contiennent et le travail spécial à la province du Yun-nan dans lequel M. Emile Rocher a raconté (1879-1880) la terrible rébellion musulmane qui éclata dans le sud-ouest de l'Empire chinois en 1856 et ne se termina qu'en 1873 par la prise de Ta-li. Voici deux ouvrages récents très différents dans leur manière de traiter la question de l'Islam en Chine qui méritent d'attirer l'attention des savants, car sans être définitifs, ils nous apportent l'un et l'autre de nouveaux documents. Le premier, celui de M. Broomhall, embrasse l'Islam en Chine dans son ensemble ;

1. Extrait du *Journal des Savants*, janvier 1913, pp. 30-35 ; février 1913, pp. 60-67. — Marshall Broomhall. *Islam in Chïna. A neglected Problem with illustrations, Monumental rubbings, Maps, etc.* Preface by John R. Mott, Prof. Harlan P. Beach... Rev. Samuel M. Zwemer. — Londres, Morgan et Scott, 1910, in-8, pp. xx-332. — *Mission d'Ollone (1906-1909). Recherches sur les Musulmans chinois*, par le commandant d'Ollone, le capitaine de Fleurelle, le capitaine Lepage, le lieutenant de Boyve. Études de A. Vissière, notes de E. Blochet. Paris, Ernest Leroux, 1911, in-8, cartes et 1 carte hors texte.

le second n'étudie que les provinces traversées par la mission dirigée par le commandant D'OLLONE, c'est-à-dire le Yun-nan, le Se-tch'ouan et le Kan-Sou; toutefois un chapitre est consacré aux Musulmans dans l'Asie centrale dont nous n'aurons d'ailleurs pas à parler, la Chine proprement dite, c'est-à-dire les dix-huit Provinces, étant seule aujourd'hui l'objet de cette étude. La publication de ces deux ouvrages ainsi que celle de la *Revue du Monde musulman*, qui a atteint son vingtième volume, me donne l'occasion de tracer un état sommaire de nos connaissances sur les Musulmans de l'Empire du Milieu.

I

Rappelons que la première mention des Arabes appelés *Tazi* ou *Tachi* par les Chinois qui les connurent par la Perse, se trouve dans les Annales de la dynastie des T'ang (618-907) et que nombreuses sont dans les ouvrages chinois les allusions à ces Ta-zi. En 713, un ambassadeur Ta-zi se rend en Chine ; un autre, en 924, visite A-pao-ki, chef des K'i tan, campé sur les bords de l'Orkhon ; plus tard encore, en 1020, une princesse Leao épouse un chef Ta-zi. Les Musulmans payaient un tribut au chef des Si-Leao ou Kara K'itai, et au XIIᵉ siècle, il y avait un régiment de leurs coreligionnaires dans l'armée des Kin ; c'est à partir de la dynastie des Soung (960-1279), sous laquelle on compte vingt ambassades de Ta-zi, que le nom de ceux-ci disparaît pour faire place à celui de *Houei Houei*.

M. le commandant d'Ollone consacre un chapitre de son ouvrage à l'*Origine du nom de Houei Houei* ;

d'après le *Discours sur les Musulmans* de Lieou Tche, le nom de *Houei Hou* remplacé par le nom de *Houei Houei* serait « une application extensive des Ouïgours pendant longtemps principaux représentants de l'Islam aux yeux des Chinois ». C'est d'ailleurs ce que sous une autre forme nous dit le D[r]. Bretschneider cité par M. Broomhall : « Il peut y avoir quelque raison dans le fait que les Chinois au XIIIe siècle appelaient les Mahométans *Houei Ho* ou *Houei Hou*, termes jadis employés pour désigner les Ouïgours ». Ceux-ci étaient en effet désignés sous les T'ang comme les *Houei Ho* et les *Houei Hou*.

A quelle époque l'Islam a-t-il pénétré en Chine ? La mosquée de Si-ngan fou dans la province du Chen-si possède une stèle de l'année 742 publiée par Broomhall qui nous fournit une date certainement erronée ; l'inscription de cette stèle dit en substance que la doctrine de Mahomet ne pénétra en Chine que sous le règne de K'ai houang (581-600), empereur de la dynastie des Soui. Il suffit de faire remarquer que la date de l'hégire étant 622, il est difficile que l'Islam ait pénétré en Chine en 581 ; d'autre part pour désigner l'Arabie, au lieu de Ta-chi, on a employé l'expression de *T'ien fang* ou Ka aba qui, ainsi que le signale Devéria, n'apparaît dans les historiens chinois qu'à partir de 1288. L'inscription de Si-ngan fou est donc apocryphe.

L'inscription de la mosquée de Ts'iouen-tcheou dans le Fou-Kien est actuellement la plus ancienne connue en Chine (1310-1311) ; signalée jadis par le consul anglais Geo. Phillips *(T'oung Pao,* VII, 1896), elle a été depuis minutieusement étudiée dans le même recueil (XII, 1911, pp. 677-727), par le P. Greg.

Arnáiz, O. P., et M. Max Van Berchem. Cette inscription marque que la mosquée a été construite l'année 400 de l'hégire du Prophète (1009-1010) et qu'elle fut remise en état, à la date de l'année 710 de l'hégire (1310-1311) par « Ahmad, fils de Muhammad originaire de Jérusalem surnommé le pèlerin Ruku (al-dîn) de Shiraz ».

Auparavant, l'inscription de la mosquée de Canton A. H. 751 (sept. 1350) était considérée comme la plus ancienne de la Chine. En 758, une colonie nombreuse de mahométans établis à Canton se révolta ; ces rebelles, peut-être des pirates, mirent à sac et brûlèrent la ville, et massacrèrent 5.000 négociants étrangers : la grande mosquée du Saint-Souvenir, *Houei-cheng-se*, bâtie sous la dynastie des T'ang, fut détruite par le feu en 1343 et reconstruite en 1349-1351 ; seules les ruines d'une tour marquent l'emplacement de la première construction. A la fin du ixe siècle, les Musulmans transférèrent leur principal comptoir dans l'Extrême-Orient dans la presqu'île de Malacca, à Kalah, qui hérita de l'importance commerciale de Ceylan. Nous avons la relation du voyage accompli en Chine au ixe siècle par le marchand Soleyman et le récit d'Abou Zeyd donnés dans le *Salsalat-at-tevarikh*, « Chaîne des Chroniques », et traduit par Reinaud.

Pendant la période mongole les colonies musulmanes furent nombreuses sur la côte de Chine au témoignage du voyageur maghrébin, Ibn Batouta (xive siècle). Le géographe arabe Aboulfeda mentionne (xive siècle) les villes suivantes de la Chine *(Sîn)* : Khanfou (Hang-tcheou), Khândjou, Yandjou (Yang-tcheou), Zaitoun ou Zitoun (Ts'iouen-tcheou), Khânqou, Sila (la Corée), Khâdjou, Sandkjou (Sou-

tcheou) ; il connaît le lac Sikhou *(Si Hou)* de Hang-
tcheou. Ibn Batouta remarque que dans toutes les
villes de Chine, il y a toujours un *Cheikh ul islam* et
un *cadi* pour faire fonction de juges parmi les musulmans. Les Arabes appelaient l'Empereur chinois
Faghfour, altération du persan *Baghpour* (Fils de
Dieu) équivalent de *T'ien tseu*, « Fils du Ciel » ; la
Chine était le Chin ou le *Maha Tchin*, parfois le
Toung t'ou, « Terre d'Orient ».

Cette prospérité des colonies maritimes musulmanes semble avoir été éphémère si nous en jugeons
par leur population actuelle ; les provinces dans lesquelles elles se trouvaient comptent parmi celles où
l'élément mahométan est le moins nombreux ; ainsi,
suivant M. Broomhall, le Kouang-Toung compterait
entre 20 et 25.000 sectateurs du Prophète, le Fou-
kien, 1.000 et le Tche-kiang 7.500. C'est donc par
terre que s'est produit l'afflux de la population
musulmane permanente en Chine.

L'ouvrage de M. le commandant d'Ollone traite
particulièrement des provinces dans lesquelles cette
immigration a eu lieu, et nous commencerons avec
lui par le Yun-nan, province du sud-ouest de la Chine.
Marco Polo nous parle de ce chef musulman qui
commandait les troupes tartares dans la bataille que
celles-ci livrèrent au Roi de Mien (Birmanie) à
Vochan (Young-tch'ang) ; les Birmans, malgré leur
nombre et leurs éléphants, furent vaincus grâce à
l'habileté de leur adversaire :

Et quand les sire des ost des Tartarz soit certainement que
cest roi li venoit soure à si grant jens, il hi a bien doutée, por
ce qe il ne avoit que douze mille homes à chevaus, mès sans
faille il estoit mout vaillanz homes de son cors et buen che-
vaitanz, et avoit à non Nescradin. Il ordré et amoneste sez

jens mout bien. Il porcace tant con il plus poit de défendre le
païs et ses jens [1].

Naçr ed-Din était fils aîné du Seyyid Edjell qui
joua un rôle considérable à l'époque mongole.
Bretschneider nous a donné quelques renseignements
sur ces deux personnages tirés du *Youen-che* [2], Histoire des Youen, mais M. Vissière a traduit pour
M. d'Ollone les passages les concernant non seulement
de cet ouvrage mais aussi d'autres livres chinois et
voici les principaux faits de leur carrière :

Chams ed-Din s'appelait aussi Omar ; il descendait de Mahomet ; lorsque Tchinguiz Khan faisait la
guerre dans l'ouest, Chams ed-Din « à la tête de mille
cavaliers, se porta à sa rencontre et se soumit à
lui, en lui faisant hommage de panthères à rayures et
de faucons blancs. L'empereur le fit entrer dans sa
garde d'élite pour marcher à l'attaque avec l'expédition. Il l'appela *Seyyid Edjell* et ne le désignait pas
par son nom personnel ». Seyyid Edjell comme on
dirait, en Chine, « de race noble ». C'est cette double
appellation de Seyyid Edjell Chams ed-Din qui a
été rendue par les Chinois par Sai-tien tch'e Chan-
sseu Ting. D'Ohsson le fait naître à Boukhara [3], mais
M. Vissière n'a rencontré ce fait nulle part dans les
notices officielles chinoises ; De Guignes le qualifie
d'arabe. Le Seyyid Edjell occupa sous les Khans
Ogotaï et Mangou diverses fonctions importantes ;
lorsque ce dernier prince attaqua le pays de Chou
(Se-tch'ouan), le Seyyid Edjell eut la direction des

---

1. Edition de la Société de Géographie, p. 139.
2. *Medieval Researches*, I, pp. 270-271.
3. *Hist. des Mongols*, II, p. 467.

subsistances militaires et les approvisionnements ne manquèrent pas ; mais ce fut sous K'oublai que sa faveur atteint son apogée ; en 1274, il devint gouverneur du Yun-nan et il occupa ce poste jusqu'à sa mort en 1279, à l'âge de soixante-neuf ans, laissant cinq fils et dix-neuf petits-fils ; il avait été nommé prince de Hien-Yang, sous-préfecture voisine de Si-ngan fou et Tchen-nan Tsiang-kiun (Maréchal Pacificateur du Sud) et ministre gouverneur.

Au cours de son administration le Seyyid Edjell fit entreprendre de grands travaux hydrauliques pour arrêter les inondations et rendre des terrains à la culture, se signala par des réformes, par celle-ci entre autres : substituer à l'incinération des cadavres, leur ensevelissement dans des cercueils [1]. La sépulture du Seyyid Edjell se trouve dans le cimetière particulier de la famille Ma à 2 km. 1/2 au sud-est de Yun-nan fou ; près du tombeau est placée une stèle sino-arabe découverte et estampée deux ans avant l'arrivée de la mission d'Ollone par M. Charria (1905-1906) qui ne l'avait pas publiée ; l'inscription a été traduite par le capitaine Lepage, puis par M. Chavannes [2], auquel M. Charria avait envoyé son estampage. Outre son tombeau du Yun-nan dont la stèle est postérieure à 1736, le Seyyid Edjell avait une sépulture dans les environs de Si-ngan fou avec une inscription chinoise de l'année 1538 dont l'estampage a été rapporté par M. Ph. Berthelot en 1905 et traduit par M. Vissière [3]. D'après ce sinologue, c'est la sépulture de Si-ngan fou qui serait celle dans laquelle

---

1. E. H. Parker, *China Review*, 1901, pp. 196-197.
2. *T'oung-pao*, mai 1908, pp. 269-272.
3. *Revue du Monde musulman*, IV, 1908, pp. 284-346.

aurait été déposé le corps du Seyyid Edjell. M. Chavannes qui a pris l'estampage de cette stèle le 31 mars 1907 sous le vestibule de la porte d'entrée de la grande mosquée de Si-ngan dit que pour sa part « il n'en est pas convaincu et que l'inscription de 1538 peut fort bien n'avoir été fabriquée que pour authentiquer une tradition que rien ne peut justifier dans les textes chinois [1] ».

Dans tous les cas, grâce aux travaux de MM. LEPAGE, VISSIÈRE et CHAVANNES, nous voici complètement renseignés sur un personnage auquel non sans raison Dabry de Thiersant faisait remonter l'introduction de l'islamisme au Yun-nan. « Il leur enseigna, écrit Dabry [2], la religion de Mahomet en même temps que le respect qu'ils devaient avoir pour Confucius, à qui il fit élever des temples, pendant que des mosquées étaient en construction dans toutes les villes. »

La relation suivante d'un certain Hadji Mahomed Ali, d'origine arabe, né dans l'île de Hai-nan, rattache au Yun-nan l'expansion des Musulmans en Chine :

Jadis, quand le Raja Tang Wang était roi de Chine, il eut l'esprit inquiet pendant un long temps. Une nuit il rêva qu'il existait de chaque côté de la Chine un peuple de musulmans qui portaient un turban enroulé autour de leur tête et des vêtements descendant jusqu'aux pieds, et avaient le visage couvert de poils ; et que s'il pouvait amener ce peuple en Chine, son esprit serait rasséréné. Sur ce, il envoya nombre de jonques à la recherche des gens dont il avait rêvé, et les fit amener en Chine, leur donnant l'ordre de vivre dans

---

1. *T'oung-pao*, mai 1908, p. 269.
2. *Le Mahométisme en Chine*, I, p. 119.

différentes parties du pays, tels que Canton, le Hou-Nan, le Yun-nan, Ham-Sou, Sou-Soun et Hai-nan. L'un de ces Arabes eut alors de nombreux descendants, et je suis l'un d'eux. Au cours des siècles, la race se répandit à travers tout le pays jusqu'à ce qu'un homme nommé Sultan Slêman devint roi du Yun-nan. Ensuite des troubles éclatèrent dans diverses parties du pays, et depuis la mort du Raja Tang Wang, je ne puis me rappeler que partiellement ce qui arriva [1].

Notre narrateur songe, sans aucun doute, non au Seyyid Edjell, mais à T'ou Wen-sieou, qui fut sultan de Tali, mais il n'en est pas moins intéressant de noter le rôle que joue le Yun-nan dans le développement de l'Islam en Chine suivant la légende musulmane elle-même.

Naçr ed-Din [Ni ya seu la ting], remplaça son père comme gouverneur de Karajang (Yun-nan) et mourut en 1292. Il laissait douze fils dont l'un, Bayan, joua un rôle considérable. D'Ohsson nous dit [2] qu'à la mort de K'oublai en 1295 :

Bayan-Fentchan conserva le ministère des finances, et reçut le surnom de *Seyid-Edjell*, fort considéré chez les Mongols, qui s'étaient habitués à le regarder comme appartenant au chef de l'administration. Ce ministre avait huit collègues qui composaient avec lui le conseil des finances.

M. George Soulié rapporte que :

Les traditions locales font remonter à un millier d'années la venue des premiers Musulmans. Dans toute la partie

1. *Journal of the Straits Branch of the Royal Asiatic Society*, juin 1882, p. 165.
2. *Histoire des Mongols*, II, pp. 507 et suiv.

nord-est et sud-est, les croyants se disent originaires de Canton ; dans l'ouest, au contraire, ils prétendent que leurs ancêtres, venant du Turkestan, pénétrèrent dans le pays par le Koukou-Nor et le Thibet oriental [1].

Il rejette l'origine cantonaise des musulmans du Yun-nan à cause de l'absence de trace du dialecte de Canton dans le dialecte local et parce qu'il n'existe aucune communauté *houei-tseu* au Kouang-si, seule route reliant autrefois le Kouang-Toung au Yun-nan [2]. M. Broomhall n'accepte pas la théorie de M. Soulié objectant qu'il y a une population musulmane au Kouang-si variant de 15,000 à 20,000 personnes.

Je rappellerai une fois de plus la grande révolte des Musulmans qui éclata en 1855 sous la direction de Ma Tê-sing et de Ma Jou-loung et qui ne fut définitivement écrasée que par la prise de Ta-li et la mort du sultan T'ou Wen-sieou ; elle a été racontée tout au long par M. Émile Rocher dans son ouvrage *la Province chinoise du Yun-nan* (Paris, 1879).

La plus grosse agglomération [de la province de Yun-nan] à l'heure actuelle, écrit le commandant d'Ollone, semble être à Tchao-t'ong-fou, dans le nord-est. Les Musulmans n'y ont pas pris part à la grande révolte et ont été épargnés ; ils peuvent y être au nombre de huit à douze mille, le tiers ou le quart de la population. A Yun-nan-sen, il y a 1,200 familles (6 à 8,000 personnes environ), avec cinq mosquées. Il faut noter un autre foyer de l'Islam, dont l'importance et le prestige sont tout à fait hors de proportion avec le chiffre de la population : c'est le bourg de Ta-tchouang au nord de Mong-tseu, peuplé de 500 familles, dont trente seulement non musulmanes.

1. *Revue du Monde musulman*, IX, 1909, p. 210.
2. *Ibid.*, p. 212.

Le commandant d'Ollone ajoute que dans toute la province :

Leur nombre n'est pas très considérable : de trente à quarante mille familles, suivant leurs propres déclarations (200,000 à 250,000 âmes).

Ces chiffres sont inférieurs à ceux qui sont donnés par d'autres auteurs. M. Gervais Courtellemont nous dit qu'à Tchao-t'ong, dont l'iman qui a fait le pèlerinage de la Mecque est le gendre de Ma Jou-long :

Une rue entière est occupée par les fourreurs et les peaussiers. Cette industrie est exclusivement entre les mains des Mahométans. Ceux-ci sont au nombre de 20,000 dans l'arrondissement relevant du sous-préfet de Tchao-t'ong-fou. D'origine mongole, ils ont apporté de leur pays les habitudes pastorales et les industries qui en découlent [1].

Il y a à Tchao-t'ong et ses environs 63 mosquées ou oratoires [2]. Le même auteur nous dit également qu'on compte à Yun-nan-sen environ 2,000 familles musulmanes de toutes conditions [3] et que cette ville renferme trois mosquées [4].

Les chiffres donnés par M. Soulié sont plus élevés que ceux de M. d'Ollone :

On estime, dit-il, à 800,000 ou un million d'âmes, le nombre des Mahométans qui vivent dans la province, le total de la population étant estimé comme variant de 8 à 10 millions d'âmes [5].

---

1. *Voyage au Yun-nan*, Paris, 1904, p. 147.
2. *Loc. cit.*, p. 149.
3. *Loc. cit.*, p. 103.
4. *Loc. cit.*, p. 104.
5. *Revue du Monde musulman*, IX, 1909, p. 214.

Les centres les plus importants seraient les suivants [1] :

Au nord-est :

Tchao-t'ong-fou, 10 à 15,000 Musulmans sur 20 à 30,000 habitants.

Tong-tch'ouan, 2 à 3,000 Musulmans sur 10,000 habitants.

Au centre et à l'ouest :

Yun-nan-fou, 8 à 10,000 Musulmans sur 50,000 habitants.

Ta-li-fou, 1 à 1,500 Musulmans sur 10 à 12,000 habitants.

Mong-houa-t'ing, 1 à 1,200 Musulmans sur 2 à 3,000 habitants.

Au sud-est :

Lin-ngan-fou, 3 à 4,000 Musulmans sur 5 à 6,000 habitants.

Notons deux particularités sur les Musulmans du Yun-nan ; l'une relevée par le commandant d'Ollone :

Au premier abord, les Mahométans du Yun-nan semblent isolés du reste du monde musulman. A les en croire, ils n'auraient de relation ni avec les autres pays ni même avec les autres provinces. Leur clergé n'a pas de hiérarchie. Chaque Ahong, ou desservant de mosquée, ne relève que de sa communauté, et n'entretient pas de rapports réguliers avec ses voisins. Ni à Péking, ni à Constantinople, ni même à la Mecque, les Yun-nanais ne reconnaissent d'autorité religieuse supérieure. Sans chefs religieux, les Musulmans du

1. *Loc. cit.*, p. 217.

pays n'ont pas non plus de chefs politiques... Il faut cependant noter que, chaque année, une trentaine au moins de Musulmans du Yun-nan vont à la Mecque, soit par la Birmanie, soit par le Tonkin [1].

L'autre, par M. G. Soulié :

La puissance de la Foi n'a pas été assez grande pour maintenir l'usage des ablutions rituelles et vaincre l'horreur que l'idée même d'une ablution inspire à la masse des Yunnanais. La circoncision n'est pour ainsi dire jamais pratiquée, seuls quelques prêtres l'imposent à leurs enfants [2].

II

Passons au Se-tch'ouan avec M. d'Ollone. En venant du Yun-nan, on rencontre les premiers musulmans au nord de Te-tch'ang ; ce sont des émigrés depuis la grande révolte et la chute de Ta-li ; entre Te-tch'ang et Ning-youen « plusieurs villages assez importants sont occupés par eux ; le centre principal est Kao-tsao-pa, bourg de 200 familles musulmanes (de 1.000 à 1.500 personnes). A Ning-youen, la capitale de la région, il y a une mosquée et 100 familles. »

A Ta Tsien-lou, il y a une mosquée fréquentée par 100 familles. Le com[t] d'Ollone publie une inscription bilingue traduite par le capitaine Lepage gravée sur une stèle érigée en 1760 qui se trouve dans un pavillon de la cour du temple de la Littérature de Tch'eng-tou. C'est dans cette ville que, sauf de très rares exceptions, sont publiés tous les ouvrages maho-

1. Commandant d'Ollone, *Musulmans chinois*, p. 4.
2. *Revue du Monde musulman*, IX, 1909, p. 220.

métans que le voyageur a trouvés dans toute la
Chine ; ces ouvrages au nombre de 36 auxquels il
faut ajouter 7 doubles et 1 exemplaire d'un des livres
déjà mentionnés dans une édition différente, traitent
de la doctrine et de la liturgie, du calendrier musulman, de l'histoire, de la géographie, et de la langue
arabe ; ils sont analysés par M. A. Vissière. M. Broomhall de son côté a donné une liste de 20 ouvrages compris dans l'étude de M. Vissière sauf les 3 suivants :
Jen li tche yao, les rites les plus importants pour
l'homme par Ma Ki-kong ; *Houei Houei Kiao*, Cau-
serie sur l'Islam ; *Seng mi tchen youen*, Examen de
l'origine de l'Erreur et de la Vérité. — Rappelons
qu'en 1874, la Société archéologique de Saint-Pétersbourg a publié un mémoire de l'Archimandrite
Palladius sur la littérature chinoise mahométane
d'après l'ouvrage chinois *Tchi cheng chi lou*, de Liou
kiai-lien ou Liou Tchi. Dans la séance du 20 avril 1905
du Congrès international des Orientalistes tenu à
Alger, M. Paul Pelliot a indiqué quelles ont été les
principales œuvres publiées en chinois par les
musulmans et dont la première ne remonte pas,
dit-il, au delà de 1642 ; son mémoire, qui n'a pas
encore été imprimé, énumère, je crois, environ
70 ouvrages. Tout récemment le catalogue de la
Bibliothèque d'une mosquée de Peking a été publié
par MM. René Ristelhueber et L. Bouvat dans
la *Revue du Monde musulman* (mars 1908, p. 516).
Les livres arabes en Chine sont ou manuscrits ou
imprimés ; ces derniers viennent pour la plupart du
Pendjab.

C'est à Tch'eng tou, nous dit M. d'Ollone, qu'il est
« entré pour la première fois en relation avec des
tenants du *Sin Kiao*, la nouvelle religion... Le *Sin*

Kiao, appelé aussi Koumbé Kiao, religion des Tombeaux, enseigne à prier sur leurs tombes les saints personnages qui continuent à s'occuper des affaires de la terre et accordent leurs bienfaits. Le a-hong Ma, qui prêche cette doctrine, est considéré par ses partisans comme jouissant d'un pouvoir surnaturel qu'il a hérité de son père. Contrairement aux autre Musulmans, il est très hostile aux Européens. Les tenants de la Vieille Religion, *Kieou Kiao* ou *Lao Kiao*, réprouvent violemment ces doctrines et ces pratiques. Il y a eu jadis bataille entre les deux sectes qui aujourd'hui affectent de ne pas se connaître. »

M. d'Ollone compte au Se-Tch'ouan environ 400 mosquées, dont 12 à Tch'eng-tou seulement, et d'après leurs propres statistiques, les Musulmans seraient 70.000 familles environ, soit 400.000 âmes ; un des grands centres est, au nord de la province, Soung-pan-t'ing où sur 10.000 habitants, il y a 4.000 Musulmans avec 3 mosquées et une centaine de a-hong ; ces Musulmans monopolisent le commerce du thé avec les Barbares, Tibétains ou Mongols, par suite du privilège concédé, il y a environ cent cinquante ans, à un certain Ma Yu-min, de Tch'eng-tou, dont les descendants ont cédé une partie de leur monopole à quatre de leurs coreligionnaires.

Voici maintenant les chiffres de M. Broomhall qui donne à la province un total de Musulmans variant de 100.000 à 250.000 ; ses informateurs lui fournissent les renseignements suivants : à Soung-pan, 2.000 familles, à Mien-tcheou 210, à Loung-ngan 300, dans deux autres endroits 100 ; à Kouan-hien, 140 familles, à Peng-hien, 240 ; dans la préfecture de Paoning, environ 4.000 personnes ; à Tch'eng-tou, 1.000 mâles ou 2.597 des deux sexes ; à Tch'oung

K'ing, environ 800 dont 60 peuvent lire et comprendre l'arabe ; à Wan-hien, 1.000 personnes. Il y aurait 8 mosquées à Soung-pan, 9 à Loung-ngan, 7 à Mien-tcheou, 5 à Pao-ning, 11 à Tch'eng-tou.

III

Nous pénétrons maintenant au Kan-Sou, point d'arrêt tantôt momentané, tantôt définitif des Musulmans venus de l'ouest : « Ce fut probablement à la suite de la conquête du royaume de Tourfan en 1368 par le prince musulman Kizr Khodja, descendant de Djagatai que les Salars eurent occasion de pousser jusqu'au Kan-Sou à la faveur de cette invasion islamique ». M. BONIN qui écrit ces lignes ajoute : « La tradition fait venir les Salars de Samarkand aux bords du fleuve Jaune dès le XIVe siècle. Il n'est pas douteux, en effet, qu'ils ne soient originaires des steppes transcaspiennes, où leurs frères de nom et de race, les Turkomans Salars, occupaient encore, au nombre de 5.000 familles, l'oasis de Sarakho, lorsqu'elle fut annexée, en 1884, par le général russe Komarov [1]. » Le capitaine M. S. WELLBY a consacré tout un chapitre de son ouvrage *Unknown Tibet* à la rébellion de 1895-1896 et M. W. W. ROCKHILL a donné de fort intéressants renseignements sur les mahométans du Kan-Sou en général et sur les Salars en particulier *(Land of the Lamas)*. Il en est de même de M. GRENARD qui écrit :

Dans la partie proprement tibétaine du Kan-sou, se trouve une population turque musulmane qui s'appelle Salar. Elle

---

1. *Revue du Monde musulman*, X, 1909, p. 213.

a pour centre la petite ville de Siun-houa-t'ing ou Salar, située au sud du Houang-ho par Lg. 100º, Lat. 36º 50'. Elle occupe une bande de terrain sur la rive droite du fleuve Jaune depuis l'Ourounvou jusqu'au T'ao-ho et quelques cantons sur la rive gauche, sur une partie de la route assez accidentée et montagneuse qui mène de Si-ning à Ho-tcheou. Dans cette dernière ville les Salars côtoient les Musulmans ordinaires. Ces Salars se distinguent très nettement des Chinois par le type physique. Leur taille est haute, leur musculature sèche, leur nez grand et non épaté, leurs yeux noirs et droits, leurs pommettes très peu saillantes, leur face allongée, leurs sourcils très fournis, leur barbe abondante, noire et raide comme leurs cheveux ; leur front est fuyant, leur crâne aplati par derrière, leur peau basanée mais nullement jaune. En somme ils ressemblent d'une manière frappante aux habitants du Turkestan oriental. Ils sont vêtus à la chinoise, mais ils ont la tête entièrement rasée et portent un bonnet polygonal et blanc et non pas rond et noir comme les Chinois. Ils sont assez rigides et quelque peu fanatiques dans leur religion. A la vérité, ils boivent de l'eau-de-vie comme des lansquenets ou des Tibétains, mais ils s'acquittent assez exactement des pratiques journalières, s'abstiennent rigoureusement du sang des animaux et de la viande de porc, affectent un grand respect pour leur clergé et, à la différence de leurs coreligionnaires de la même province, ils refusent de brûler l'encens et n'admettent point dans leurs mosquées la tablette de l'Empereur et la figure du dragon impérial avec l'inscription consacrée. Leur code religieux est conforme à la chériat de Boukhara, et par conséquent, au rite hanéfite. Plusieurs de leurs mollas ou *akhoun* parlent et écrivent le persan et la plupart des gens du peuple connaissent les caractères arabes. On attribue cette sévérité relative avec laquelle les Salars observent leur religion et l'instruction élémentaire plus répandue chez eux que chez les autres peuples musulmans, à un réformateur nommé Ma Ming Hin [Mohammed Amin] qui, il y a environ 150 ans, les prêcha et ranima leur piété.

Mais ce réformateur n'a point réformé les mœurs des Salars, qui aujourd'hui autant que jamais sont d'effrontés pillards. J'ai dit qu'ils entretiennent avec les bandits du haut fleuve Jaune, d'amicales relations cimentées par une confraternité de brigandage et une communauté de haine contre les Chinois. La particularité la plus remarquable de ces Musulmans, c'est leur langue qui est un turc corrompu. Sur 102 mots pris au hasard, on en compte 68, les noms de nombre mis à part, qui sont du turc pur et conformes au dialecte moderne du Turkestan chinois, 15 qui sont turcs encore, mais plus anciens ou corrompus, 5 qui sont persans ou généralement usités dans le Turkestan oriental, 1 qui est du persan corrompu inconnu dans ladite contrée, 7 qui sont chinois et 6 dont je n'ai pu déterminer l'origine [1].

Dans cette région de la Chine, les Musulmans sont divisés en *Houei-Houei* aux « bonnets blancs », qui brûlent de l'encens comme les autres Chinois, et en *Houei-Houei* aux « bonnets noirs », qui sont les Salars ; ceux-ci considèrent cet usage comme idolâtre et sont plus fanatiques ; ils vivent dans le voisinage de Ho-tcheou, à Siouen-houa-t'ing, et leur principale ville est Salar Pakun ou Paken (8.000 familles Salars). Il est juste de dire que M. le commandant d'Ollone écrit: « Quelle qu'ait été autrefois la situation des Musulmans à Ho-Tcheou, la ville préfectorale est aujourd'hui interdite aux Musulmans : ils n'ont pas le droit d'y résider. Seul un vaste faubourg, au sud des remparts, est presque entièrement habité par des Musulmans, qui compteraient jusqu'à « 10.000 familles ». C'est une véritable ville, murée elle aussi, en face de la ville préfectorale, mais dans la situation humiliée d'un lieu de rélégation. »

____

1. *Mission dans la Haute Asie*, II, p. 45.

C'est à cause de la révolte de 1864-1874 et en 1871 après la prise de Kin-tsi-p'ou et de Ning-hia et la mort de Ma Houa-loung, que le vice-roi Tso Tsoung-t'ang accorda l'amnistie aux Musulmans de Ho-tcheou, à la condition qu'ils habiteraient un faubourg de la ville dans laquelle il y a 13 mosquées. C'est dans le Kan-Sou qu'est principalement répandue la Nouvelle Secte *(Sin Kiao)* qui se rattache au prophète Ma Houa-loung. « Le culte des tombeaux en est la marque distinctive, écrit d'Ollone, à tel point qu'on l'appelle aussi *Koumbé Kiao*, religion des tombeaux. »

Ces révoltes ne sont pas les premières qui aient éclaté au Kan-Sou : dans la quatrième lune de l'année 1648, conduits par Mi-la-yin, Ting Kouo-toung, Foung Min-kou et Tchou Che-tch'ouen, ils se soulevèrent dans les districts à l'ouest du Houang-ho, s'emparèrent de Kan-tcheou, Leang-tcheou, Lan-tcheou, Min-tcheou et Lin-t'ao et assiègérent Kong-tch'ang ; ils furent battus par le général Tchao Kouang-soui et le vice-roi Meng K'iao-fang et écrasés près de Kan-tcheou ; toutefois ce ne fut que le onzième mois de l'année suivante que la ville de Sou-tcheou fut reprise et que le dernier chef, Ting Kouo-toung, fut exterminé avec sa tribu entière [1]. Le gouvernement chinois, assez indulgent jusqu'alors à l'égard des Musulmans du nord-ouest, allait par son intransigeance provoquer une formidable rébellion qu'a racontée Wei youen dans le *Cheng Wou ki*. En 1781, les Salars à turban noir résidant à Si-ning, à l'est du Kou-Kou nor, soulevés par Sou Se-che-san, disciple de Ma Ming-sin (probablement le Ma Ming Hin, de Grenard), qui, lors de son pèlerinage à la Mecque,

---

1. De Groot, *Sectarianism*, pp. 269-270.

avait été gagné aux idées des Wahabites, disciples de Abd el-Wahheb, le réformateur de l'Islam, tuèrent Yang Che-ki, préfet de Kan-tcheou, s'emparèrent de Ho-tcheou, et assiégèrent Lan-tcheou. Les troupes impériales furent appelées de toutes les parties de l'Empire, et, après une farouche résistance et de grands massacres, le chef T'ien Wou fut tué et ses lieutenants furent exilés à Haïnan (1784[1]). De nouvelles difficultés surgirent en août 1789, et un certain nombre de Musulmans furent envoyés au He-loung kiang comme esclaves des Tartares.

M. Broomhall estime la population du Kan-Sou à 3.000.000 d'habitants, Grenard compte que « la moitié des habitants de cette province, environ 2.500.000 personnes adhèrent à l'Islam[2] ». Les Salars comptent à peine 50.000 individus.

IV

Nous ne suivrons pas M. le commandant d'Ollone au Turkestan qui ne rentre pas dans le cadre de cette étude. Nous nous contenterons d'ajouter quelques renseignements sur les Musulmans dans d'autres parties de la Chine.

Nous avons eu l'occasion de parler de la stèle apocryphe de Si-ngan fou de 742. Cette ville que les Arabes appelaient Khamdan possède une mosquée réparée en 1127, 1315, 1368-1398, 1403-1424. M. Philippe Berthelot en a rapporté ainsi que de la mosquée de K'ai-Foung fou (Ho-Nan) 6 estampages d'ins-

---

1. De Groot, *loc. cit.*, pp. 311 et suiv.
2. *Mission dans la Haute Asie*, II, p. 466.

criptions en arabe et en persan qui ont été publiées
et traduites par M. Clément Huart [1].

Pe-king est un centre musulman important. Sur
une feuille de papier rapportée par le commandant
d'Ollone, se trouvait la note suivante, traduite par
M. A. Vissière [2] :

Il y a dix mille familles de musulmans, à Pe-king. A 20 *li*
(environ 10 kilom.) de Pe-king, à la Porte rouge du Hai-dzeu
(ancien Parc de chasse impérial), il y a plus de cent familles
de musulmans. Au sud-ouest et droit au sud, à Ma-kia-
k'iao « Pont de la famille Ma » (qui est un des principaux
noms patronymiques des Chinois mahométans), il y en a plus
de cent familles. Droit à l'est, les Musulmans de Tch'ang-ying
(« le long camp ») sont au nombre de huit cents familles.
Droit à l'ouest, à Tch'ang-hing-tien (« l'auberge du succès
permanent »), il y a trente familles de musulmans. A Tchouo-
tcheou, distant de Pe-king de 130 *li* (environ 65 kilomètres),
il y a plus de cent familles de musulmans. En dehors de cela,
à des distances de plus de 1.000 *li*, des musulmans existent
en tous lieux. Les localités où il n'y a pas de mahométans
sont rares.

Récemment encore une petite colonie musulmane
s'est formée à Fou Tsia-tsian, village près de Kharbin,
en Mandchourie. Les musulmans ne se distinguent
pas des autres Chinois par leur costume : beaucoup
occupent de hautes situations dans l'administration,
mais ils s'adonnent plutôt aux métiers de boucher ou
de caravanier ou à la profession de soldat.

La construction de la mosquée de Pe-king a été
terminée en 1764 sous l'empereur K'ien loung ; elle

---

1. *T'oung-pao*, vol. VI, 1905, pp. 261-320.
2. *Revue du Monde musulman*, déc. 1908, p. 706.

renferme une inscription en chinois, mandchou, turc oriental et mongol qui a été traduite par Devéria, Cl. Huart et W. Bang. Le journal *Tcheng tsoung Ngai kouo pao* « Journal patriotique », publié à Pe-king, est dirigé par des Mahométans qui reçoivent les journaux de leur religion provenant de Constantinople, Beyrouth, le Caire, etc.

Beaucoup de Musulmans chinois font le pèlerinage de la Mecque et il est probable que des pèlerins ont visité cette ville entre le xve et le xviiie siècle, mais aucune mention n'en est faite dans la littérature chinoise traitant de l'Islam. La route de terre des pèlerins *(hadjis)* modernes pour se rendre en Arabie passait par Kia-yu kouan, Hami, Tourfan, Aqsou, Andidjan, Khokand, Samarkand, Bokhara, Tchardjoui, Meched, Hamadan, Kirmanchah, Baghdad, Mossoul, Diarbekir, Alep, Damas, Jérusalem, le Caire. Après avoir quitté Bokhara, ils passaient par Balk, Tach-kourgan, Kaboul, Kandahar, Kelat. Les routes de mer passaient par Ava et Rangoun, ou Pe-se et le Si-kiang.

Depuis une cinquantaine d'années, il y a eu d'assez fréquentes relations entre les Musulmans de Chine et leurs coreligionnaires d'Europe. Ma Te-sing, l'un des chefs de la rébellion du Yun-nan, avait fait un long séjour à Constantinople. En 1889, le sultan avait expédié au Japon le cuirassé *Ertogroul* ; en cours de route, on fut obligé à diverses reprises de venir en aide à ce malheureux bâtiment qui alla se perdre dans la mer Intérieure ; son équipage fut rapatrié par les Japonais. A la fin de 1900, une mission turque sous la direction du général Enver Pacha fut envoyée en Chine pour se mettre en contact avec les Musulmans chinois, mais elle aboutit à un échec complet. L'a-

hong d'une mosquée de Pe-king, Abd ur-Rahman
(Wang Hao-chan) s'est rendu à la fin de 1906 à
Constantinople et au Caire ; il était accompagné de
Ma Ting-yuan qui parlait arabe. Enfin, en 1907,
arrivaient en mission spéciale à Pe-king par le Sibérien, deux fonctionnaires ottomans, Ali Riza, inspecteur des écoles primaires, et Hassan Hafiz ; ils
résidèrent à Pe-king dans la grande mosquée du Niou
Kiai, dont l'école renferme 120 élèves ; ils voyagè-
rent au Ho Nan, au Ngan Houei et au Kouang
Toung ; ils repartirent sans avoir obtenu de résultats
sérieux.

Quel peut être le chiffre de la population musulmane en Chine ? et avec cette question nous termine-
rons cette étude. M. le commandant d'Ollone écrit :
« Je ne vois donc aucun élément de calcul permettant
à l'heure actuelle d'énoncer un chiffre global avec l'apparence de la vérité ». En effet, il n'existe aucune sta-
tistique, même approximative, du nombre des Musulmans en Chine. Suivant Dabry, auteur sujet à
caution, il y a en Chine entre 20 et 22 millions
de Musulmans dont 8.350.000 dans le Kan-Sou,
6.500.000 dans le Chen-si, 3.500.000 à 4.000.000 dans
le Yun-nan. Seyyid Suleiman, fonctionnaire musulman du Yun-nan, cité par M. Broomhall, déclarait
au Caire en 1894, que la Chine renfermait 70,000,000
de ses coreligionnaires ; Sara Chandra Dras ramène
ce chiffre à 50,000,000 et A. H. Keane à 30,000,000.
Le docteur Andrew Happer l'abaisse à 3,000,000, ce
qui est certainement un chiffre trop faible quoiqu'il
se rapproche de celui de 3 à 4,000,000 donné par
Palladius, savant exact. M. Broomhall me paraît plus
raisonnable en estimant la population musulmane de
la Chine entre 5 et 10 millions.

A LA RECHERCHE

D'UN PASSAGE VERS L'ASIE

PAR LE NORD-OUEST ET LE NORD-EST [1]

M. Cordier dit que les quelques paroles qu'il prononcera ce soir formeront comme le cadre de la conférence de M. Ch. Rabot.

« Lorsque Vasco de Gama eut doublé le cap de Bonne-Espérance, qui avait été découvert dix années auparavant par Bartholomé Diaz, en 1487, il se trouva en présence de cet océan Indien si considérable, qui était pour les régions d'Extrême-Orient ce qu'est aujourd'hui la Méditerranée pour certaines de nos régions.

« L'Inde était l'objet d'ardentes convoitises de la part des pays européens et il y avait nécessité absolue pour eux de trouver une route aussi courte que possible pour s'y rendre. Après le traité passé entre le Portugal et l'Espagne, craignant qu'à un moment donné, les routes vers le sud ne vinssent à être fermées, les puissances du nord cherchèrent une autre voie. Tout ce que nous recevions en Europe arrivait des Moluques, de la Chine, de l'Inde : il était donc

1. Extrait des *Comptes rendus de la Société de Géographie* (N° d'Avril).

important que nous fussions bien renseignés sur les routes qui conduisaient à ces régions. De là le problème de la pénétration en Chine et aux Moluques par l'Asie. Cette route fut cherchée par les trois ou quatre puissances intéressées, et en particulier par l'Angleterre et la Hollande. Mais il ne faut pas oublier que les premières acquisitions faites dans le nord de l'Amérique l'ont été par l'Angleterre. La fin de la grande guerre des Deux-Roses et l'avènement des Tudor (1485) marquent la formation de cette marine qui devait devenir si puissante et qui atteignit son apogée sous le règne de la reine Elisabeth. Cette grande lutte devait créer de grands marins. Dès la fin du xve siècle, Henri VII concéda le privilège des découvertes du nord à Jean CABOT, originaire de la Vénétie. C'est à cette charte que l'on doit la découverte du Labrador, et plus tard cette route se poursuivit. Nous voyons CABOT remonter au nord-ouest vers ce passage qui ne sera, comme l'autre, celui du nord-est, résolu qu'à notre époque, car tous les efforts devaient rester stériles jusqu'à nos jours. Ce problème géographique n'est devenu un problème pratique que depuis quarante ans.

« La question qui nous intéresse surtout, c'est celle de la route vers la Chine et vers les Moluques, c'est-à-dire le passage vers le nord-est en Asie et vers le nord-ouest en Amérique. La recherche de la route du nord-est a amené les découvertes de BARENTS dans les beaux voyages qu'il fit de 1594 à 1597.

« La route d'Asie a été franchie par Vitus Behring, au détroit qui porte son nom. L'autre, celle du nord-ouest, a été ouverte par le capitaine Robert Mc Lure, en 1850. Mais le passage complet par le nord-est n'a été ouvert qu'en 1879 par le baron Adolf Eric NOR-

DENSKIOLD, lorsqu'il fit la grande route d'Asie à bord
de *la Véga*.

« Notre objectif est moins de traiter ici dans leur
ensemble ces questions arctiques, que de dégager nettement le but poursuivi par nos anciens voyageurs,
nos anciens géographes. Ils ambitionnaient, non pas
d'atteindre le pôle nord, mais de trouver la route
d'Asie, soit par le nord-est, soit par le nord-ouest. »

M. Cordier termine en remerciant M. le Ministre
des Pays-Bas qui a bien voulu honorer de sa présence
la cérémonie d'aujourd'hui, toute à la glorification
de la Hollande [1].

1. Séance du vendredi 1er avril 1898.

LE TIBET, LA CHINE

ET L'ANGLETERRE [1]

Des immenses montagnes désignées sous le nom de
« Pamir » (Toit du monde) s'élancent vers le nord-est,
l'est et le sud-est du continent asiatique, trois groupes
de chaînes qui forment les limites de régions parfaitement distinctes : le premier qui offre avec des direc-
tions différentes, des solutions de continuité, porte
tour à tour les noms de T'ien chan, de Tarbagataï,
d'Altaï, de Yablonoi et de Stavonoi ; il borne au nord
le grand désert de Gobi, bassin du Tarim et de ses
affluents qui arrosent les villes du versant sud des
T'ien chan et déversent leurs eaux dans l'instable Lob
Nor ; au sud, ce vaste océan de sable est arrêté par les
K'ouen loun, dont la chaîne prend dans certaines de
ses parties les noms d'Altyn tagh et de Nan chan ;
ces K'ouen loun servent en même temps de limite septentrionale à un gigantesque massif élevé d'environ
5.000 mètres, s'étendant de l'est à l'ouest sur une longueur de 2.000 kilomètres, et du nord au sud sur une
longueur de 1.200 kilomètres, divisé dans ses parties
septentrionale et occidentale en plateaux et en lacs,
dans ses parties méridionale et orientale en vallées et

1. Extrait de la *Revue Hebdomadaire*, 9 juillet 1910, pp. 168-
194.

en torrents ; au sud, les monts Himalaya avec ses pics géants : l'Everest, 8.840 mètres, et le Kinchinjunga, 8.577 mètres, séparent cet immense massif de la vallée du Gange. C'est ce pays aride et désolé dans lequel sont clairsemés un peu plus de six millions d'êtres humains que les Européens appellent Tibet, les Chinois, Wei Tsang et Si Tsang, et les indigènes Bod youl, pays de Bod.

Sur ce haut plateau prennent naissance les grands fleuves, ornements ou fléaux, des versants sud, sud-est et est du continent asiatique : au midi, l'Indus, après avoir reçu l'apport de la Sutlej, coule dans la mer d'Oman ; le Gange déroule son cours, au sud des Himalaya, baigne les temples de la cité sainte de Bénarès, et se jette dans le golfe du Bengale où dans un vaste estuaire il retrouve les eaux du Brahmapoutre, qui sous le nom de T'san po, a suivi un parcours semblable au nord de la même chaîne, coupant ainsi le pays tibétain dans toute sa largeur. Puis viennent les grands fleuves de la Chine méridionale et de l'Indo-Chine, Iraouadi, Salouen, Mekong ; enfin vers l'est, se dessine le cours immense et accidenté des deux artères de l'Empire du Milieu, le Houang-ho, fleuve Jaune, appelé Ma tchou dans sa partie supérieure, et le Yang tseu, ou plus simplement le Kiang, le fleuve Bleu des Européens.

Cette vaste région, après avoir été longtemps la contrée mystérieuse, dont quelques voyageurs n'avaient réussi qu'à pénétrer en partie le secret, vient de voir brutalement arracher le voile qui la cachait aux yeux du grand public, et elle est entrée, sans transition, dans le domaine de l'actualité politique.

*
* *

Un assez grand nombre de routes permettent de se rendre à la capitale, Lhasa : 1º par la route du Kou kou nor qui passe à Si-ning dans la province chinoise de Kan Sou ; 2º la route principale, celle qui dessert la province de Se-tch'ouan et traverse Ta Tsien lou, Ba-tang, Li t'ang et le Tchamdo ; 3º la route du Yun-nan par Li-kiang ; ce sont les trois grandes voies de pénétration venant de la Chine ; au sud, venant de l'Inde par le Sikkim, on quitte Dardjiling et l'on remonte à Gyan-tse par la vallée de la Tchoumbi ; à l'ouest on entre au Tibet occidental par Leh, dans le Ladakh. On peut descendre aussi du nord en venant de Khotan par l'Aksai chin, avec Roudok comme objectif.

Mais quelles routes ! Ecoutez Huc (II, p. 218) :

« La neige, le vent et le froid se déchaînèrent sur nous avec une fureur qui alla croissant de jour en jour. Les déserts du Tibet sont, sans contredit, le pays le plus affreux qu'on puisse imaginer. Le sol allant toujours en s'élevant, la végétation diminuait à mesure que nous avancions, et le froid prenait une intensité effrayante. Dès lors, la mort commença à planer sur la pauvre caravane. Le manque d'eau et de pâturages ruina promptement les forces des animaux. Tous les jours, on était obligé d'abandonner des bêtes de somme qui ne pouvaient plus se traîner. Le tour des hommes vint un peu plus tard. L'aspect de la route nous présageait un bien triste avenir. Nous cheminions, depuis quelques jours, comme au milieu des excavations d'un vaste cimetière. Les ossements humains et les carcasses d'animaux qu'on rencontrait à chaque pas semblaient nous avertir que, sur cette terre meurtrière et au milieu de cette nature sauvage, les caravanes qui nous avaient précédés n'avaient pas eu un sort meilleur que le nôtre. »

Le Tibet actuel forme cinq provinces : 1° *Amdo*, partie de la province chinoise de Kan Sou et de la région du Kou kou nor *(Ts'ing hai)* habitées par les Tibétains et qui dépend d'un fonctionnaire chinois spécial résidant à Si-ning ; les quatre autres provinces forment le Tibet proprement dit qui relève du gouverneur général du Se-tch'ouan ; 2° le Tibet antérieur ou oriental, *Ts'ien Ts'ang*, ou *K'ang, Kham, Khamdo, Tchamdo*, qui s'étend entre les provinces chinoises de Se-tch'ouan et de Yun-nan et le district de Lhorong djong, frontière de Lhasa ; 3° *Wei, Wou* ou *Tchoung T'sang*, Tibet central, royaume de Lhasa, avec les districts sud-est, en particulier celui de Po-youl, but des explorations de M. Jacques Bacot ; 4° *Ts'ang* ou *Heou Ts'ang*, Tibet postérieur, c'est-à-dire le sud-ouest du Tibet jusqu'au lac Mansarovar, où se trouve la ville de Chigatsé, près de laquelle s'élève le monastère de Tachiloumbo, au confluent du Nyang-tchou et du T'san po ; enfin 5° le *Ngari (O-li)*, Tibet occidental, qui occupe le haut cours et les sources de l'Indus et de la Sutlej et d'une manière générale le nord-ouest du Tibet, avec Gartok et Roudok comme villes principales ; ces deux dernières provinces relèvent de Lhasa ; le Ngari est limitrophe du district anglais de Kumaon ; il renferme des chaînes élevées comme le Nanda Devi, 25.689 pieds, le plus haut sommet en territoire anglais du monde entier, et le Kamet, 25.373 pieds, comme le Gurla Mandhata, 25.350 pieds, en territoire tibétain, au sud des deux lacs

Mansarovar et Rakas ; ce pays est sacré également aux Hindous et aux Bouddhistes ; le Tibet occidental possède le mont Kailas, le ciel de Civa, l'axe de l'univers.

Le plateau tibétain qui touche au territoire britannique s'élève de 4 à 5.000 mètres au-dessus de la mer. Les Tibétains croient que les Titans chassés du Ciel occupent un emplacement à la base du mont Meru ou mont Kailas, entre le Ciel et la Terre, et que dans la guerre que les dieux leur font sans relâche, ceux-ci sont commandés par le dieu tibétain de la guerre, Gralha ; au sommet du Meru est placée la cité de Brahma ; le Gange, né du pied de Vichnou et lavant la Lune, tombe ici du Ciel et, entourant la ville de Brahma, donne naissance à quatre grandes rivières : au nord, l'Indus, à l'est, le Brahmapoutre, à l'ouest, la Sutlej, et au sud, le Karnali, l'une des sources du Gange : bouches du lion, du cheval, du taureau et du paon.

Ce Tibet occidental est administré par deux *Garphans*, ou vice-rois, désignés par les titres d'*Urgu Gong* et d'*Urgu Hog*, dont la capitale est à Gartok, et par des *Jongpens* et des *Tarjums* placés à la tête des districts extérieurs et subordonnés aux Garphans ; ils sont tous nommés de Lhasa et sortent de l'école des fonctionnaires de cette ville ; il n'y a pas moins de douze passes pour se rendre de l'Inde au Tibet occidental ; l'altitude la plus élevée est celle de la passe de Balchh, 18.000 pieds, la plus basse celle de Balwakot, un peu moins de 3.000 pieds.

A la tête de l'administration religieuse, ou mieux de la hiérarchie lamaïque du Tibet, se trouvent le Dalaï-lama et le P'antch'en Erdeni Lama. Le nom de *lama*, qui dérive d'un mot tibétain, correspond au

chinois *wou chang* « sans supérieur ». Le Dalaï-lama
est une réincarnation d'un des disciples du réformateur Tsong K'apa, et il est en même temps une incarnation du bodhisattva Avalokiteçvara ; il réside au
monastère de P'o-ta-la, à Lhasa. Son titre est Tcheptsoun Djamts'o Rinpoch'é. Le P'antch'en Erdeni
Lama demeure à Tachi-loumbo. Les protecteurs de la
foi, c'est-à-dire ceux qui ont rendu des services à la
religion, peuvent recevoir le titre de Nomên 'Han ou
Dharma Râja. Le célibat rendrait impossible les réincarnations, si les Houtou ketou ou Saints n'étaient
choisis pour représenter le principe de la transmission:
ce sont ces personnages que l'on désigne sous le nom
de buddhas vivants. Le troisième, par ordre hiérar-
chique, des lamas, est le Tcheptsoun Dampa Houtou-
ketou, qui est le patriarche des tribus Khalkhas et
réside à Ourga ; le Tch'ahan Nomên 'Han descend
d'un conseiller envoyé au xvie siècle par le Dalaï-
lama au chef des Ordos ; il habite à Koukou Khoto :
citons encore le Tch'ang Kia Houtouketou, qui est
le lama métropolitain et se trouve à Dolon Nor. Les
abbés des lamaseries sont désignés sous le nom de
K'an pou.

En dehors de la hiérarchie lamaïque, il y a au Tibet
une administration séculière qui comprend : un Conseil, *Ka Hia*, composé de quatre ministres, *Kalon* ou
Kablon, du troisième rang des fonctionnaires chinois,
nommés pour la plupart par le gouvernement impérial de Pe-King sur la proposition du Résident chinois;
la Trésorerie *(Chang Chang)*, présidée par un Kalon,
avec trois conseillers de première classe *(Tsai peng)*
et deux de deuxième classe *(Chang Tchodba)* ; deux
contrôleurs *(Yerts'angba)* du revenu ; deux contrôleurs *(Lang-tsaihia)* des rues et des routes ; deux dé-

légués à la justice *(Hierbang)* ; deux surintendants
de la police *(Chediba)*, etc. Il y a six commandants
militaires *(Taipeng)* ayant sous leurs ordres douze
Jupêng, à la tête de 200 hommes, 24 *Kiapêng*, et
120 *Tingpeng* ; les fonctionnaires civils et militaires
sont désignés par le terme général de *Fan Mou*.

L'administration chinoise est représentée par le
Résident impérial, *Tchou Tsang Ta Tch'en*, ou *Amban
(Ngang-pai)* avec son second, le *Pang Pan Ta
Tch'en* ; ils servent d'intermédiaires entre la Chine et
le Népâl ; un secrétaire *Yi Ts'ing Tchang-King* est
chargé des affaires indigènes. Il y a trois commissaires
chinois, *Liang tai*, ayant rang de sous-préfets, délé-
gués à Lhasa, Tachiloumbo et Ngari. A la suite de
l'expédition anglaise, le gouvernement de Pe-King
avait décidé de renforcer la garnison chinoise du Tibet,
et cette résolution est en partie cause des événements
actuels.

Actuellement, le Résident impérial au Tibet est
Tchao Eul-foung, qui était en décembre 1904 directeur général du chemin de fer Se-tch'ouan-Houpé, et
depuis fut, par intérim, en 1907-1908, vice roi du
Se-tch'ouan ; mais il paraîtrait que l'homme qui
mène véritablement les affaires, est le résident adjoint, un Cantonnais nommé Wen Tsoung-yao, qui
a fait ses études en Amérique et au Queen's College
à Hong-Kong, puis fut sous-directeur d'un journal
indigène à Chang hai. Il n'a pas peu contribué par
ses intrigues à faire poursuivre T'ang Chao-yi et à
amener la chute de Youen Che k'ai.

C'est au xviiie siècle, sous l'empereur K'ien Loung,
que les Chinois, profitant des divisions intérieures
du pays, commencèrent à établir sur le Tibet cette
domination qui tend de plus en plus à restreindre

le pouvoir du dalaï-lama au domaine spirituel et religieux, et que furent désignés en 1725 deux Hauts Commissaires chargés du contrôle des affaires temporelles au nom de la Chine. En 1793, première lune de la 58e année K'ien Loung, un édit impérial décida que le tirage au sort désignerait le nom de celui qui pourrait être réincarné *(houbilhan)* parmi les enfants choisis à cet effet pour devenir dalaï-lama. Ce qui n'a pas peu aidé à affermir la domination chinoise dans ce pays, a été l'extrême jeunesse — de véritables enfants en fait — des personnages choisis comme réincarnations successives du Buddha et qui devaient exercer le pouvoir comme Dalaï-lama ; sauf le souverain pontife actuel, ces lamas ont eu la vie courte, ce qui a assuré de nombreuses minorités, partant de multiples régences, pendant lesquelles les Chinois pouvaient exercer une influence sans limite dans l'administration tibétaine.

L'histoire ancienne du Tibet est singulièrement obscure : on attribue au prince indien Rupati la fondation de la première dynastie qui, lorsqu'elle disparut, laissa le pays morcelé en petites principautés ; l'unité du Tibet ne fut reconstituée que vers 430 avant Jésus-Christ par Nak-khri-Tsanp'o. Nous savons d'autre part que lorsque les tribus Yue-tchi, fuyant devant les Hioung Nou ou Huns, quittèrent leur pays d'origine, le Kan Sou, au nord-ouest de la Chine, et émigrèrent vers l'ouest, elles se divisèrent en deux branches, dont l'une, les petits Yue-tchi, se mélangea aux K'iang ou Tibétains, c'est-à-dire à cent cinquante tribus environ de nomades et de pasteurs du Kou-Kou-nor et du nord-est du Tibet actuel. En réalité on peut considérer que le début de l'empire tibétain date de la fin du vie siècle de notre ère avec son

premier roi Loun tsang so-loung tsan qui fit de nombreuses incursions dans le centre de l'Inde et dont le
fils et successeur fut le célèbre Srong-tsang Gam-po,
un des plus fermes champions du bouddhisme : ce
souverain qui passe pour une incarnation du bodhisattva Padmapani étendit ses conquêtes non seulement sur le Tibet proprement dit, mais aussi sur la
région du Kou-kou-nor, en Chine jusqu'à Soung pan
t'ing, dans la province de Se-tch'ouan, dans l'Assam
et le Népâl : en 639, il épousa la princesse Bribtsun,
fille d'Ançuvarman, souverain du Népâl, et en 641, la
princesse de Wen tch'eng, fille de Tai tsoung, empereur de la dynastie chinoise des T'ang ; sous l'influence de ses deux femmes, le prince tibétain donna
un grand développement au bouddhisme dans ses
Etats : tous les trois dérivent, suivant la légende, des
rayons lumineux émanés de Chutuktu Niduler Usek-
tschi. Srong-tsang Gam-po avait fondé en 639 Lhasa,
auparavant Lha-ldan, où pendant des siècles, ses
descendants, avec le titre tibétain de *gialbo*, en
chinois *tsan p'o*, gouvernèrent le pays.

Alliés des Khalifes de Bagdad, la puissance des
Tibétains atteint son apogée aux VIIe, VIIIe et
IXe siècles ; ils envahissent les provinces chinoises de
Yun-nan, de Se-tch'ouan et de Kan Sou, poussent
même jusqu'à Tch'ang-ngan, capitale des empereurs T'ang ; ils exerceront une influence sur les
élections impériales et leurs souverains épouseront
des princesses chinoises ; mais dès le VIIIe siècle,
la suprématie des Tibétains est contestée, et peu à
peu se substitue celle des Ouïgours qui s'étend de
Pei-t'ing (Goutchen) à Aqsou. Nous voyons en 1047
un envoyé tibétain venir implorer les secours des
Leao contre les Hia, leurs voisins du Tangout.

Sous la dynastie des Youen, dynastie mongole qui règne en Chine jusqu'en 1368, le Tibet passe sous la domination de son puissant voisin. Ce fut le lama P'agspa qui inventa l'écriture officielle de l'empereur K'oubilai qui, en 1260, le nomma conseiller impérial et lui donna le titre de Grand et Précieux Prince de la Foi, le reconnaissant comme chef du bouddhisme.

Vers le milieu du xie siècle, les religieux bouddhistes du monastère Sakya commencèrent à s'emparer du pouvoir au Tibet, et sous le nom de *Houng-kiao*, église rouge, à cause de la couleur des vêtements et des coiffures des bonzes, exercèrent une suprématie que la licence des mœurs, le mariage des moines, la pratique de la sorcellerie ne tardèrent pas à compromettre. A la fin du xve siècle parut le réformateur Tsong K'apa ou Jé Rinpoch'é, né à Amdo près du Kou-kou-nor en 1358 ; fondateur de la secte Gelupa, il obligea ses adhérents de retourner vers la religion primitive du Buddha, et adopta pour les vêtements de sa secte la couleur jaune *(Houang-kiao)* pour se différencier avec les lamas Sakya ou rouges ; en 1407, près de Lhasa, Tsong k'apa fondait la grande lamaserie de Gadän, et en 1418, non loin de celle-ci, celle de Sera ; cette même année il mourait à Gadän où il résidait et il eut pour successeur Gédundub, alors âgé de trente ans, originaire du Tsang. En 1446, la nouvelle église était assez forte, pour que Gédundub pût se rendre à Chigatse, à 45 milles de Sakya, capitale des lamas rouges, et y fonder le monastère de Tachiloumbo, devenu au xviie siècle la résidence du second lama, le Pantch'en Rinpoch'é. J'emprunte une grande partie de cette histoire au remarquable mémoire que l'Honorable W. W. Rockhill, jadis ministre américain à Pe-king, aujourd'hui ambassadeur à

Saint-Pétersbourg, a inséré dans le numéro de mars de la revue le *T'oung pao.*

Gédundub étant mort en 1474, fut réincarné dans un enfant né en 1476 qui reçut le nom de Gédun gyats'o, remplacé lui-même en 1542 par un autre enfant, né cette même année, et nommé Sonam-gyats'o. La conversion, en 1566, à la foi Gelupa du chef ordo Kong Daidja Koutouktou Setzen et de son oncle Altan Khan, prince de Toumed, donna à la religion jaune une extension inattendue ; Sonam-gyats'o fut invité à visiter son pays en 1576 par le puissant prince mongol qui lui conféra le titre de « Dalaï-lama Vajradhâra » conservé par ses successeurs ; quand le Dalaï-lama, en Tibétain « Tcheptsoun Djamts'o Rin-poch'é », retourna dans son pays en 1579, il laissa près d'Altan, le lama Yontän-gyats'o, qui fut le premier des Tchahan Nomen'han et est connu parmi les Mongols comme le Dongkour Manjuçri Houtou-ketou ; il est mort en 1615 à Lhasa dans la lamaserie de Debung.

Au xviiᵉ siècle, le Tibet était divisé en Khamdo, à l'est, Wou ou Tibet Central (avec Lhasa) et Tsang ou Tibet postérieur avec Chigatse ; toutes ces régions étaient gouvernées par des rois (Tsamp'o), de la dynastie P'agmo-du, arrivée au pouvoir au commencement du xivᵉ siècle et dont Lhasa était la capitale. L'existence des lamas jaunes, un instant menacée, par la prise de Lhasa en 1630, par le régent (Dézi) de Tsang, fut assurée par la défaite de ce dernier, vaincu par le chef des Eleuthes du Kou-Kou-nor en 1641, et le Dalaï-lama se transporta de la lamaserie de Debung à l'ouest de la cité de Lhasa.

Dans l'espérance d'obtenir plus de liberté pour l'administration de son pays, en 1779, le Pantch'en

Rinpoch'é Paldän-yeshes accepta une invitation de
l'empereur K'ien Loung d'assister à Pe-King aux fêtes
du soixante-dixième anniversaire de sa naissance.
Il quitta Tachiloumbo dans l'été de 1779, se rendit
par le Kou-Kou-nor à la lamaserie de Kounboum où
il passa l'hiver, puis par le Chen-si et le Chan-si,
arriva à Djehol où il fut reçu par l'empereur dans un
bâtiment construit sur le modèle de celui qu'occupait
le lama dans son pays. Plus tard, le lama se rendit à
Pe-King, où il mourut le 27 novembre 1780, dans le Si
Houang-se, qui avait été construit vers 1750, pour le
cinquième dalaï-lama, par le premier empereur de la
dynastie mandchoue actuelle, Chouen tche. Un magnifique mausolée fut érigé en l'honneur de l'illustre
défunt, et son corps fut ramené au Tibet avec de
grands honneurs. Toutefois, il est arrivé une aventure
macabre au crâne du lama. Son chef, conservé à Pe-
King, dans un reliquaire d'or, orné de pierres précieuses, par le hasard d'un des pillages dont la
capitale chinoise a souffert de la part des Européens,
tomba entre les mains d'un soldat, qui s'empressa de
céder cette relique à un marchand de bibelots de
Paris. Celui-ci, non sans avoir allégé la boîte d'or
de ses pierres précieuses, la céda au prince Oukh-
tomsky, après en avoir fait exécuter des fac-similés
qui sont l'ornement de collections d'amateurs bien
connus.

*
* *

Le voyageur vénitien, Marco Polo, au cours de ses
innombrables pérégrinations dans l'empire chinois,
ne manque pas de nous parler du Tibet :

« Ceste province de Tebet est une grandisme province ; et ont langage par eus… ; et sont idolastres…

Il sont moult grant larrons. Elle est si grant province que il y a huit royaumes et grant quantité de citez et de chasteaus... »

Auparavant, au milieu du XIIIe siècle, le cordelier Guillaume de Rubrouck nous signale également ce pays, dont les habitants poussent la piété filiale si loin, qu'ils mangent leurs parents morts, pour qu'ils n'aient pas d'autre tombe que leurs propres intestins. Abominable coutume ! dit le bon moine, que les Tibétains ont abandonnée, tout en conservant l'habitude de transformer les crânes de leurs défunts parents, en coupes, dont ils se servent pour boire dans les fêtes, afin de conserver présent leur souvenir. Ni Marco Polo, ni Rubrouck, d'ailleurs, ne sont allés au Tibet. Le premier voyageur européen qui semble avoir été à Lhasa, est le franciscain Odoric de Pordenone, qui voyageait en Asie dans la première moitié du XIVe siècle.

« On trouve, au Tibet, nous dit-il, du pain et du vin en plus grande abondance qu'en aucune autre partie du monde ; les gens de ce pays demeurent dans des tentes de feutre noir ; leur principale cité est très belle, construite en pierre blanche, et les rues sont bien pavées. Elle s'appelle Gota. On n'oserait pas répandre le sang dans cette ville, soit humain, soit animal, à cause d'une idole qu'on y adore. C'est dans cette ville que demeure l'Obassy, c'est-à-dire le pape, chef de tous les idôlatres, qui donne les bénéfices du pays à sa guise. »

Et le traducteur français du récit du moine voyageur nous raconte, dans sa bonne vieille langue, les coutumes que je demande la permission de reproduire:

« En ce pays est la coustume que les femmes y portent plus de cent ou II grans dens comme de sengler. Une autre coustume y a : quant aucuns y meurt, le filz y veult faire honneur à son père mort. Si mande les prestres et les religieux de sa loy, les menestrelz et tous ses voisins et amis, et quant ilz sont assemblez, ilz portent le corps mort en mi les champs et droit là sur un drecoir les prestres lui coppent la teste et la donnent à son filz. Lors commence ce filz et toute sa compagnie à chanter, et à faire grant noise et grant feste et dient moult de oroisons pour le mort. A donc viennent ces prestres et coppent le corps tout par pièces et donc viennent ces egles et ces voultres et leur giette-on à chascun sa pièce et les oiseaulz les emportent. Lors crient ces prestres à haulte voix : « Agardez, dient-ilz, comment cilz fu sains proudoms, car les angelz de Dieu l'emportent en paradis. » Le filz se tient moult honouré quant il cuide que les anges aient ainsi porté son père en paradis et puis se partent tous et s'en revont. Et quand le filz est venu à l'ostel avec ces amis il cuist la teste son père, si la mengue et du tez fait un hanap ouquel il boit et toute sa maisnie et tous ceulz de son lignage a moult grant dévocion en remembrance du père mort et cuident au mort faire moult grant honneur. »

Ce n'est qu'au xviie siècle, en 1624, que le jésuite portugais, Antonio de Andrade, dans une lettre datée d'Agra, le 8 novembre 1624, nous raconte son voyage aux sources du Gange, au lac Mansarovar et à Roudok ; par une erreur qui a causé beaucoup de confusion dans les catalogues de bibliothèques, il a donné au Tibet le nom de Cathay, qui appartenait, en réalité, au nord de la Chine, au moyen âge. Plus tard, deux autres jésuites, Grueber et Dorville (1661), partant de Pe-King, par la route de Si-ning, arrivèrent à Lhasa, où ils résidèrent deux mois, ils rentrèrent ensuite aux Indes, par la voie du Nepâl. Il est curieux de noter que l'ouvrage du P. Kircher consacré à la Chine, dans lequel des extraits du voyage de Grueber sont insérés (1670), donne une vue du P'ota-la, résidence du Dalaï-Lama, qui est presque identique à la photographie prise, en 1901, par le kalmouk Norzounov, sujet russe. Encore deux jésuites, Desideri et Freyre se rendirent (1715-1716), par Leh à Lhasa, où le premier résida jusqu'en 1729, époque à laquelle il fut obligé de quitter la capitale tibétaine par suite des intrigues des capucins qui avaient pénétré au Tibet, où ils fondèrent une mission qui dura jusqu'en 1760. L'un de ces capucins, Francesco Orazio della Penna di Billi, nous a laissé une relation du Tibet. Mais un voyage tout à fait remarquable fut accompli par un Hollandais, Samuel Van de Putte, qui se rendit des Indes à Pe-King par Lhasa, et revint par la même route ; il mourut à Batavia, le 27 septembre 1745, ayant malheureusement donné l'ordre de brûler ses papiers. Plus tard, le gouverneur du Bengale, Warren Hastings, envoya George Bogle, en 1774, à la cour du Techou ou Pantch'en Lama ; le récit de cette mission a été publié pour la première fois par Sir Clements Markham, en 1876. Bogle fut désigné pour une seconde mission au Tibet en avril 1779, mais cette dernière fut retardée par le départ du Techou Lama, qui, nous l'avons vu plus haut, mourut de la petite vérole à Pe-King en 1780. Le capitaine Samuel Turner fut envoyé, en 1783, à la cour du nouveau Techou Lama. Nous aurons terminé cette liste des anciens voyageurs, en mentionnant le nom de l'Anglais Thomas Manning, qui réussit à aller à Lhasa, d'où il retourna aux Indes sans incident, en

1811 ; son journal n'a été, malheureusement, gardé qu'à l'état fragmentaire ; ce qu'il en reste a été également publié par Markham.

En 1844, eut lieu le voyage célèbre des lazaristes Huc et Gabet. Le 3 août 1844, ces missionnaires quittaient la vallée des Eaux-Noires, chrétienté située à près de cent lieues au nord de Pe-King, ayant pour seul compagnon de voyage un jeune lama. Ils se rendirent à Dolon-nor, Kouei-houa tch'eng, au pays des Ordos, Ning-hia, l'Ala-chan, la Grande Muraille, Si-ning, et enfin au célèbre monastère de Kounboum ; puis, par le Kou-kou-nor, se joignaient le 15 octobre à une ambassade tibétaine venue de Pe-King, et, par le Tsaïdam, les monts Bayen Kara, arrivèrent le 29 janvier 1846 à Lhasa après un voyage de dix-huit mois. Huc et Gabet paraissent avoir été bien traités dans la capitale tibétaine ; malheureusement ils y trouvèrent le mandchou Ki-chen, ancien gouverneur général du Tche-li, qui, après avoir conduit à Canton les négociations avec le capitaine anglais Charles Elliot, avait été dégradé, condamné à mort et embarqué le 12 mars 1842 à Canton sous bonne garde pour être conduit à Pe-King ; depuis il avait été envoyé au Tibet comme commissaire impérial pendant la minorité du Grand Lama. Il exigea l'expulsion des deux Français. Le 26 février 1846, Huc et Gabet quittaient Lhasa avec une escorte chinoise et furent conduits à Ta-tsien-lou, dans le Se-tch'ouan, où ils furent bien accueillis par le vice-roi à Tch'eng-tou ; leur voyage à travers le Hou-pé et le Kiang-si fut pénible ; ils arrivèrent enfin à Canton à la fin de septembre 1846 [1].

1. Voir *supra*, I, pages 281-295.

Lorsque parurent, en 1850, en deux volumes in-8º, à la librairie A. Le Clère et C^le, Paris, les *Souvenirs d'un voyage dans la Tartarie et le Thibet pendant les années* 1844, 1845 *et* 1846, par M. Huc, le succès de l'ouvrage fut considérable ; les éditions françaises furent nombreuses et la popularité de ce récit de voyage fut attestée par des traductions en anglais, en allemand, en hollandais, en espagnol, en italien, en suédois, en russe. Depuis Thomas Manning (1811-1812), aucun Européen n'avait visité Lhasa, la capitale du Tibet, et encore le voyageur anglais n'avait-il laissé aucune relation, en dehors de ses notes de route restées manuscrites.

Le voyage de Huc a été mis en doute par le célèbre explorateur russe Prjevalsky, injuste pour ses devanciers ; la cause du lazariste français a été victorieusement défendue par le colonel anglais Sir Henry Yule et par le prince Henri d'Orléans.

Pendant quelques années l'exploration du Tibet fut conduite par des « pandits » au service du gouvernement indien ; leur anonymat a été maintenant percé et le nom de quelques-uns d'entre eux, en particulier ceux de Naïn Sing et du lama Ugyen gyats'o, figurent sur la liste des grands voyageurs. Le voyageur russe Prjevalsky, lors de son troisième voyage (mars 1879-octobre 1880), explorait les sources du Houang ho ; lors de son quatrième voyage (novembre 1883-octobre 1885), il parcourait une grande partie du Tibet septentrional et le Tsaidam ; en 1888, au moment où il se préparait à aller à Lhasa, il mourait, laissant à Roborovsky le soin de l'exploration des K'ouen-loun. Ayant comme point de départ le monastère de Kounboum, l'Américain Rockhill (1888-1889, 1891-1892), pénétrait au nord-est du Tengrinor à environ 110 milles au nord de cette ville. Nos compatriotes, Gabriel Bonvalot et le prince Henri d'Orléans, accompagnés du missionnaire belge Constant De Deken (1889-1890) descendaient de Tcharkalyk du Lob-nor au Tengri nor à 95 milles au nord de Lhasa et gagnaient la Chine par Ba-tang et Ta Tsien lou. Parti de Leh, le capitaine Hamilton Bower (1891-1892) est arrivé au lac Garing, à 200 milles au nord-ouest de Lhasa. En 1892, Miss A. R. Taylor, partie du Kan Sou, atteignit Nagtch'ou K'a, à douze jours de Lhasa, point par lequel est passé le Dalaï-lama, lors de sa fuite à Ourga. Notre malheureux compatriote Dutreuil de Rhins (1893-1894) pénétra jusqu'au sud-est du Tengri nor, à cinq jours de Lhasa, et rentrant en Chine, fut assassiné le 5 juin 1894 à Toung boumdo, par les lamas rouges ; son jeune compagnon, Fernand Grenard, qui échappa miraculeusement à la mort, nous a laissé le récit de cette mémorable exploration. Parmi les voyageurs au Tibet avant l'expédition anglaise, nous citerons encore Sir George K. Littledale (1895) parti de Khotan ; le capitaine M. S. Wellby et le lieutenant Malcolm (1896) partis de Leh ; le capitaine H. H. P. Deasy (1896) venu de Leh ; Sven Hedin préludant en 1896 et en 1901, à sa dernière grande exploration ; le capitaine russe P. K. Kozlov (1900-1901) explorateur du Tsaidam.

Suivant l'exemple que leur avaient donné les Anglais avec les « pandits », les Russes ne tardèrent pas à inonder le Tibet de leurs émissaires bouddhistes, kalmouks, bouriates, et autres spécimens de la gent tartare, tels que Baza Bakchi, lama bouddhiste kalmouk, qui se rendit en 1897, d'Astrakhan à Lhasa, Ovche Norzounov (1901), également kalmouk, qui fit deux voyages à la capitale tibétaine et rapporta des photographies, Tsibikov, bouriate, et surtout le lama Agouan Dordjiev qui exerça une grande influence à la cour du Dalaï-lama.

Les Anglais prirent ombrage de ces nombreuses missions ; le spectre russe les hantait depuis que Charles Marvin avait montré les hordes moscovites envahissant le nord-ouest de l'Inde par la route facile de Hérat et de Quettah. A tous les cols, qui permettent déjà si difficilement de franchir les Himalayas, ils voyaient surgir le bonnet de fourrure et la longue lance du Cosaque, ils oubliaient la parole sage de lord Salisbury disant que lorsqu'on étudiait la politique de vastes pays peu peuplés, il était bon de se servir de cartes à grande échelle. Les Anglais en arrivaient à ne voir que le péril moscovite, oubliant le péril autrement grave, qui pouvait venir de son autre voisine, la Chine. La politique de l'Angleterre, d'ailleurs, fut d'une insigne maladresse. Tout d'abord, elle fit des arrangements avec la Chine, à l'endroit du Tibet, pour lesquels les Tibétains ne furent pas consultés ; puis plus tard, lorsque ses troupes entrèrent à Lhasa, elle signa un traité avec les Tibétains, sans consulter la Chine.

L'échec de leurs négociations avec les Tibétains, les menées des Russes, poussèrent les Anglais à profiter de l'embarras de ces derniers et de leur lutte avec les Japonais pour essayer de résoudre à leur profit la question tibétaine. Comme on le verra, l'Angleterre a lamentablement échoué.

Quoique limitrophe sur une ligne immense d'une frontière difficile, voire infranchissable, le territoire anglais de l'Inde est en contact direct avec le Tibet en trois endroits seulement : à Spiti, dans le district de Kangra au Punjab, au Gahrwal anglais et Almora, deux districts appartenant à la division de Kumaon des provinces unies d'Agra et d'Oude, et enfin par l'Assam. Aussi l'Angleterre a-t-elle toujours pris le plus vif intérêt à ce qui se passait de l'autre côté de la frontière.

Un article séparé de la Convention signée à Tche-fou le 13 septembre 1876, par l'Angleterre et la Chine, à la suite de l'assassinat de l'interprète Augustus R. Margary, stipulait que :

« Le gouvernement de Sa Majesté, se proposant d'envoyer une mission d'exploration l'an prochain par la voie de Pe-king, à travers le Kan Sou et le Kou-kou-nor, ou par la voie du Se-tch'ouan au Tibet, et de là aux Indes, le Tsoung-li Yamen, ayant égard aux circonstances, donnera, quand le moment sera venu, les passeports nécessaires et adressera des lettres aux hautes autorités provinciales et au Résident du Tibet.

« Si la Mission n'était pas envoyée par cette route, mais traversait la frontière indienne pour se rendre au Tibet, le Tsoung-li Yamen, au reçu d'une communication à cet effet du ministre anglais, écrira au Résident dans le Tibet et le Résident, avec les égards convenables aux circonstances, enverra des Officiers pour prendre bon soin de la Mission et les passeports pour la Mission seront issus par le Tsoung-li Yamen, afin que son passage ne soit pas intercepté. »

Le 17 mars 1890, une convention en huit articles fut signée à Calcutta, par laquelle la Chine reconnaissait le protectorat de l'Angleterre sur le Sikkim et fixait les frontières entre ce pays et le Tibet. Cette convention fut complétée par des règlements à Dardjiling le 5 décemdre 1893 par lesquels Ya-toung, situé sur la frontière, sur territoire tibétain, serait ouvert au commerce à partir du 1er mai 1894.

Depuis longtemps l'Angleterre avait renoncé à l'envoi au Tibet de la mission stipulée par la Convention de Tche-fou ; en effet dans une convention relative au Tibet et la Birmanie signée avec la Chine par M. O'Conor, ministre à Pe-king, le 24 juillet 1886, il était stipulé par l'article 4 :

« Attendu qu'une enquête faite à ce sujet par le Gouvernement chinois a démontré qu'il existe de nombreux obstacles à l'envoi d'une mission dans le Tibet prévu dans un article séparé de la Convention de Tche-fou, l'Angleterre consent à contremander la mission.

« Relativement au désir du Gouvernement britannique d'étudier des arrangements pour le commerce de frontière entre l'Inde et le Tibet, ce sera le devoir du Gouvernement chinois, après une enquête attentive au sujet des faits, d'adopter des mesures pour exhorter et encourager la population dans le but de favoriser et développer le commerce. Si la chose se trouve être praticable, le Gouvernement chinois s'occupera alors d'étudier soigneusement l'établissement de règlements commerciaux ; mais si on reconnaît l'existence d'obstacles insurmontables, le Gouvernement britannique n'insistera pas indûment à ce sujet. »

En juillet 1903, une mission dirigée par le major F. E. Younghusband, accompagnée d'une escorte de 200 Sikhs, se rendit à Khamba Jong, à 20 milles de la frontière, n'y trouva ni délégué chinois ni tibétain, mais en revanche ne tarda pas à se trouver menacée par une armée de 3.000 indigènes ; le Gouvernement anglais décida le 6 novembre 1903, que la mission devait s'avancer sans retard jusqu'au marché de Gyantse, en plein Tibet, à 145 milles de Lhasa, avec

des forces suffisantes pour obliger les Tibétains à remplis les conditions du traité ; que la vallée de la
Tchoumbi serait occupée pour témoigner du sérieux
de la démonstration et que l'expédition se retirerait
dès que satisfaction aurait été obtenue des Lamas ; en
conséquence le 11 décembre, la mission anglaise quittait Khamba Jong, et le même jour une seconde mission partait de Gnatong avec le colonel Younghusband comme Commissaire et le général Sir James R.
L. Macdonald qui avait vu du service dans l'Ouganda
comme commandant de l'escorte militaire, formant
une brigade d'environ 2.800 fusils sikhs, goorkhas,
etc., des canons. Ce fut une promenade plutôt qu'une
expédition militaire, mais rendue singulièrement difficile par la conformation même du pays, les obstacles
naturels à franchir. Le 12 décembre 1903, la petite
armée pénétrait au Tibet par la passe de Jelep et
occupait Phari, le 19 ; après plusieurs combats dans
lesquels les Tibétains perdirent un grand nombre des
leurs, les Anglais s'emparèrent de Gyantse le 12 avril
1904 qu'ils conservèrent malgré les efforts des soldats
indigènes envoyés de Chigatse pour reprendre cette
ville ; des négociations entamées le 1er juillet avec
l'envoyé tibétain Tongsa Penlop étaient rompues
deux jours plus tard, et le 14, les Anglais prenaient la
route de Lhasa où ils pénétrèrent le 3 août ; le Dalaï-
lama était en fuite ; le 7 septembre un traité était
signé ; le 23, les troupes anglaises quittaient la capitale tibétaine et le 25 octobre, la colonne était de
retour.

Le traité tibétain, ratifié par le vice-roi de l'Inde
le 11 novembre 1904, comprenait dix articles : les
Tibétains s'engagaient à rétablir les bornes frontières à la limite du Sikkim suivant les termes de

leur traité précédent (1890) ; ils s'engageaient, outre Ya toung, à ouvrir des marchés à Gyantse et à Gartok ; aucune station douanière ne devait être établie entre la frontière indienne et ces points ; une indemnité de cinq millions de dollars, réduite depuis de deux tiers devait être payée par les Tibétains, qui s'engageaient à raser tous les forts entre Gyantse et la frontière indienne. Les troupes anglaises devaient occuper la vallée de la Tchoumbi pendant trois ans jusqu'au paiement intégral de l'indemnité et les Tibétains ne céder aucune parcelle de leur territoire, ni autoriser l'immixtion d'étrangers dans l'administration sans le consentement de la Grande-Bretagne.

Il faut reconnaître que la conduite des Anglais fut extrêmement modérée, aussi bien pendant leur séjour à Lhasa que dans la conclusion du traité ; je dirai même, qu'au point de vue politique, elle fut trop modérée ; tel paraît d'ailleurs avoir été l'avis de Younghusband, qui fut obligé d'accepter, contre son gré, les conditions dictées par les politiciens du gouvernement métropolitain. Que gagnaient, en effet, les Anglais à cette expédition coûteuse et qui aurait pu facilement tourner au désastre sans l'incurie et la lâcheté des Tibétains ? Restaurer le prestige anglais ébranlé à Lhasa ? Qui ne sait que dans l'Extrême-Orient, l'ennemi est oublié dès qu'il a le dos tourné ; il eût été nécessaire à l'Angleterre, pour assurer son influence, de laisser une petite garnison à Lhasa. Cette expédition n'a eu qu'un résultat : d'écarter, — s'il a jamais sérieusement existé, — le péril russe fort éloigné et y substituer le péril chinois, autrement rapproché, quoique dans mon opinion, on en exagère singulièrement l'importance dans ces régions.

Le 27 avril 1906, une convention en six articles, au

sujet du Tibet, fut signée à Pe-King par Sir **Ernest Mason Satow**, au nom de l'Angleterre et par **Tang Chao-yi**, au nom de la Chine. Cette convention confirmait celle de Lhasa ; le Gouvernement britannique s'engageait à ne pas annexer de territoire tibétain, ni à intervenir dans l'administration du pays ; d'autre part, le Gouvernement chinois s'engageait à ne permettre à aucun Etat étranger d'intervenir dans le territoire ni dans l'administration tibétains. De plus, en 1907, la Russie et la Grande-Bretagne signaient un accord par lequel ces puissances s'engageaient à respecter l'intégrité territoriale du Tibet et à s'abstenir de toute ingérence dans son administration intérieure.

A partir de ce moment, nous voyons la route du Tibet rigoureusement fermée aux étrangers qui cherchaient à y pénétrer par la frontière indienne. Des travaux topographiques importants avaient été faits de Gyantse à Gartok par le capitaine Ryder, qui avait déjà fait de nombreux relevés à Kamba Djong et de Gyantse à Lhasa. Les mesures prohibitives du Gouvernement britannique n'empêchèrent pas toutefois les voyageurs de pénétrer au Tibet ; évincés par la frontière sud, ils pénétrèrent par le nord : déjà en 1904, un naturaliste autrichien, le docteur Erich Zugmayer, avait accompli une expédition dans le Tibet occidental, de Polou à Ladakh, en passant par l'Altyn-Tagh. De juillet 1904 à novembre 1905, notre compatriote, le comte de Lesdain, accompagné de sa femme, se rendit d'Amdo au Tengri nor et à Gyantse, d'où ils gagnèrent le Sikkim. On sait comment, plus récemment encore, le docteur Sven Hedin s'est moqué des défenses anglaises et, ayant pénétré par la partie septentrionale du Tibet, avait traversé en tous sens ce territoire immense.

Qu'était devenu le Dalaï-lama ? Avant de fuir de Lhasa, à l'approche des troupes anglaises, il avait laissé son sceau au Ti Rinpoch'é Lobtsang gyaltsan, chef du monastère de Gadan, qui, avec les lamas des deux autres lamaseries de Debung et de Sera, avec une soi-disant assemblée nationale appelée *tsong dou*, signèrent le traité du 7 septembre 1904. Le Dalaï-lama avait gagné Ourga, dans la Mongolie septentrionale, résidence du troisième lama, le Tcheptsoun Dampa Houtouketou ; il y arriva le 27 novembre. Après la signature du traité anglais, et de sa confirmation par la Chine, le Dalaï-lama pensa qu'il lui était possible, en conséquence, de quitter sa retraite.

Dans l'été de 1907, le Dalaï-lama quittait Ourga et venait s'installer au mois de novembre au monastère de Koun boum, près du Kou-kou-nor. Invité par le Gouvernement impérial à se rendre à Pe-king, le Dalaï-lama, au printemps de 1908, quittait cette lamaserie avec une suite de 250 personnes, se rendait au Chan-si, et s'établissait au monastère de P'ou-sa ting dans le Wou-t'ai chan, lieu de pèlerinage célèbre en l'honneur du buddha Manjuçri. Pressé par le Gouvernement de Pe-King, le 22 septembre, le Dalaï-lama quittait sa retraite et allait prosaïquement prendre le chemin de fer à T'ing tcheou, qui le conduisit à la capitale, où il arriva le 28 septembre. Il fut logé dans le Houang-se, construit par l'empereur K'ang hi pour le cinquième Dalaï-lama. Le pontife fut reçu en audience par l'empereur le 14 octobre, et le 30 un banquet lui fut offert dans le Tse Kouang Ko, où les ministres européens avaient été reçus par T'oung Tche en 1873, et le 5 mars 1891 par Kouang Siu. Sur ces entrefaites, l'empereur mourait le 14 novembre et l'impératrice douairière le lendemain ; le

3 décembre, un édit permettait au lama de quitter Pe-King, ce qu'il fit le 21, prenant la grande route impériale par Si-ngan fou, Lan-tcheou fou et Si-ning, et arrivant à Koun boum le 26 février 1909.

L'honorable W. W. Rockhill, qui a passé une semaine avec le Dalaï-Lama Tobtan gyats'o, pendant son séjour au Wou t'ai chan, et qu'il a vu souvent à Pe-King, nous en trace le portrait suivant :

« C'est un homme d'une intelligence et d'une habileté incontestables, de compréhension rapide et de force de caractère. Il a l'esprit large, résultat possible de ses expériences diverses durant les dernières années, et il a une grande dignité naturelle. Il semblait profondément pénétré des grandes responsabilités de son ministère comme pontife suprême de sa foi, plus peut-être que par celles résultant de ses devoirs temporels. Il a le tempérament vif et impulsif, mais gai et aimable. En tout temps, je l'ai trouvé un hôte attentif, un causeur agréable et extrêmement courtois. Il parle rapidement et doucement, mais très bas.

« Il est petit de taille, probablement cinq pieds six ou sept pouces environ et d'apparence frêle. Son teint est plutôt plus foncé que celui des Chinois, et d'un brun plus rosé ; son visage, qui n'est pas très large, est marqué de la petite vérole, mais pas profondément. Il s'éclaire d'une manière plaisante lorsqu'il sourit et montre ses dents qui sont saines et blanches. Au repos, sa figure est impassible et plutôt hautaine et distante.

« Son nez est petit et légèrement aquilin, ses oreilles sont larges mais bien attachées. Ses yeux sont brun foncé et plutôt grands avec une obliquité considérable et ses sourcils fournis et relevés vers les tempes d'une façon très marquée, lui donnent une expression très narquoise, qui est accentuée par sa moustache et la petite *mouche* sous sa lèvre inférieure. Ses mains sont petites et bien formées ; sur son poignet gauche il porte habituellement un rosaire de grains « de bois de santal rouge », avec des jetons d'argent. Quand il marche, il se meut rapidement, mais ne se tient pas droit, résultat de sa vie passée en partie assis les jambes croisées sur des coussins. Sa robe habituelle est du même rouge foncé que celle portée par tous les lamas, avec un gilet de brocart d'or, et un carré de la même étoffe couvrant son *ch'ablu*, et tombant au-dessous de la taille devant [1]. »

*
* *

Mais les Chinois cherchaient une occasion de rétablir leur influence : ils savaient qu'une fois au Tibet, en dehors des obstacles naturels, ils ne devaient éprouver aucune peine pour marcher jusqu'à Lhasa ; mais la grosse difficulté était de franchir la frontière occidentale de l'empire : depuis plusieurs années, les lamas sont en pleine effervescence : ce sont eux qui ont massacré le père Soulié et quelques autres prêtres des missions étrangères englobés dans leur haine pour le Chinois ; les nouvelles du mois de décembre annonçaient que les Tibétains levaient des troupes pour couper la route du Tchamdo à Lhasa aux Chinois qui répandaient le bruit que les frais de la guerre étaient faits par les nations européennes ! Les Chinois n'ont pas de chance avec les tribus de l'ouest et du sud-ouest de l'empire : on se souvient que deux explorateurs allemands avaient été massacrés par

----

1. *T'oung-pao*, mars 1901, pp. 91-92.

les Lissous: quelques Lissous, restés étrangers à cet attentat, furent amenés à Teng yueh, et décapités à la place des vrais coupables ; en revanche huit mandarins et quatre cents soldats envoyés pour châtier les meurtriers reçurent une râclée mirifique. D'autre part on disait que Tchao Eul-foung, nommé en 1908 résident au Tibet, avec le rang de Président d'un ministère, essuyait défaite sur défaite ; que son cousin Tchao Eul-hiun, depuis la même époque vice-roi du Se-tch'ouan, épuisait les ressources de sa province, chemin de fer et loteries, pour lui envoyer des troupes, des munitions et des vivres ; mais le manque absolu d'hygiène et les désertions faisaient des brèches considérables dans les rangs. On faisait même courir le bruit que le Dalaï-lama, pauvre Dalaï-lama ! se proposait de venir combattre en personne le général chinois, soutenu secrètement par la Russie qui fournissait aux Tibétains des armes perfectionnées qui, jusqu'à présent, leur avaient fait défaut. Il faut croire que ces premiers obstacles ont été surmontés puisqu'on annonce que les troupes chinoises ont pénétré à Lhasa, d'où le Dalaï-lama s'est précipitamment enfui par la route du sud dans la nuit du 17 février.

Avant sa fuite de Lhasa, le Dalaï-lama avait envoyé à son représentant à Saint-Pétersbourg, au bouriate Dordjiev, deux agents porteurs d'une lettre politique importante ; il est évident que le pontife tibétain se leurrait de l'espoir que la Russie lui viendrait en aide dans sa situation difficile. Déjà, les journaux russes annoncent que la réponse des Moscovites, comme celle des Anglais, sera conçue en termes vagues et qu'une protestation, toute platonique d'ailleurs, faite auprès du gouvernement de Pe-King, sera la seule démarche de ces puissances sur lesquelles le Dalaï-lama comptait pour conserver ce qui lui restait d'indépendance. Sa visite même à Calcutta paraît avoir été stérile, car nous apprenons qu'il devait quitter cette ville le 18 courant avec vingt-cinq fonctionnaires et cinquante serviteurs pour retourner par train spécial à Dardjiling, où il continuera à être l'hôte du gouvernement indien, comme il fut celui des Russes pendant son séjour à Ourga.

L'expédition de l'Angleterre au Tibet n'aura eu qu'un résultat : celui de consolider la puissance chinoise dans ce pays. L'état de l'Inde ne permet pas aux Anglais de se lancer aujourd'hui dans des entreprises périlleuses ; les victoires japonaises ont eu la plus vive répercussion chez les Hindous comme chez les autres peuples de l'Asie dont les jaunes désirent expulser leurs maîtres temporaires. La politique anglaise, dans la péninsule hindoustane, a été peu habile, blessant des susceptibilités parfois légitimes, comme dans le cas du rattachement récent, inopportun et impopulaire, du Bengale oriental à l'Assam. Toutes les forces de l'Angleterre lui sont nécessaires pour le maintien de sa politique en Europe : en Asie, elle doit se contenter d'une politique d'attente et de paix.

LES FOUILLES EN ASIE CENTRALE[1]

Il ne faut pas confondre les recherches dont j'ai l'intention de parler aujourd'hui avec celles qui ont pour point de départ les découvertes d'inscriptions faites par Nicolas YADRINTSEV, en 1890, dans le voisinage de l'Orkhon, affluent de la Selenga, qui se jette dans le lac Baïkal : elles furent l'objet de missions considérables finlandaises et russes dans les régions de l'Iénisséi et de l'Orkhon, dont les principaux résultats furent le déchiffrement des inscriptions kök-turques de cette région par l'illustre philologue de Copenhague, Vilh. THOMSEN, et l'établissement de l'emplacement exact de Qara Qoroum, la capitale des Mongols Tchinguizkhanides, dans un site entre l'Orkhon et le Kokchin (ancien) Orkhon, occupé aujourd'hui en partie par le couvent d'Erdeni Tso[2]. Je ne m'occuperai donc que des explorations dont le Turkestan chinois, contrée appelée *Sin-Kiang* (nouvelle frontière), a été le théâtre dans ces dernières années.

---

1. Extrait du *Journal des Savants*, mai 1910, pages 210-224.
2. Cf. sur cette question : Henri CORDIER, *Les études chinoises* (1891-1894), Leide, 1895, p. 83-86. — *Les études chinoises* (1895-1898), Leide, 1898, p. 54-60.

I

A l'ouest de la passe qui permet de franchir la Grande Muraille à son extrémité dans la province du Kan-Sou, passe connue sous le nom de Kia Yu Kouan, s'étend l'immensité du désert de sable mouvant appelé par les Chinois depuis la plus haute antiquité *Liou Cha*. On lit dans le *Chou-King* : « (Le pays qui reçut les soins de Yu et fut divisé par lui en neuf provinces) est baigné à l'est par la mer et limité à l'ouest par le sable mouvant »[1]. Marco Polo, au XIIIe siècle, ne manque pas de nous signaler les vastes nuages de sable qui s'élèvent dans le désert, mais il ne soupçonne pas que, comme un vaste linceul, ils ont recouvert et condamné à la mort éternelle des cités jadis florissantes. Quelques siècles auparavant, le pèlerin Hiouen Tsang nous avait raconté la destruction par le sable d'une ville à l'est du désert de Khotan, punie ainsi de son dédain pour une image bouddhiste miraculeuse. Plus tard, Mirza Haidar, dans son *Tarikh-i-Rachidi*, nous narrera la destruction dans les mêmes conditions, entre Tourfan et Khotan, de Katak avec sa mosquée et son minaret[2].

De nos jours, l'attention a été de nouveau attirée sur les villes ensevelies sous les sables, en 1865, par W. H. Johnson ; dans la relation de sa visite à Iltchi (Khotan), ce voyageur nous dit :

---

1. *Chou-King*, Tribut de Yu, § 38, trad. Couvreur, p. 88.
2. *The Tarikh-i-Rashidi...*, edited by N. Elias ; transl. by E. Denison Ross, London, 1895, p. 10-11.

A une distance de six milles au nord-est d'Iltchi est le grand désert de Takla Makan (Gobi), avec ses sables mouvants qui marchent en vastes vagues débordant tout, qu'on dit avoir enseveli 360 villes dans l'espace de 24 heures. Le bord de ce désert a l'apparence d'une chaîne basse de collines brisées, et consiste en monticules de sable mouvant, variant de 200 à 400 pieds en hauteur. Le thé que j'ai emporté comme échantillon fut extrait d'une de ces villes ensevelies pendant que j'étais à Iltchi, et il était considéré par les indigènes comme étant d'une grande antiquité. Des monnaies d'or, pesant 4 livres, et d'autres objets auraient été aussi trouvés dans quelques-unes, mais la situation de ces villes était connue d'un petit nombre de personnes seulement, qui en gardent le secret afin de s'enrichir elles-mêmes. La seule qui soit bien connue est celle dans laquelle de grandes quantités de thé en briques sont trouvées, qui obtiennent une vente immédiate dans les marchés, en ce moment que tout commerce avec la Chine est arrêté. Le site dè cette ville ensevelie est à un mille au nord d'Urang-kach [1].

Johson écrit encore :

Pendant mon séjour à la capitale de Khotan, je m'occupais à étendre mes recherches, en faisant à la hâte un voyage jusqu'à la ville de Kiriya, située à environ 40 milles à l'est d'Iltchi. Je m'y rendis en un jour, avec des chevaux préparés pour moi par le Khan, y passai un jour, et revins le troisième jour, ayant entre temps laissé mes bagages à Iltchi. Je visitai aussi l'emplacement d'une ville ancienne près d'Urangkach, d'où l'on a exhumé du thé en briques [2].

L'exploration de Johnson donna l'idée de recueillir des renseignements sur les villes ensevelies sous le

1. *Report on his Journey to Ilchi...*, by W. H. JOHNSON. *(Journ. Roy. Geog. Soc.*, XXXVII, p. 3).
2. *Ibid.*, p. 14.

sable du désert à Sir Douglas T. FORSYTH, envoyé
par le Gouvernement de l'Inde en mission à Yarkand ;
lors de son premier voyage dans cette ville en 1870,
Forsyth ne réussit pas à obtenir beaucoup de renseignements, et son compagnon Robert B. SHAW,
dans son livre *Visit to High Tartary*, ne fait pas
allusion à ce sujet, mais pendant sa deuxième expédition en 1873, le délégué anglais se décida à étudier
la question sérieusement :

Suivant des renseignements recueillis de voyageurs, et
confirmés par Syad Yakoub Khan, il y a une ville en ruines
appelée Toukht-i-Touran, près de la ville de Koutcha,
sur un rocher nu ; les ruines sont en terre d'une couleur
jaune foncé, tout à fait différente de tout ce qui se trouve
sur le rocher ; il y a en outre un grand nombre de grottes,
creusées pour habiter. On dit que la ville existait antérieurement à la première occupation chinoise, et qu'elle fut
détruite par le feu à cause du refus de son souverain d'adopter la foi mahométane. A environ 16 tash, ou 60 milles,
au nord de Koutcha, on dit qu'il existe une grande idole
sculptée dans le roc ; elle a de 40 à 50 pieds de haut, elle
a 10 têtes et 70 mains, et elle est sculptée avec la langue
tirée hors de la bouche. Il est extrêmement difficile de faire
l'ascension de la montagne derrière l'idole ; le gibier y
abonde, mais ne peut être tiré, grâce à la protection de
l'idole. On dit qu'il existe quelques ruines très remarquables
non loin de Maral Bachi. Syad Yakoub Khan nous en a
donné une description, mais malheureusement après que
le capitaine Biddulph eut visité le voisinage sans se douter
de la proie presque dans ses mains. Non loin de la ville
actuelle de Kachgar est le Kohna Chahr, ou vieille cité,
qui a été détruite il a plusieurs siècles ; cependant les murs,
quoique construits seulement de briques séchées au soleil,
sont debout, avec les ouvertures dans lesquelles les poutres
étaient insérées aussi nettement conservées que si elles

venaient d'être utilisées. Elles me rappelaient les ouvertures qu'on voit dans les rochers du Danube juste avant d'arriver aux Portes de Fer [1].

Forsyth parle de Pein, qu'il identifie, à tort, comme on le verra, avec Kiriya [2].

On m'a paru dans les derniers temps avoir négligé de citer ces précurseurs ; on s'est souvenu seulement du Dr Albert REGEL, fils du directeur du Jardin botanique de Pétersbourg, lui-même médecin à Kouldja en 1875 ; en 1879, il entreprit un voyage à Tourfan, où il arriva le 28 septembre ; il était le premier Européen qui visitait cette oasis depuis le jésuite portugais Benoît de GOËS, au commencement du XVIIe siècle. Le Dr Regel explora les ruines étendues qui, dans son opinion, marquaient l'emplacement de l'ancien Tourfan détruit il y a 400 ans.

A en juger par l'étendue de ces ruines, la ville a dû être très grande. Les vieux murs, d'une immense épaisseur, avec des bastions, des portes, et des galeries souterraines, peuvent être retracés aujourd'hui. Parmi les ruines, il trouva des fragments de poterie chinoise et des idoles bouddhiques montrant de la grandeur dans le dessin, quoique faites de rien de mieux que d'argile et de paille [3].

Regel nous dit lui-même :

Aux extrémités sud-est et sud-ouest de la ville de Takianus se trouvent d'imposantes tours rondes à gradins, qui sont

1. *On the buried Cities in the shifting Sands of the Great Desert of Gobi.* By Sir T. Douglas FORSYTH. *(Proc. R. Geog. Soc.,* XXI, 1876-1877, p. 38-39).
2. *L. c.,* p. 28.
3. Dr *Regel's Expedition from Kuldja to Turfan in* 1879-1880, by E. Delmar MORGAN. *(Proc. R. Geog. Soc.,* N. S., III, 1881, p. 340-352).

aussi traversées par des galeries semblables, probablement d'anciennes constructions de temples, plus loin des fûts de colonnes à plusieurs degrés, réunis par des fenêtres cintrées simulées ou vraies. De profil, ces arcades donnent l'impression d'une vieille ville romaine. Mais comme ici jamais Grec ou Romain n'est venu, je les tiens pour les constructions d'un peuple civilisé du vieux Turkestan auquel ont succédé en premier les Mongols nomades ou Turcs Ouïgours ou Chuichoi (ancêtres présumés des Dounganes d'aujourd'hui, qui furent également nommés Chuichoi). Ainsi s'expliqueraient les anciennes ruines des villes trouvées dans le Turkestan propre. Plus tard, je découvris dans cette vieille ville des débris de vases de caractère chinois, ainsi que des restes de statues de divinités bouddhiques de forme imposante bien qu'elles ne fussent composées que de paille et de glaise [1].

II

Mais de nouvelles découvertes allaient bientôt permettre de pénétrer le secret des nécropoles ou des villes abandonnées recouvertes comme d'un vaste linceul par les sables du Gobi. En 1890, le lieutenant BOWER trouvait à Koutcha un manuscrit en lettres brahmi rédigé en sanskrit qui fut exposé à la Société Asiatique du Bengale en novembre 1890 et en avril 1891, et qui, après avoir été étudié par le Dr A. F. Rudolf HOERNLE dans les *Proceedings* et le *Journal* de cette société ainsi que dans l'*Indian Antiquary* (XXI, 1892), fut publié par ce savant en 1893 et 1897. Ce manuscrit, écrit sur écorce de bouleau, était le plus ancien connu.

1. REGEL, *Turfan.* (*Petermann's Mitt.*, t. XXVI, 1880, p. 207).

Puis M. N. F. Petrovsky, consul de Russie à Kach-gar, envoyait à Pétersbourg des fragments de manuscrits qui étaient étudiés par M. Serge d'Oldenbourg (*Zapiski* de la Section orientale de la Société impériale russe d'archéologie).

En juin 1892, F. Grenard, de la Mission Dutreuil de Rhins, recueillait un manuscrit sur écorce de bouleau en caractères kharoshthi qui était, dit-il, « à en juger par la date où l'emploi épigraphique de cette écriture semble avoir cessé dans l'Inde, le plus ancien manuscrit indien connu jusqu'à ce jour ; il remonte probablement au Ier siècle de notre ère [1] » ; on l'avait trouvé au sud-ouest de Khotan, dans le mazar de Kountou, à l'extrémité nord-ouest de la colline qui s'élève sur la rive droite du Kara-kach-Daria, dans laquelle sont percées les grottes de Koumâri mentionnées par le pèlerin chinois Hiouen Tsang ; l'examen de ce manuscrit par M. Emile Senart montra qu'il contenait des fragments du *Dhammapada* :

C'est... la première fois, dit ce savant, que nous nous trouvons en présence d'un manuscrit kharosthi ; nous n'avons pour points de comparaison que des spécimens épigraphiques... il me semble que... tous les indices place-raient notre manuscrit... vers le IIe siècle au plus tard de l'ère chrétienne [2].

Une autre portion du même manuscrit était, par l'intermédiaire de M. Petrovsky, passée entre les mains de M. Serge d'Oldenbourg. D'autre part, la Mission Dutreuil de Rhins notait le centre de ruines

1. *Mission scientifique dans la Haute Asie*, III, p. 142.
2. *Actes du Onzième Congrès int. des Orientalistes*, Paris, 1897, I, p. 5-7.

le plus important et probablement le plus ancien de toute la partie méridionale du Turkestan.

... Celui, dit Grenard [1], que nous avons découvert en 1891 au petit village de Yotkàn, dans le canton de Bourazân, à 9 kilomètres à l'ouest de la ville actuelle de Khotan, sur les bords d'un ravin encaissé où coule un peu d'eau et que l'on appelle *Yâr* ou *Karasou*. Les indigènes disent que c'est là l'emplacement de l'ancienne capitale du pays ; elle se serait étendue jusqu'à un grand remblai de terre situé à 3 kilomètres au sud-est au lieu dit Hélâl Bâgh. On donne à ce remblai de terre le nom de Naghàra Khanah et l'on dit que c'était l'ancienne citadelle du Khakan, de ce Khelkhâl-i-Tchin dont il est question dans le Tezkéreh.

En juillet 1893, M. WEBER, de la Mission morave de Ladakh, faisait l'acquisition de manuscrits provenant de Koutcha, dont l'un était l'alphabet du feuillet de M. Petrovsky.

Cependant les manuscrits provenant de l'Asie centrale affluaient entre les mains du Dr A. F. Rudolf Hoernle, qui a publié divers mémoires dans le *Journal of the Asiatic Society of Bengal* et a donné la description de la collection entière d'antiquités et de documents qu'il a reçus dans un numéro supplémentaire de cette publication en 1899 [2], comprenant le rapport de ce savant au Gouvernement de l'Inde ; les contributions à cette collection sont au nombre de 21 et les principales proviennent de dons : de M. G. MACARTNEY, agent anglais à Kachgar, petits paquets de manuscrits trouvés près de Koutcha,

---

1. *L. c.*, p. 127-128.

2. *A Collection of Antiquities from Central Asia*. Part. I. By A. F. Rudolf HOERNLE. (*Journ. Asiat. Soc. Bengal*, vol. 68, 1899, Pt. I, Extra-number I, p. I-XXXII- 110, et planches).

reçus par Hoernle en avril 1895, et antiquités provenant de Khotan et du Takla Makan ; du Cap. S. H. GODFREY, manuscrits du Takla Makan et de Koutcha ; de Sir Adelbert TALBOT, 24 monnaies et 12 feuilles de manuscrits obtenues de Muhammad GHAUZ de Khotan. Comme on le voit, Koutcha et Khotan sont les deux principaux lieux d'origine de ces trouvailles. Cependant des soupçons sur l'authenticité de quelques-uns de ces manuscrits s'étaient élevés dans l'esprit non seulement de Hoernle, mais aussi de quelques-uns des fonctionnaires du British Museum ; ces soupçons furent confirmés par une lettre adressée à Hoernle par M. BACKLUND, missionnaire suédois à Kachgar, le 29 juin 1898, dans laquelle le nom de celui qui devait être découvert comme le faussaire était mentionné : ISLAM AKHUN ; mais l'honneur d'avoir dévoilé l'imposture revient au Dr STEIN, qui a consacré un chapitre de son grand ouvrage *Ancient Khotan* (XV, p. 507) à ce remarquable et intelligent voleur.

Enfin, en avril 1899, le capitaine H. H. P. DEASY envoyait de Yarkand à Hoernle une boîte cylindrique en bois renfermant un livre imprimé sur papier mince, mais résistant, de 72 feuillets qui a été décrit dans le Journal de la *Royal Asiatic Society* (avril 1900, p. 321).

D'autre part, le célèbre explorateur suédois, SVEN HEDIN, en 1896, lors de son second voyage à travers le Takla Makan, de Khotan à Chah-Yar, visita les ruines entre le Khotan-Daria et le Kiriya-Daria, où il trouva les restes de la ville de Takla Makan, maintenant ensevelie dans les sables. Il découvrit des figures de Buddha, un morceau de papyrus avec des caractères inconnus et des vestiges d'habitation.

Cette Pompéi asiatique, disait le voyageur, vieille au moins de dix siècles, est antérieure à l'invasion mahométane conduite par Kutéïbe Ibn-Muslim, au commencement du viiie siècle ; ses habitants sont bouddhistes et de race aryenne, probablement originaires de l'Hindoustan.

En 1898, M. D. Klementz, envoyé à l'oasis de Tourfan par l'Académie des Sciences de Pétersbourg, visitait Yar Khoto, le Vieux Tourfan, Qara Khodja, Astana, Idiqut Chahri, ancienne capitale des Ouigours, etc. Les résultats importants de cette Mission, publiés en 1899 par l'Académie des Sciences de Pétersbourg sous le titre de *Turfan und seine Alterthümer*, ne pouvaient manquer d'éveiller l'intérêt du monde savant et de susciter de nouvelles expéditions dans une région si fertile en antiquités non découvertes.

III

Le Gouvernement de l'Inde eut le bon esprit de faire choix du Dr Stein pour conduire une Mission archéologique afin d'étudier la région d'où provenaient les manuscrits qui, depuis plusieurs années, étaient l'objet de l'examen des savants de l'Europe entière. Le Dr Stein nous a conté le voyage mémorable qu'il avait accompli au cours des années 1900-1901, sous les auspices du Gouvernement de l'Inde, dans le Turkestan chinois, dans son volume paru en 1903 : *Sand-buried Ruins of Khotan* (London), et il a donné un aperçu des résultats scientifiques qu'il avait obtenus dans son intéressant *Preliminary Report on a Journey of archæological and topographical Explora-*

tion in Chinese Turkestan (London, 1901, in-4º) ; il a présenté l'ensemble et le détail de ses découvertes, qui le placent au premier rang des archéologues qui ont visité l'Asie centrale, dans deux grands volumes in-4º, parus à Oxford, en 1907, *Ancient Khotan.* Cachemire fut le point de départ de l'exploration. Ayant Kachgar, dans le Turkestan chinois, comme but immédiat, Stein fit choix de la route à travers Gilgit, Hunza et le Taghdoumbach Pamir, où il pénétra par la passe de Kilik, qu'il traversa le 29 juin 1900. Il fait ressortir l'importance de ce Pamir qui seul appartient au Turkestan, tandis que tous les autres Pamirs déversent leurs eaux dans le bassin de l'Oxus ; on désigne sous le nom de Sarikol le district montagneux dont les vallées fournissent les eaux formant en grande partie la rivière de Tach-kourghan qui rejoint la rivière de Yarkand ou Zeraf-chan ; le Sarikol tire son importance de sa position qui en fait le lien entre le Haut Oxus et les oasis du Sud du Turkestan chinois, et par suite la Chine. Les pèlerins bouddhistes FA HIAN, SOUNG YUN, HIOUEN TSANG, traversèrent le Sarikol, désigné par les noms de Ho p'an t'o, Han t'o, K'o kouan t'an, K'o lo t'o ; l'assimilation proposée par Sir Henry Yule de la vieille capitale Kié p'an t'o avec le présent Tach-kourghan peut être considérée comme certaine ; en quittant Tachkourghan le 10 juillet 1900, le Dr Stein s'est rendu en dix-neuf jours à Kachgar par le défilé de Gez ; c'est l'itinéraire que j'ai tracé pour le voyage de Marco Polo, et je suis heureux que mon travail de géographe en chambre soit vérifié par la pratique ; je ne suivrai pas le Dr Stein dans son voyage à Yar-kand, à Khotan, à Dandân-Uiliq, à Niya, ni dans sa recherche du P'i-mo de Hiouen Tsang, le Pein de

Marco Polo, qu'il identifie, non avec Kiriya, ville moins ancienne, mais avec Ouzoun Tati. Les résultats de la mission de Stein dépassèrent les espérances de ceux qui l'avaient encouragée. Les documents chinois furent confiés à l'examen de M. Chavannes ; ceux qui furent trouvés à Dandân-Uiliq, dont les dates s'échelonnent de 768 à 790, se rapportent à la période où l'influence chinoise subsistait encore dans tout le Turkestan oriental, bien qu'il n'eût déjà presque plus de communications avec le Gouvernement central ; un certain nombre de documents chinois écrits sur des fiches minces et étroites de bois, trouvés à Niya, se rattachent au début de la dynastie Tsin, qui commença de régner en 265 après Jésus-Christ ; une autre trouvaille du plus vif intérêt faite à Dandân-Uiliq fut celle d'un document judéo-persan qui ne paraît pas remonter au delà du VIIIe siècle, ce qui lui donnerait plus de deux cents ans de plus que n'en compte le plus ancien document judéo-persan connu jusqu'ici, c'est-à-dire le rapport légal de 1020 conservé à la Bibliothèque Bodléienne ; il est également le plus ancien document en persan moderne, puisque le manuscrit le plus ancien en cette langue d'un ouvrage en prose est l'exemplaire de Vienne daté de 1055 du traité de Muffawak Ibn'Ali, de Hérat, composé entre 961 et 976 de notre ère.

On ne pouvait manquer, au cours de ces recherches dans cette partie de l'Asie centrale qui n'est autre que le bassin du Tarim et de ses affluents, de s'occuper du fameux lac qui sert de déversoir à ce fleuve, le Lob Nor, dont l'emplacement a été l'objet d'une mémorable discussion entre PRJEVALSKY et RICHT-HOFEN. En février 1901, Sven Hedin, sur la rive septentrionale d'un grand lac desséché qui serait le vrai Lob Nor de l'antiquité, trouva les ruines de quatre villages qu'il identifia sans doute à tort avec la principauté de Leou-lan ou Chan-chan, qui était au sud du Lob Nor[1]. Il est intéressant de noter que les documents chinois sur papier et sur bois rapportés par Sven Hedin et déchiffrés par Karl Himly datent pour la plupart des années comprises entre 264 et 270 de notre ère, et qu'une des fiches de bois trouvées à Niya par Stein porte la date de 269, ce qui paraît prouver que pendant le règne du premier empereur (265-290) de la dynastie Tsin, le Turkestan oriental, au moins jusqu'à Niya, subit l'influence politique de la Chine, comme le fait remarquer M. CHAVANNES[2].

D'autre part, la géologie venait contrôler les découvertes de l'archéologie : avec le vétéran Raphaël PUMPELLY, W. M. DAVIS. Bailey WILLIS, et d'autres savants, étudiaient la substructure des montagnes et des mers de sable de l'Asie centrale ; le professeur Ellsworth HUNTINGTON émettait l'avis que le marais du Kara-Kochoun n'était qu'un petit reste moderne de l'ancien grand Lob Nor, et qu'entre le IIIe et le VIIIe siècle de notre ère le lac semble avoir occupé la position qui lui est assignée sur les vieilles cartes chinoises à un degré environ au nord du Kara-Kochoun. Ceci viendrait à l'appui de la thèse que j'ai soutenue, à savoir que Marco Polo, qui ne parle pas du Lob Nor, serait passé entre le lac septentrional

---

1. On pourra consulter à ce sujet un article de George Macartney dans le *Geographical Journal*, mars 1903, p. 260-265, et un compte rendu de M. Chavannes dans le *T'oung Pao*, IV, 1903, p. 425.

2. *L. c.*, p. 426.

de Sven Hedin et le Kara-Kochoun de Prjevalsky, pour prendre l'ancienne route utilisée par les Chinois à l'époque de la dynastie des Han, pour traverser le désert jusqu'à Cha-tcheou, sur la frontière du Kan-Sou : Sven Hedin a approuvé ma théorie comme Stein celle que j'avais émise sur la route des Pamirs.

IV

Toutefois la nécessité de donner un peu d'unité aux efforts des travailleurs devenait de plus en plus évidente : une concurrence maladroite pouvait compromettre le fruit de sérieux efforts, et il semblait que la Russie, intéressée d'une manière spéciale dans la question, fût particulièrement désignée pour prendre en mains la direction des recherches archéologiques. J'ai raconté au Congrès des Sociétés savantes tenu à la Sorbonne le 24 avril 1908 la genèse de l'organisation internationale qui devait être chargée de centraliser les efforts des travailleurs. Au Congrès des Orientalistes réuni à Rome en 1899, le professeur Wilhelm RADLOFF, membre de l'Académie des Sciences de Pétersbourg, me consulta sur un projet de règlements d'un Comité chargé de l'exploration de l'Asie centrale. Ces règlements, revisés, furent de nouveau présentés, en 1902, au Congrès des Orientalistes de Hambourg, et adoptés : le siège de l'Association formée le 10 septembre 1902 était fixé à Pétersbourg ; le statut du Comité russe était confirmé par l'Empereur de Russie le 2 février 1903, et des branches devaient être créées dans divers pays. MM. SENART, FOUCHER et Henri COR-

DIER étaient désignés pour constituer le Comité français.

Le Comité russe se mettait immédiatement à l'œuvre et organisait les missions scientifiques suivantes : nous ne citons que les principales : dans l'été de 1903, André ROUDNEV relève les dialectes des tribus mongoles et détermine la frontière de la population mongole au nord-est de la Mongolie, au delà de Khingan ; en 1903, le Dr G. J. RAMSTEDT, envoyé par l'Université de Helsingfors, accomplissait deux missions, l'une chez les Kalmouks de la Volga, l'autre chez les tribus mongoles de l'Afghanistan ; la même année, deux étudiants étaient envoyés, l'un, Nicolas BRAVINE, en Crimée, pour y poursuivre l'étude du dialecte des Tartares Nogaï ; l'autre, Jean BELAIEV, pour étudier les dialectes des Kara Kalpacs, habitant près du delta de l'Amou Daria ; M. VIATKINE faisait des recherches dans les environs de Samarcande ; MM. TCHERKASOV et CLARET exploraient les ruines d'Otrar, où ils dressaient le plan de la citadelle où mourut TAMERLAN en 1405 ; dans l'été de 1904, une exploration archéologique était conduite par le professeur BARTHOLD à Samarcande.

Des comités étaient formés en Hollande avec le professeur H. KERN comme président ; à Budapest avec le *Keleti Szemle* (Revue orientale) comme organe officiel ; à Rome ; ce dernier comité, présidé par le sénateur Paolo MANTEGAZZA, envoya dans l'Extrême-Orient M. Giovanni VACCA, docteur en mathématiques, qui devait rester au moins une année au Se-Tch'ouan et au Chen-Si et y poursuivre, en dehors du chinois, ses études relatives à l'histoire des sciences.

Les Allemands prenaient une part très active au défrichement de ce nouveau champ d'études.

En 1902, le Musée d'ethnographie de Berlin organisait une expédition à Tourfan, sous la direction du professeur Albert Grünwedel et du docteur Georg Huth, mort prématurément depuis, le 1er juin 1906. Grünwedel, pendant plusieurs mois de l'hiver de 1902-1903, se consacra à l'exploration des ruines de la ville d'Idiqut-Chahri, près de Qara Khodja, à environ 30 kilomètres à l'est de Tourfan, et il examina aussi les restes des Ming-oï ou grottes aux Mille Buddhas, près de Qoum-Toura, au nord-ouest de la ville de Koutcha. Les résultats de cette mission furent considérables : le plus considérable peut-être fut la découverte par F. W. K. Müller de manuscrits écrits dans une forme de caractère estranghelo renfermant des fragments perdus de la littérature des Manichéens ; les documents étudiés par Müller dans une note présentée, le 18 février 1904, à l'Académie de Berlin étaient des textes fort courts écrits en écriture estranghelo sur des fragments de papier, et, dans deux cas isolés, sur peau et sur soie ; quoique dérivé de l'alphabet syriaque, l'alphabet en diffère par diverses modifications importantes ; quant à la langue, c'est tantôt le turk, tantôt le persan [1].

Voici donc enfin retrouvés, écrit M. Chavannes (T'oung Pao, 1904, p. 218), ces fameux Manichéens Ouïgours dont l'ambassadeur chinois Wang Yen-tö nous avait attesté en 982 p. C. la présence à Tourfan, et dont l'existence avait été mise hors de doute par les recherches de Pelliot et de

1. *Handschriften-Reste in Estrangelo-Schrift aus Turfan, Chinasisch-Turkestan.* II. Teil, von Dr F. W. K. Müller in Berlin (*Abhandl. d. König. Preuss. Akad. d. Wiss.*, 1904, *Phil.-hist. Abh.*, Abh. II, p. 348-352).

Marquart. Un fait historique de première importance se trouve ainsi définitivement élucidé.

D'autre part, le 5 mai 1904, M. R. Pischel, enlevé si soudainement à la science en décembre 1908, communiquait à l'Académie des Sciences de Berlin plusieurs fragments [1] d'un texte xylographié, imprimé en caractères indiens de l'Asie centrale, qu'il a déchiffrés et dont il a pu déterminer la provenance ; une indication tracée en chinois à la marge met ces fragments en rapport avec le *Tsa-a-han*, version chinoise d'un ouvrage bouddhique, le *Saṃyuktâgama*, exécutée au cours du ve siècle par le moine hindou Guṇabhadra. Mais l'original sanscrit du *Saṃyuktâgama* ne s'est pas retrouvé au Nepal parmi les débris trop rares de l'ancien canon sanscrit, et l'on a pu douter qu'il ait même jamais existé [2].

D'autres documents furent étudiés par MM. K. F. Geldner [3], H. Stönner [4], Karl Foy [5], O. Franke [6]. A son retour, M. Grünwedel rédigeait, pour le Comité

1. *Bruchstücke des Sanskritkanons der Buddhisten aus Idy-kutšari*, von R. Pischel. (*Sitzungsberichte der Königlichen Preuss. Akademie der Wissenschaften*, 1904, p. 807-827).

2. *Le Samyuktâgama sanscrit et les feuilles Grünwedel*, par Sylvain Lévi. (*T'oung Pao*, juillet 1904, p. 297-309).

3. K. F. Geldner, *Bruchstück eines Pehlevi-Glossars aus Turfân*. (*Sitzb. K. Preuss. Akad. Wiss.*, 1904, II, p. 1136-1137).

4. H. Stönner, *Zentralasiatische Sanskrit-Texte in Brahmī-schrift aus Idikutšari*. I. Nebst Anhang : *Uigurische Fragmente in Brahmīschrift*. (*Sitzb., ibid.*, p. 1282-1290). — II. (*Ibid.*, p. 1310-1313). MM. Sylvain Lévi et Ed. Chavannes ont consacré à ce mémoire un article dans le *T'oung Pao*, 1905, p. 115-117.

5. Karl Foy, *Die Sprache der türkischen Turfan Fragmente in Manichäischer Schrift*. (*Sitzb.*, 1904, p. 1389-1403).

6. O. Franke, *Eine Chinesische Tempelinschrift aus Indiqut-šahri*. (*Anhang zu den Abh. d. K. Preuss. Ak. d. Wiss.*, Berlin, 1907).

russe pour l'exploration de l'Asie centrale, des *Remarques pratiques sur les travaux archéologiques dans le Turkestan chinois* [1]. En même temps, l'importance de Koutcha au point de vue archéologique étant reconnue, M. P. Popov, professeur de langue chinoise à l'Université de Saint-Pétersbourg, envoyait au Comité russe une notice [2] sur cette ville, tirée de l'ouvrage chinois *Şin-tsiang-yu-t'ou-foung-k'ao*.

A la suite du succès de cette Mission, un Comité de savants fut constitué par M. R. Pischel avec MM. Ed. Sachau, directeur du Séminaire des langues orientales de Berlin, Harnack, Müller, Hartmann ; le Gouvernement et l'Empereur ayant fourni les fonds, une nouvelle exploration dans l'Asie centrale fut décidée ; la santé de Grünwedel ne lui permettant pas de se mettre en route, ce fut le docteur A. von Le Coq, accompagné d'un assistant technique, Bartus, qui avait fait le premier voyage, qui fut placé à la tête de cette seconde expédition allemande ou mieux de la première expédition royale prussienne. Von Le Coq quitta Berlin le 12 septembre 1904 pour Ouroumtchi, Qara-Khodja près de Tourfan, dans le voisinage de l'une des anciennes capitales ouïgoures, Kao-tch'ang ou Khotcho ou Idiqut-Chahri, où il s'installa le 18 novembre ; sans entrer dans le détail des fouilles qui furent faites, disons qu'à peu près au centre de la ville, dans une quantité de ruines :

---

1. Albert Grünwedel, *Einige praktische Bemerkungen über archaeologische Arbeiten in Chinesisch Turkestan.* (*Bull. Association inter. pour l'exploration... de l'Asie centrale et de l'Extrême-Orient,* nº 2, Saint-Pétersbourg, oct. 1903, p. 7-16).

2. *Ibid.,* nº 5, mars 1905, p. 3-7.

Sur la muraille occidentale de la salle septentrionale, se trouvait caché, derrière un mur plus récent, le portrait d'un ecclésiastique manichéen, revêtu de ses robes sacerdotales et entouré de son clergé habillé de blanc. Malheureusement la peinture, qui est en couleur à l'eau, a beaucoup souffert avec le temps. Des inscriptions en caractères ouïgours et manichéens, tracées sur la poitrine des religieux inférieurs, nous en donnent les noms iraniens ; ces portraits sont beaucoup plus petits que celui du grand prêtre, que nous croyons être une représentation de Manès lui-même, l'auréole étant composée du soleil entouré de la lune. C'est la seule peinture murale manichéenne qui ait été trouvée, et, par suite, quoique en très mauvais état, elle est peut-être la pièce la plus intéressante de la collection [1].

Malgré les persécutions chinoises contre les Bouddhistes :

La Mission a trouvé cependant à Kao-tch'ang des statuettes bouddhiques en bronze et en bois, des peintures votives, manichéennes et bouddhiques, des têtes de Bodhisattva en argile, des bases de colonnes sculptées en bois, des fragments de boiseries dans le style du Gandhâra, des pièces de monnaies chinoises (surtout de la période K'ai-yuan) et des monnaies iraniennes et inconnues, puis encore des souliers et des bonnets, des étoffes de tous genres et de la poterie. Nous y avons pris aussi, dit von Le Coq, quelques peintures murales. Tout compte fait, les résultats des fouilles de Kao-tch'ang ont donc été assez maigres, si l'on considère que nous avons travaillé de 5 heures du matin à 6 heures du soir pendant une période de trois mois [2].

Le voyageur est modeste ; nous ne le suivrons pas dans ses explorations du défilé de Sängim, du grand

1. *Journal asiatique*, sept.-oct. 1909, p. 327-328.
2. *Journal asiatique*, *l. c.*, p. 328-329.

monastère de Bäzälik, près de Murtuq, du ixe siècle,
de Tchiqqan Köl, de Toyoq, de Bulayiq, du monastère de Hasa Chahri : il se rendit à Qomoul (Hami) et
se préparait à visiter Touen-houang lorsqu'il apprit
que Grünwedel se remettait en route ; il le rejoignit
à Kachgar le 1er décembre 1905 et l'accompagna
à Koutcha et à Karachahr, mais l'état de sa santé
obligea von Le Coq à partir en juillet 1906 pour
Kachgar, d'où, les troubles de Russie lui fermant
l'Europe, il passa aux Indes par le Qara Qoroum
pour rentrer en Europe où il arriva en janvier 1907.
Les résultats de cette mission ainsi que ceux de la
troisième expédition de Grünwedel sont considérables et déjà on commence à en connaître l'importance.

Parmi les documents rapportés par M. von Le
Coq se trouvait une miniature manichéenne avec
quelques lignes de turc qui a été reproduite par
l'Imprimerie impériale de Berlin ; elle nous permet
de juger d'un art que l'on pouvait croire complètement disparu à la suite des persécutions religieuses
dont les disciples de Manès furent l'objet. D'autres
manuscrits, étudiés par M. F. W. K. Müller, sont écrits
en écriture syriaque, mais en langue soghdienne ; le
même savant paraît avoir établi que l'une des deux
langues encore inconnues révélées par les fouilles
ne serait autre que celle des Tokhares, Indo-Scythes
ou Yue-Tche, qui serait indo-germanique et se rap-
procherait plus des langues européennes que du
groupe aryen. Enfin, tout récemment, à la suite d'un
article sur des fragments en écriture kökturke par
M. von Le Coq, M. Müller annonce qu'il a déterminé,
comme étant l'écriture hephthalite, l'écriture sémi-
tique d'un manuscrit dont l'explorateur a rapporté

des fragments étendus. On voit quels horizons nouveaux sont ouverts aux études par ces manuscrits : l'un des résultats a été de faire contester la valeur des travaux faits jadis d'après de prétendus textes ouïgours [1].

Cependant le docteur M. Aurel Stein organisait une nouvelle expédition en Asie centrale, et accompagné de Rai Ram Singh, le topographe indigène du *Survey* des Indes, qui avait pris part à son premier voyage, et d'un caporal du génie, NAIK RAM SINGH, il quittait le fort de Malakand dans le Tchitral le 28 avril 1906, passa les cols de Lowaraï (3 mai), de Darkot (17 mai) et de Baroghil (19 mai) dans l'Hindou-Kouch, de Wakhjir et arriva à Tachkourghan dans le Sarikol ; tandis que Rai Ram Singh allait lever la partie orientale du Mustagh-ata, il descendait par le Chichiklik Davan à Kachgar, où il arrivait le 3 juin. Nous indiquerons d'une façon sommaire l'itinéraire du docteur Stein : Khotan, Kiriya, Niya, Tchertchen, Tcharkalik, qu'il considère comme le Leou lan des anciens Chinois et le Lop de Marco-Polo, Abdal, poussant jusqu'à Touen-houang à la frontière de Chine et pénétrant dans la province du Kan-Sou par Sou-tcheou jusqu'à Kan-tcheou ; il revient par Ngan-si, Ha-mi, Tourfan, Karachahr, Koutcha, d'où il redescend à Kiriya ; il repasse à Khotan, Yarkand, et remonte à Aqsou par Maralbachi et Toumtchouq ; à son retour, il explora la

1. *A short Account of the Origin, Journey and Results of the First Royal Prussian (Second German) Expedition to Turfan in Chinese Turkestan*, by A. v. LE COQ. (*Journ. Roy. Asiat. Soc.*, avril 1909, p. 299-322). — *Exploration archéologique à Tourfan*, par A. von LE COQ. (*J. Asiat.*, sept.-oct. 1909, p. 321-334).

région des sources du Youroung-Kach-Daria et du
Karakach-Daria ; au cours de cette dernière partie
de son voyage, le voyageur eut les pieds gelés et il fut
obligé de regagner le Ladakh aussi vite que possible
pour se faire opérer (sept. 1908). On aura une idée
de l'importance des résultats de cette Mission lorsqu'on saura que les levés topographiques préparés
pour la publication en ce moment par le « Trigono-
metrical Survey Office » à l'échelle de 4 milles par
pouce comprendront près de 100 cartes et qu'elle a
rapporté près de 8.000 manuscrits ou documents en
douze écritures ou langues. L'un des travaux considérables de la Mission a été de relever, en deux mois,
une ligne régulière de défense avec des tours de guet
sur une longueur de 225 kilomètres environ de Ngan-
Si à son extrémité occidentale ; au cours de ce relevé,
Stein recueillit plus de 2.000 documents relatifs pour
la plupart à des questions d'administration militaire,
qui prouvent que l'occupation de cette frontière
remonte au IIe siècle avant notre ère à l'époque de
l'empereur Wou.

Un autre point de l'exploration du Dr Stein est
son examen des grottes des « Mille Buddhas », à
Touen-houang sur lesquelles, en 1902, le professeur
L. de Lóczy, de Budapest, avait attiré son attention
et où il s'installa le 20 mai 1907. Moyennant une
rétribution au prêtre, il réussit à se faire ouvrir la
cachette où étaient renfermés depuis des siècles des
manuscrits ; comme j'aurai l'occasion de revenir sur
ce sujet à l'occasion de la Mission PELLIOT, je dois
exposer dans les termes du Dr Stein comment fut
conduit l'examen des documents :

A la lueur vague de la petite lampe fumeuse du moine,
j'ouvris de grands yeux. Entassées les unes sur les autres,

sans aucun ordre, mais aussi sans aucun vide, des liasses de manuscrits s'élevaient jusqu'à une hauteur de trois mètres ; il y avait là 14 mètres cubes de textes ! Tous ces manuscrits semblaient intacts : tels ils avaient été déposés, tels ils étaient demeurés, et aucun ne portait trace de moisissure. Comme il était impossible d'examiner quoi que ce fût dans ce trou noir, le prêtre consentit à m'installer dans une petite pièce voisine, à l'abri de tout regard indiscret, et à m'apporter successivement tous ces paquets. Un des premiers que j'ouvris était plein de peintures sur soie et coton, d'ex-voto de toute sorte en soie et en brocart, avec un mélange de peintures sur papier, de banderoles en divers tissus, de fragments de broderie, etc. Les peintures sur coton et sur soie avaient servi jadis de bannières et étaient soigneusement roulées. Déroulées, elles montraient de belles figures de Buddhas et de Bodhisattvas : les unes étaient d'un style tout à fait indien, les autres illustraient de la façon la plus intéressante l'adaptation des modèles indiens au goût chinois et portaient des dédicaces du ixe ou xe siècle de notre ère. Il y avait là des textes bouddhiques, des manuscrits sanscrits, un notamment sur feuilles de palmier, admirablement conservé, le plus ancien qui nous soit actuellement connu, de très nombreux textes tibétains, en turc ouïgour, en kökturk, d'autres avec cette écriture syriaque qui fut employée par les Manichéens, enfin des documents chinois, lettres, comptes de monastères, etc. Ces pièces me révèlèrent que la chambre contenant ces trésors avait été murée vers l'an 1000 après Jésus-Christ, sans doute par crainte de quelque invasion [1].

Le Dr Stein put emporter vingt-quatre caisses de manuscrits et cinq de peintures aujourd'hui à Londres.

1. *La Géographie*, 15 septembre 1909, p. 148.

V [1]

Nous ne sommes pas restés en arrière des étrangers. La Section française du Comité international pour l'exploration de l'Asie centrale était constituée [2]. Avec le concours du Ministère de l'Instruction publique, de l'Académie des Inscriptions et Belles-Lettres, de la Société de Géographie, du Comité de l'Asie française, et de quelques particuliers généreux, cette Section a organisé la Mission dirigée par M. Paul PELLIOT, professeur à l'Ecole française d'Extrême-Orient, avec la collaboration de MM. le Dr Louis VAILLANT, fils du professeur bien connu du Muséum d'histoire naturelle, et Charles NOUETTE, photographe.

La Mission Pelliot quittait Paris le 15 juin 1906 et arrivait à Kachgar le 1er septembre, d'où elle se mit en route pour Koutcha le 17 octobre ; avant d'atteindre Aqsou, elle eut la bonne fortune de découvrir à Toumtchouq, un peu au nord-est de Maralbachi, des ruines déjà visitées par Sven Hedin, qui les avait crues musulmanes et dont les fouilles, qui durèrent un mois et demi, livrèrent des sculptures qui, malgré leur manque d'originalité, trahissent

1. Extrait du *Journal des Savants*, juin 1910, pages 241-252.
2. Cette Section était constituée de la manière suivante : Président, M. Émile Senart ; Vice-Présidents, MM. le prince Roland Bonaparte, Paul Doumer et Barbier de Meynard ; Secrétaire général, M. Henri Cordier ; Secrétaire adjoint, M. A. Foucher ; Membres, MM. le Dr E.-T. Hamy, Edmond Perrier, Edouard Chavannes, de l'Institut, Sylvain Lévi, J. Deniker, L. Finot, F. Grenard, Marcel Monnier, Paul Labbé, Paul Pelliot, A. Vissière.

l'influence hellénistique. M. Pelliot resta de janvier à septembre 1907 à l'oasis de Koutcha, d'où les Allemands qui l'avaient devancé étaient déjà repartis, mais où il trouva M. Berezovsky, chargé d'une mission russe, avec lequel il entretint les meilleures relations ; la carte de l'oasis fut dressée par le Dr Vaillant et M. Pelliot fit la traversée directe du T'ien chan, de Koutcha au Youldouz, par le Qalmâq-davan, dans laquelle avait jadis échoué le capitaine russe Kozlov. Malgré les fouilles de la Mission Grün-wedel, M. Pelliot fut assez heureux pour recueillir des manuscrits brahmi, un rouleau dont la langue n'était pas encore connue, des planchettes inscrites, des monnaies, etc., dans les ruines de l'ancien temple de Douldour-âqour. De Koutcha la Mission se rendit à Ouroumtchi, puis à Tourfan, à Qomoul (Hami) et enfin à Touen-houang (Cha-Tcheou).

Touen-houang, à l'ouest du Tang ho, fut établie par l'empereur Wou, de la dynastie des Han, en 111 avant Jésus-Christ ; c'était une des quatre comman-deries qui coupaient la route entre les Hioung nou au nord et les Tibétains au sud ; cette ligne de défense avait pour prolongement naturel Hami et le lac Bar-koul [1]. Cha-Tcheou, à l'est du Tang ho, est d'origine plus récente ; elle a été fondée en 622 après Jésus-Christ par le premier empereur de la dynastie des T'ang ; au xie siècle, entre 1034 et 1037, Cha-Tcheou fut annexée au royaume Si-Hia, qui à son tour fut conquis par les Mongols de Tchinguiz Khan (1227). Marco Polo y passa dans la seconde moitié du xiiie siècle et il nous dit : « Il ont maintes abbaies et maint

---

1. CHAVANNES, *Dix inscriptions chinoises*, p. 216. — Pauthier, p. 153.

moutier plains de leurs ydoles. » Le voyageur russe Prjevalsky, en 1879, signala des grottes des Mille Buddhas au sud-est de Cha-Tcheou ; le Hongrois Szechényi fit la même constatation ; enfin au cours de sa mission scientifique, de 1898 à 1900, M. Ch.-E. Bonin en rapportait quatre estampages d'inscriptions sur pierre datées de 776, 894, 1348 et 1351 ; en outre, M. Chavannes, qui les a étudiées avec une rare science [1], signale une autre inscription de 698.

Outre celles de Touen houang, on connaît dans l'Asie centrale *(Sin Kiang)* un certain nombre de *Ming-oi* ou de « Grottes des Mille Buddhas » *Ts'ien Fo Tong.* « Ces sanctuaires, creusés de main d'homme dans les falaises de loess, de diluvium, de roche gréseuse, ont encore leurs parois couvertes de peintures préislamiques [2]. » Il y en a à Koutcha, visitées par la Mission Grünwedel.

Des grottes des Mille Buddhas sont indiquées au sud-ouest de Tsi-mou-sa, localité qui est à l'ouest de Gou-tchen... D'autres grottes des Mille Buddhas se trouvent sur la rivière Kyzyl, à 30 li en aval du poste militaire de Kyzyl, entre Koutcha et Saïram [3].

A Touen-houang, il n'y a pas « plus de mille grottes », mais près de cinq cents.

Si un bon nombre, écrit Pelliot [4], sont tout à fait délabrées et sans intérêt, il en est d'autres, et non des moindres, qui s'offrent à nous avec leurs peintures, leurs statues, les por-

1. *Dix inscriptions chinoises de l'Asie centrale d'après les estampages de M. Ch.-E. Bonin,* par M. Éd. Chavannes. (*Mém. présentés par divers savants,* XI, 2e partie, 1904, p. 193 seq.)
2. *La Mission Pelliot en Asie centrale,* p. v.
3. Chavannes, *l. c.,* p. 200-201.
4. *Une bibliothèque médiévale retrouvée au Kan-Sou,* p. 19.

traits et les noms des donateurs, telles qu'elles furent amé-
nagées du VIe au Xe siècle. A lui seul, le Ts'ien Fo Tong
vaut le voyage, du moins pour les premiers qui l'explorent
méthodiquement. Vous souhaitiez à notre Mission un site
bien à elle ; je ne crois pas que le passage antérieur d'autres
voyageurs, même de M. Stein, nous ait ici beaucoup nui.
Un sinologue seul, à ce qu'il me semble, peut relever et
utiliser, pour l'explication et l'histoire de ces monuments,
les milliers de cartouches et de *graffiti* qui les accompagnent.

M. Pelliot avait appris dès Ouroumtchi la découverte faite par un certain taoïste WANG de manuscrits bouddhiques écrits sous les T'ang ; c'est ce
Wang qui, moyennant finances, avait livré des
documents à Stein ; la perspective de toucher de
nouveaux subsides lui fit ouvrir de nouveau la
cachette à notre compatriote, qui y pénétra le 3 mars
1908. Il resta stupéfait, nous dit-il, et il y avait de
quoi : il se trouvait dans une niche d'environ 2 m. 50
en tous sens, et garnie sur trois côtés, plus qu'à
hauteur d'homme, de deux et parfois trois profon-
deurs de rouleaux ; il devait y en avoir de quinze à
vingt mille, et pendant trois semaines, M. Pelliot
s'est attaché, accroupi dans une niche, à en reconnaître le contenu. Les derniers noms de règne *(nien-
hao)* étant des premiers empereurs Soung, et comme
il n'y avait pas un seul caractère *si-hia* dans la bibliothèque, il paraissait évident que la niche avait été
murée dans la première moitié du XIe siècle, probablement à l'époque de la conquête si-hia, qui eut lieu
vers 1035.
Voici quelques-uns des résultats de ces fouilles :
un rouleau uniquement ouïgour ; une quarantaine de
rouleaux en brahmi, plus quelques fragments et une
centaine de feuillets de *poṭhī* ; une vingtaine de frag-

ments ou courts documents isolés de textes de bouddhisme ouïgour, une quarantaine de feuilles de *pothi*,
deux cahiers et sept rouleaux assez considérables ;
une grande quantité de manuscrits tibétains, des
manuscrits bouddhiques chinois, dont quatre écrits
sur soie fine, en parfait état. Pelliot a découvert un
nouveau pèlerin bouddhiste, qui s'intercale entre
Yi-Tsing et Wou-K'oung ; des documents précieux
sur le christianisme nestorien ; il m'est impossible
d'entrer dans le détail. Signalons cependant un plan
du Wou t'ai-chan, « les cinq montagnes » du Chan-Si,
séjour du Buddha chinois Manjuçrī, qui occupait
tout le panneau du fond d'un sanctuaire, et qui per-
mettra de constater les différences qui existent de
ce lieu célèbre de pèlerinage à notre époque et au
xe siècle de notre ère.

Nous ne suivrons pas M. Pelliot et ses compagnons
dans leur voyage de retour : en mai 1908, la Mission
quittait Touen-houang et, par Leang Tcheou et
Si-ngan fou, se dirigeait sur Pe-King. De cette ville
M. Pelliot se rendit en Indo-Chine, et, pour compléter son œuvre, revint à Chang haï et Pe-King, où
il fit l'acquisition de 30.000 volumes d'œuvres
chinoises destinés à la Bibliothèque nationale de
Paris. Comme conclusion :

M. Nouette rapportait plusieurs milliers de clichés du
plus grand intérêt documentaire. M. le Dr Vaillant avait
levé plus de 2.000 kilomètres d'itinéraires, reliés par environ
25 points astronomiques et ne comportant pas d'erreurs
possibles au-dessus de 400 mètres en latitude et de 1.000
en longitude. Un herbier de 800 plantes, 200 oiseaux, des
mammifères, de nombreux insectes, des crânes et des men-
surations constituent les collections d'histoire naturelle.
Pour les peintures, les bois sculptés, les bronzes, les céra-

miques rapportés par la Mission, les conservateurs du
Louvre songent à aménager une salle entière. Enfin la
Bibliothèque nationale possèdera une bibliothèque d'imprimés chinois comme il n'y en a pas en Europe, et une
collection de manuscrits chinois qui n'a pas son équivalent
en Chine même [1].

VI

M. Pelliot s'était tu prudemment sur ses acquisitions de Touen-houang tant que les caisses n'étaient
pas en lieu sûr. Mais ensuite, tant à Nan King et à
T'ien Tsin avec le vice-roi TOUAN FANG qu'à Pe-King
avec les érudits de la capitale, il parla de la niche
aux manuscrits et montra quelques spécimens qu'il
avait gardés avec lui. Ces documents excitèrent
une extraordinaire curiosité. Tous les érudits pékinois se succédèrent chez M. Pelliot pour les voir. On
lui demanda de les photographier, et une association
fut formée pour éditer ces quelques textes et les
principaux de ceux déjà expédiés à Paris. Des notices
sur la collection furent rédigées par un des meilleurs
connaisseurs de la Chine moderne en anciens manuscrits et œuvres d'art, LO TCHEN-YU, et répandues à
profusion en Chine et au Japon. Des épreuves des
photographies faites à Pe-King ont été exposées
récemment par la « Société des études historiques »
de Kyōto, et la presse du Japon, l'*Osaka asahi* en
particulier, a consacré à cette exposition des articles
assez détaillés [2].

1. Séance de la Société de Géographie du 10 décembre 1909.
La Géographie, t. XXI, p. 70.

2. *Bull. de l'Ecole française d'Extrême-Orient*, octobre-décembre 1909, p. 829.

La dernière exploration qui ait été faite dans le Turkestan chinois est celle du Japonais Zuicho Tachibana. Il quitta Pe-King le 16 juin 1908, se rendit à Ourga et à Ouliasout'ai, visita les lieux historiques de l'Orkhon et arriva à Kobdo le 23 septembre ; traversant l'Ektai Altaï, il atteignit Gou Tchen où il exécuta des fouilles, ainsi qu'à Leou lan. Zuicho arrivait le 6 juillet à Kachgar, où il fut rejoint par quelques-uns de ses compagnons qui avaient pris la route de Kourla et fait des recherches à Koutcha, où ils découvrirent quelques manuscrits ; après une visite à Kerghalik et à Yarkand, Zuicho prit la route de l'Inde le 30 septembre, traversa le Qara Qoroum (18 oct.) et arriva à Leh le 27 octobre. A Calcutta, Zuicho fit examiner ses manuscrits par M. E. Denison Ross, directeur de la Medersah : il y avait plus de vingt rouleaux renfermant des *sutras*, plus ou moins complètes ; un rouleau ouïgour d'environ dix mètres de long, contenant une *sutra* : un rouleau d'un mètre de long, portant d'un côté partie d'une *sutra* en chinois, et de l'autre une invocation à Manjuçri en mongol ; une collection importante de fragments de papier avec du chinois, du ouïgour, du kökturk, et du brahmi de Kachgar ; des morceaux de bois avec des caractères tibétains, brahmi et kharosthī. Parmi les manuscrits chinois trouvés à Leou lan figurait une pièce sans date, que le voyageur japonais croit être du second siècle de notre ère au plus tard ; c'est une lettre d'un envoyé chinois qui s'intitule « Haut Commissaire de la Région occidentale », adressée aux « Rois indigènes ».

On voit quels résultats magnifiques nous ont donnés ces voyages archéologiques dans l'Asie centrale et quels éclaircissements ils apporteront à l'histoire de cette vaste région ; mais il ne faut pas perdre de vue que celui qui tiendra le fil conducteur dans cet amas de documents amoncelés dans la poussière des siècles écoulés sera le sinologue dont il est nécessaire de rappeler en quelques mots le rôle qu'il a joué dans la découverte d'un passé obscur.

Sans remonter aux travaux de Mgr Claude DE VISDELOU [1], qui ont conservé de la valeur, ni à l'*Histoire des Huns* [2], de DE GUIGNES, ouvrage considérable et toujours estimable, on peut dire qu'Abel RÉMUSAT, par son *Histoire de la ville de Khotan* [3] et ses *Mémoires sur la géographie de l'Asie centrale* [4], a ouvert, comme dans d'autres branches de la sinologie, une voie qui a été suivie par Stanislas JULIEN, dans ses *Mélanges de géographie asiatique* [5] et ses *Documents historiques sur les Turcs* [6]. C'est grâce aussi aux études d'Abel Rémusat sur les Pèlerins bouddhistes que Stanislas Julien a pu également entreprendre la belle publication des voyages du pèlerin Hiouen Tsang [7], qui rend encore de si grands services, quoique la nécessité d'une nouvelle édition se fasse de plus en plus sentir.

1. *Histoire de la Tartarie*, dans la *Bibl. Orientale*, de B. D'HERBELOT, *Supp.*, Paris, 1780, p. 18 et suiv.

2. *Histoire générale des Huns, des Turcs, des Mogols*, Paris, 1756-1758, 4 vol. in-4º ; *Supp.*, par J. SENKOWSKI, Saint-Pétersbourg, 1824, in-4º.

3. *Hist. de la ville de Khotan*, Paris, 1820, in-8º.

4. *Mémoires sur plusieurs questions relatives à la géographie de l'Asie centrale*, Paris, 1825, in-4º.

5. *Mélanges de géographie asiatique et de philologie sinico-indienne*, I, Paris, 1864, in-8º.

6. *Doc. hist. sur les Tou-kiue* (Turcs), extr. du *Pien-i-tien*, Paris, 1877, in-8º.

7. *Hist. de la vie de Hiouen Thsang*, Paris, 1853, in-8º. — *Mémoires sur les contrées occidentales*, trad. du sanscrit en chinois, en l'an 648, par Hiouen Thsang, Paris, 1857-1858, 2 vol. in-8º.

Les travaux de Sir Henry YULE, et en particulier son édition de *Marco Polo*[1], ont été le point de départ de nombreuses publications dont quelques-unes, comme celles de l'archimandrite Palladius[2] et du docteur Bretschneider[3], jettent une lumière si vive sur l'histoire de l'Asie centrale au moyen âge.

Mais les travaux de M. Édouard CHAVANNES sur les Turcs[4], sur le général chinois PAN TCH'AO[5], ses documents tirés du *Han-chou*[6] et du *Wei-lio*[7], ont donné une base solide à une histoire si complexe ; c'est d'ailleurs lui qui a étudié les matériaux rapportés par Bonin et par Stein[8], et si les résultats de son propre voyage, si fructueux dans la Chine même, n'absorbaient tout son temps, c'est encore lui qui dépouillerait les innombrables matériaux rapportés par Stein dans sa seconde mission.

Grâce à lui surtout, j'ai essayé de retracer un aperçu historique de l'histoire de l'Asie centrale à

1. *Cathay and the Way thither*, Lond., Print. for the Hakluyt Soc., 1866, 2 vol. in-8°. — *The Book of Ser Marco Polo*, Lond., 1871, 2 vol. in-8°. — Second ed., 1875. — Third ed. revised by Henri CORDIER, 1903, 2 vol. in-8°.

2. *Elucidations of Marco Polo's travels in North-China, drawn from Chinese sources.* (*Journ. North-China Br. Roy. Asiat. Soc.*, X, 1876, p. 1-54).

3. *Mediaeval researches from Eastern Asiatic Sources*, London, 1888, 2 vol. in-8°.

4. *Documents sur les Tou-Kiue* (Turcs) *occidentaux.* Acad. des Sciences de Pétersbourg, 1903, in-8°. — *Notes additionnelles.* (*T'oung-pao*, mars 1904, p. 1-110).

5. *Trois généraux chinois de la dynastie des Han orientaux.* (*T'oung-pao*, mai 1906, p. 210-269.)

6. *Les pays d'Occident* d'après le *Heou-Han-Chou.* (*Ibid.*, mai 1902, p. 149-234.)

7. *Les Pays d'Occident*, d'après le *Wei-lio.* (*Ibid.*, 1905, in-8°.)

8. *Ancient Khotan.* Oxford, 1907, 2 vol. in-4°.

l'époque du moyen âge, qui sera la conclusion naturelle de cette étude assez touffue.

VII

Au IIIe siècle avant notre ère, deux peuples rivaux
se disputaient le pouvoir au nord de la Chine, alors
divisée en Etats sous la tutelle de plus en plus
affaiblie des princes de l'Etat de Tcheou : c'étaient
les *Hioung Nou*, depuis le nord de la province de
Chan-si jusqu'au lac Barkoul, et les *Yue-Tche*, dans
la région qui forme la province actuelle de Kan-Sou.
Les Hioung-Nou, d'abord sujets des Yue-Tche, à
leur tour avaient vaincu ceux-ci une première fois
à la fin du IIIe siècle et une seconde en l'an 177
avant J.-C. Les Yue-Tche, chassés du Kan-Sou,
leur pays d'origine, en 165, passèrent à Koutcha, au
nord du Gobi, rencontrèrent les Wou-Souen qui
occupaient le bassin de l'Ili et de ses deux affluents
sud, la Tekes et le Konges, les battirent, dépassèrent
l'Issik-koul et se divisèrent en deux branches : les
petits Yue-Tche, qui se mélangèrent aux K'iang ou
Tibétains, et les grands Yue-Tche, qui occupèrent
Kachgar, dont ils dépossédèrent les Sakas (163 av.
J.-C.). Les Yue-Tche, battus de nouveau par les
Hioung-Nou, qui protégeaient les Wou-Souen, sont
forcés de descendre vers le sud, chassant devant
eux les Sakas et soumettant, au sud de l'Oxus, le
royaume de Ta-Hia, dont la capitale était Lan-Che.
Les Sakas ou Sak, que M. von Le Coq croit appartenir au groupe iranien, se réfugièrent dans le nord-
ouest de l'Inde, occupèrent le Sindh et le Pendjab et

finirent peut-être par se mélanger aux Yue-Tche.

ALEXANDRE LE GRAND, après s'être emparé de la Perse (330-328), occupa la région de l'Indus (327-325) et, de cet empire oriental, forma les trois satrapies de Bactriane, d'Ariana et d'Inde, dont SÉLEUCUS NICATOR s'empara à la mort du Conquérant (312-306) ; mais dès 304, le lieutenant d'Alexandre était obligé de céder ses possessions de l'Inde, c'est-à-dire le pays où s'élèvent aujourd'hui Kaboul, Herat, et Kandahar, à TCHANDRAGOUPTA, qui avait usurpé en 322 le trône de Magadha, et dont le petit-fils AÇOKA, surnommé PIYADASI, célèbre par son zèle religieux, couvrit d'inscriptions bouddhiques l'Inde depuis le nord-ouest jusqu'au Dekkan.

Les Yue-Tche, continuant le cours de leurs conquêtes, mettaient fin en 120 avant J.-C. à la domination grecque dans l'Asie centrale, s'emparaient du royaume saka de Soter-Megas (60 av. J.-C.), faisaient la conquête du Cachemire et, après avoir vu leur empire de l'Inde tomber par lambeaux entre les mains des princes hindous, disparaissaient au ve siècle de notre ère devant les Huns Blancs. Le rôle des Yue-Tche, Tokhares ou Indo-Scythes, avait été considérable, car ils furent probablement les intermédiaires entre la Chine et l'Occident, et c'est bien certainement par eux que le bouddhisme fut connu par le Céleste Empire ; nous avons vu que M. F. W. K. Müller a retrouvé leur écriture.

Aucune puissance n'était interposée, après l'exode des Yue-Tche, entre leurs vainqueurs et l'Empire du Milieu ; aussi pendant les deux siècles qui précédèrent l'ère chrétienne, sous les dynasties de Ts'in et de Han, ce fut une lutte acharnée entre le Hioung-Nou envahisseur et le Chinois, qui, après avoir défendu sa frontière victorieusement, ne tardait pas à la franchir ; une première barrière était opposée aux Hioung-Nou à la fin du iiie siècle avant J.-C., par le chef de l'État de Ts'in, le premier empereur, Che Houang-ti, qui, pour arrêter les incursions, fit exécuter, aux frontières septentrionales de son empire, ce gigantesque travail qui fait encore l'admiration des générations d'aujourd'hui : la Grande Muraille ou Muraille des Dix mille Lis.

Au iie siècle avant J.-C., l'empereur Wou, de la dynastie des Han, projetant une alliance avec les ennemis jadis irréconciliables des Hioung-Nou, les Ta Yue-Tche, qu'il croyait encore dans l'Ili, alors qu'ils étaient déjà passés en Sogdiane, leur envoya comme ambassadeur un certain TCHANG-K'IEN, qui se mit en route en l'an 138 avant J.-C. Tchang-K'ien fut arrêté presque immédiatement par les Hioung-Nou, s'enfuit au Ferghana, et arriva, entre le Syr-Daria et l'Amou-Daria, chez les Yue-Tche, qui, lancés dans de nouvelles aventures, avaient déjà oublié leurs luttes avec leurs anciens adversaires ; l'ambassadeur était de retour en Chine en 126, après avoir subi une nouvelle captivité chez les Hioung-Nou avant de rentrer dans sa patrie. Ce voyage, qui n'eut pas d'effet immédiat, eut par la suite une importance considérable, car les Chinois, au lieu de se diriger vers l'occident par la route du nord et le territoire hostile des Hioung-Nou, suivirent la route des T'ien-Chan ; et comme la vallée de l'Ili était occupée par les Wou-Souen, en 115, l'empereur Wou envoyait de nouveau Tchang-K'ien vers ces derniers, qui accueillirent bien l'envoyé chinois, mais se sentirent trop faibles pour s'allier au souverain chinois. Wou avait d'ailleurs complété les travaux du Kan-Sou par une ligne de défense pour garantir le territoire au sud de la rivière Sou lai et pour étendre sa puissance dans la direction du Lob Nor ; le docteur Stein a exploré et décrit les tours de garde de cette ligne, qui avaient été vues jadis par M. Bonin.

A partir du 1er siècle de notre ère, les Hioung-Nou voient leur puissance disparaître devant celle des Chinois ; ils se retirent vers l'ouest, où, sous le nom de Huns, ils acquièrent une nouvelle célébrité ; les travaux du docteur Fried. HIRTH semblent bien avoir prouvé, en effet, que les Huns appartenaient à la même famille que les Hioung-Nou [1]. Dans la seconde moitié du IVe siècle, les Huns se divisent en deux branches : un groupe conduit plus tard par Attila roulera, en la dévastant, à travers l'Europe, et sa vague formidable ira, en 451, se briser dans les Champs Catalauniques contre les forces compactes et disciplinées des Romains d'AETIUS, des Visigoths de THÉODORIC, des Francs de MÉROVÉE et des Burgundes, unis dans un sentiment de commune conservation pour arrêter l'élan destructeur des barbares asiatiques. L'autre groupe détruira le royaume Koúchan de Caboul, le royaume de Gandhâra et l'empire goupta, et, vainqueur du souverain sassanide Pirouz, en 484, sous le nom de Huns Blancs ou Hephthalites, créera dans l'Asie centrale un vaste empire, avec Badakschân, à l'est de Faizabad actuel, comme

1. Die Ahnentafel Attila's nach Johannes von THUROCZ. *(Bull. Ac. imp. des Sc. de Pétersb.*, XIII, sept. 1900, n° 2, p. 221-261). — Ueber Wolga-Hunnen und Hiung-nu. *(Sitzb. der philol.-philosophischen u. der historischen Classe der königlichen bayerischen Akademie der Wissenschaften*, 1899, Bd. II, Heft II, p. 245-278). — Hunnenforschungen. *(Keleti Szemle*, II, 1901, p. 81-91).

capitale, qui, au vi[e] siècle, succombera aux attaques des Tou-kiué (Turcs) occidentaux alliés du roi de Perse. Les Tou-kiué, jadis, comme d'ailleurs les Hephthalites, sujets des Jouan-jouan, les véritables Avares, dont le chef résidait au nord de Touen-houang, et dont la puissance s'étendait de Kara-chahr à la Corée septentrionale, écrasèrent leurs maîtres au vi[e] siècle .Après une période de grande puissance, ces Tou-kiué, une centaine d'années plus tard, virent leur influence passer aux Ouïghours, connus d'abord sous le nom de Tölös ; ceux-ci, qui remontaient aux anciens Hioung-Nou, eurent plusieurs capitales dont Kao-tch'ang, Khotcho ou Idiqut-Chahri, près de Tourfan, et plus tard Qara Balgasoun, sur la rive gauche de la rivière Orkhon, quand ils eurent défait les Turcs septentrionaux (744).

Il apparaît, dit von Le Coq, que c'était une race mixte, composée d'éléments scythes, iraniens et turcs ; leur langage était un dialecte turc se rapprochant de celui des Tou-kiué. Ils formèrent la première tribu turque qui soit parvenue à un haut degré de culture. La plupart d'entre eux étaient des Bouddhistes, mais il y avait aussi nombre de Manichéens et de Chrétiens nestoriens [1].

Comme nous l'avons vu, c'est sous Wou-ti (140-87 av. J.-C.) que l'on peut faire remonter les explorations des Chinois vers l'ouest. Au i[er] siècle de notre ère, le fameux général Pan-Tch'ao fit la conquête de tout le bassin du Tarim formé des cours d'eau qui baignent les villes du sud des T'ien Chan dont le déversoir est le Lob Nor ; là on trouvait les villes ou

1. *Journal asiatique,* sept.-oct. 1909, p. 325.

royaumes de Yu-t'ien (Khotan), Sokiu (Yarkand), Soule (Kachgar), Kou-mo (Aqsou), Yen-k'i (Kara-chahr), Che-tche'ng (Ouch-Tourfan), Kieou-tseu (Koutcha), etc. C'est également à cette époque qu'il faut placer les renseignements sur la route de la soie donnés par le négociant macédonien Maës Titianus à Marin de Tyr et conservés par Ptolémée.

Rappelons que cette route conduisait de Hiéra-polis sur l'Euphrate, par Hékatompylos, Aria et Margiana (Merv), à Bactres, puis au nord au district montagneux de Komedi qui sépare l'Oxus de la rivière de Wakhshab et de Karategin, aux pâturages du plateau de l'Alai, et quittait le bassin de l'Oxus pour celui du Tarim ; par la passe de Taun-murum, on gagnait la grande route qui met Kachgar en communication avec le Ferghana par le Terek-Davân, après avoir passé la Tour de Pierre, Tach-Kourghan, dont la position n'est pas encore fixée, et qui n'est sans doute pas celle que l'on rencontre en remontant du Taghdoumbach Pamir vers le nord.

La décadence de la puissance chinoise dans l'Asie centrale commença dès le début du IIe siècle de notre ère sous l'empereur Ngan (107-120) des Han pos-térieurs. Au IIIe siècle, l'empereur Wou (265-290), qui avait reconstitué, avec la dynastie des Tsin occi-dentaux, l'unité de la Chine divisée entre trois dynas-ties pendant la période dite *San kouo tche*, essaya de rétablir l'influence du Céleste Empire dans la vallée du Tarim, et nous avons vu l'importance de ce règne au point de vue archéologique.

La destruction par la Chine (658-659) de l'empire des Turcs occidentaux avait étendu la puissance des Fils du Ciel au delà de l'Oxus jusqu'à l'Indus ; c'est l'époque de sa plus grande extension vers l'ouest ;

mais les difficultés d'ordre intérieur pendant la souveraineté de l'impératrice Wou Heou, la reprise des conquêtes arabes *(Ta-zi* ou *Ta-che)* et surtout l'occupation de Kachgar (670-692) par les Tibétains, qui fermaient la route des Pamirs à l'envahisseur de l'est, rendirent illusoire la domination de la Chine dans ces contrées lointaines, malgré l'expédition victorieuse que conduisit, en 747, le général Kao Sientche au delà des Pamirs, à travers les passes de Baroghil et de Darkot, qui lui livra Gilgit et la route de Cachemire. Semblable expédition serait aujourd'hui impossible : les Anglais, en occupant ces mêmes passes, se sont rendus maîtres du Wakhan et par conséquent de la vallée du Haut Oxus et empêchent par suite toute menace d'invasion par le nord du bassin de l'Indus.

A la suprématie des Tibétains, au viiie siècle, se substitue celle des Ouïghours, qui s'étend de Pei-t'ing (Goutchen) à Aqsou.

Enfin, au milieu du xe siècle, Satok Boghra-Khan, qui régnait de l'Issik-koul à Kachgar, se convertit à l'Islam.

Rappelons que les Tartares orientaux K'itans, d'origine toungouse, sous la conduite de Ye-liu A-pao-ki, créèrent en 907 dans la Chine septentrionale la dynastie des Leao, qui régna successivement à Leao-Yang en Mandchourie et à Yen King (Pe-King). Refoulés à leur tour vers l'ouest, au xiie siècle, par une autre tribu toungouse, les Niu-tchen, comme jadis les Yue-Tche par les Hioung-Nou, les Leao s'emparèrent de la Kachgarie, où ayant dépossédé les Kara-khanides (Ileks, ou Al-i-Afrasyab), ils fondèrent la dynastie des Leao occidentaux *(Si-Leao)* ou de Kara-K'itaï, dont le dernier prince

Tche-lou-kou fut dépossédé en 1168 par son gendre Koutchlouk, chef de la tribu turque des Naïmans. Les Niu-tchen, avec le cinquième de leurs chefs Aguda (1113), sous le nom de *Kin*, établis à Pe-King également, avaient créé un empire dans le nord de la Chine, tandis que les souverains chinois de la dynastie des Soung, chassés au sud, régnaient dans le Tche-kiang, à Hang-tcheou devenu Lin-ngan. C'est à ces deux divisions de l'Empire chinois que les historiens occidentaux du moyen âge ont appliqué les noms de Manzi et de Cathay.

Puis tous ces États, tous ces royaumes, tous ces peuples sont balayés par la formidable poussée de l'organisation guerrière constituée au sud du Baïkal par les Mongols de Tchinguiz Khan et de ses héritiers, et font place au xiiie siècle à un Empire aussi immense qu'éphémère qui s'étend de l'Asie orientale jusqu'à l'Europe.

Nous pouvons nous arrêter ici, après avoir essayé de débrouiller cette histoire si complexe, d'éclairer un peu cette mêlée de religions, de civilisations, de peuples. Dans cette lutte séculaire pour l'hégémonie de l'Asie, sur cette grande route du monde qui conduit de l'Occident à l'Orient, le Chinois finit par l'emporter ; mais au-dessus de lui émerge victorieux, figure de paix et de conservation, au milieu des dévastations de la guerre, le Buddha qui a laissé sa trace d'art et de littérature dans les sables desséchés du Turkestan.

———————————

LES FOUILLES EN ASIE CENTRALE[1]

J'ai jadis indiqué les résultats importants de la
première mission de M. Aurel STEIN, aujourd'hui
Sir AUREL STEIN, dans sa première mission en Asie
centrale pendant les années 1900-1901 ; j'ai même
donné un aperçu sommaire du second voyage de
l'explorateur ; il nous est maintenant possible [2],
grâce à la publication du journal d'étudier dans le
détail cette mémorable mission conduite au cours
des années 1906, 1907 et 1908 par ordre du Gouvernement de l'Inde.

Le champ des opérations de Stein s'étend des
vallées de la frontière Indo-Afghane où, comme le
fait remarquer notre auteur, l'art gréco-bouddhiste
essaya tout d'abord d'employer les formes classiques
pour représenter les figures et les scènes du culte
religieux de l'Inde, à Touen-houang à la frontière
de Chine, en passant par l'Hindou-Kouch, les

---

1. Extrait du *Journal des Savants*, sept.-nov. 1914, pages 424-
434.

2. Aurel STEIN, *Ruins of Desert Cathay Personal Narrative of
Explorations in Central Asia and Westernmost China*. 2 vol. in-8°,
XXXVIII et 546 p. ; XXI et 517 p., ill. et cartes. London, Macmillan
and C°, 1912. — Edouard CHAVANNES, *Les documents chinois
découverts par Aurel Stein dans les sables du Turkestan oriental.*
Gr. in-4°,p. XXIII-232, 37 pl. Oxford, Imprimerie de l'Université,
1913.

Pamirs, source de l'Oxus, le Tarim et le Lob-Nor.
De Touen-houang étaient rapportées vingt-quatre
caisses de manuscrits et cinq de peintures, broderies,
etc. Des explorations furent conduites dans les
chaînes des Nan-Chan dont on releva 20.000 milles
carrés dans les régions montagneuses et peu connues
avoisinant le Tibet : une seconde campagne archéologique fut dirigée dans l'hiver de 1907-1908 dans le
bassin du Tarim. Le désert de Takla-Makan fut
traversé dans sa plus grande largeur. L'été et l'automne de 1908 furent consacrés à l'étude géographique des Kouen-loun au sud de Khotan et Kiriya ;
enfin le bassin supérieur du Kara-Kach-Daria fut
atteint. Un Atlas de 94 feuilles à l'échelle de 4 milles
par pouce représentera le territoire étudié au cours
de ces trois années de labeur incessant.

Nous allons rechercher les résultats obtenus au
cours de cette longue et fatigante exploration.

Inspecteur général de l'éducation à la frontière
nord-ouest de l'Inde, Stein avait été occupé jusqu'à
l'été de 1904 à la mise en œuvre des matériaux de son
premier voyage ; c'est alors qu'il soumit à Lord
Curzon, Gouverneur général de l'Inde, le plan d'une
nouvelle exploration qui reçut l'année suivante l'approbation du Secrétaire d'État. Il fut convenu que
le British Museum prendrait à sa charge les deux
cinquièmes des frais de voyage. Stein obtint son
congé le 1er octobre 1905 et quitta Srinagar le 2 avril
1906. Accompagné de Rai Ram Singh, le topographe
indigène du Survey de l'Inde, qui avait pris part à
son premier voyage, et d'un caporal du génie, Naik
Ram Singh, il partit du fort de Malakand dans le
Tchitral le 28 avril 1906 et passa les cols de Lowaraï
(3 mai), de Darkot (17 mai) et de Baroghil (19 mai)

où l'Hindou-Kouch qui forme la ligne de partage des eaux de l'Indus et de l'Oxus s'abaisse à 12.400 pieds. Quoique Darkot ne fût pas sur sa route, Stein désirait visiter cette passe qui traverse la grande chaîne au sud de la partie la plus haute de la vallée du Yarkhun (partie supérieure de la rivière de Tchitral) 15.400 pieds, à cause de l'exploit mémorable relaté dans les Annales de la dynastie des T'ang du général chinois Kao Sien-tche qui, en 747, franchit cette route avec ses troupes pour envahir Yasin et Gilgit.

Stein traverse l'Oxus, passe le col de Wakhjir, le Taghdoumbach Pamir et arrive à Tachkourgan dans le Sarikol ; tandis que Rai Ram Singh va lever la partie orientale du Moustagh-ata, il gagne le Chichiklik Maidan ou plateau, entre dans le défilé encaissé de Tangi-tar, c'est-à-dire « la gorge étroite », traverse la passe de Kachka-sou, quitte la route de Yarkand, remonte à Yangi-hissar et enfin à Kachgar (3 juin). Là, il retrouve des amis, MACARTNEY, l'agent anglais, KOLOKOLOV qui a remplacé Petrovsky comme Consul général ; il prépare sa caravane de chameaux à la tête de laquelle il place Hassan Akhoun. C'est pendant le séjour de Stein à Kachgar que meurt le 22 juin le missionnaire HENDRICKS, bien connu de tous les voyageurs de l'Asie centrale : Hollandais de naissance, il avait appartenu aux Missions belges qu'il avait abandonnées pour s'établir à Kachgar ; il fut enterré le lendemain de sa mort dans le cimetière russe et Stein partit pour Yarkand après la cérémonie. De Kachgar, Stein se rend à Khotan d'où il fait un crochet vers le sud, passant par les glaciers de Nissa, celui d'Otrughul et par la chaîne de Karanghu-Tagh et le Youroung-Kach-daria revient à son point de départ. De Khotan également, il fait le 15 septembre une course vers Ravak dont il a déjà fouillé les ruines en 1901 ; il visite les temples de Khadalik, enfin il prend la route du Lob Nor. Par Domoko et Kiriya il arrive à Niya : il extraira de ses ruines un mobilier du IIIe siècle ap. J.-C., des bois sculptés, des documents en kharoshthi, etc. Stein quitte Niya le Ier novembre pour se rendre à Endere. « On devra, dit-il, toujours accorder une importance spéciale à l'époque historique à l'espace couvert de végétation de la fin du cours de la Rivière d'Endere comme étant la seule position possible pour une station à moitié route dans le désert, entre Niya et l'oasis de Tchertchen. » En 1901, Stein avait trouvé dans les ruines du fort circulaire d'Endere une inscription chinoise de 719 ap. J.-C. et des fragments de manuscrits en tibétain, brahmi et chinois, qui prouvaient que le fort avait été occupé pendant les premières décades du VIIIe siècle et abandonné peu après pendant l'occupation tibétaine ; cependant, il faut remarquer que Hiouen Tsang dans son voyage de retour en Chine vers 645, passant par la route de Niya à Tchertchen, n'avait trouvé à la place correspondant à Endere que les ruines d'établissements abandonnés depuis longtemps, dont la tradition faisait le site de Tou-houo-lo ou Toukhara. De nouvelles tablettes en kharoshthi du IIe ou IIIe siècle ap. J.-C. furent découvertes. Il semble que l'emplacement, après avoir été abandonné, avait été réoccupé une dizaine d'années après le passage de Hiouen Tsang. Après de nouvelles recherches à Endere, Stein se met en route le 15 novembre pour Tchertchen. Tchertchen situé à moitié route entre le Lob-Nor et Kiriya a été

visité en 519 par le pèlerin bouddiste Soung-Youn
allant du Lob-Nor à Khotan, puis par Hiouen Tsang
et enfin par Marco Polo. Ce n'est qu'après le premier
tiers du siècle dernier que les Chinois ont commencé
de coloniser Tchertchen une fois de plus comme une
petite station pénale. Plus loin Stein atteint Tcharkalik ; il est convaincu que cette oasis représentait
jadis comme aujourd'hui le point le plus important
de la région du Lob-Nor, que c'est le Lop de Marco
Polo, et il ne voit pas de raison pour placer ailleurs
l'ancien royaume de Na-fo-po, le même que Leou-lan
ou Chan-Chan, où arriva Hiouen Tsang après dix
marches au nord-est de Tchertchen.

Le matin du 6 décembre 1906, Stein quittait
Tcharkalik pour se rendre à l'emplacement du Lob-
Nor au nord des marais desséchés qui appartenaient
autrefois à ce lac ; il y trouvait des tablettes kharoshthi et des documents chinois qui ont été examinés par M. Chavannes : ils sont datés de 263 à 330
après Jésus-Christ ; les documents rapportés du
même endroit par Sven Hedin et examinés par
Karl Himly sont datés de 264 à 270. D'un temple
en ruines, Stein tira des bois sculptés décorés de
grands losanges en relief remplis de fleurs à quatre
pétales, dans le genre de celles de l'art du Gandhara.
Après une moisson fructueuse, il quitte l'ancien site
du Lob-Nor le matin du 29 décembre 1906, traverse
les dunes du désert, et par Abdal, le Tarim et le
Tchertchen-Daria revient à Tcharkalik. A quelque
distance au nord-est de cet endroit il fouille le vieux
fort de Miran qui semble avoir été abandonné comme
Niya, Endere et le nord du Lob-Nor vers la fin du
iiie siècle. Miran a été l'un des points qui ont donné
les meilleurs résultats : tout d'abord de vieux débris,

des peignes, une fronde, des pièces d'armure en cuir
laqué, des bois de flèches brisés, enfin des documents
tibétains qui doivent être examinés par le Rév. A.
H. Francke, de la mission morave de Leh. D'une
inspection sommaire de F. W. Thomas, de l'India
Office, il résulte qu'il s'agit de pièces diverses adressées à des officiers de la garnison tibétaine : les
Tibétains ont sans doute dominé dans l'Asie centrale
depuis la chute de l'influence chinoise dans le dernier
tiers du viiie siècle jusqu'à la seconde moitié du ixe.
Chose curieuse, Stein trouva aussi à Miran un papier
avec une écriture turke-runique, la plus ancienne
écriture turki, comme celle des documents du
viiie siècle trouvés sur les bords de l'Orkhon et
l'Yenisei. L'examen de cette pièce par le grand philologue de Copenhague, V. Thomsen, montre qu'elle
renferme en turki une liste de noms d'hommes,
probablement de militaires auxquels des passeports
avaient été fournis ; ce serait une relique de la période
précédant l'occupation tibétaine qui devait donner
à Miran son importance à cause de sa situation sur la
route conduisant de Lhasa à la partie orientale du
Tibet à travers les Kouen-loun ; pendant les périodes
Ouighours, Musulmanes et Mongoles, Tcharkalik
valait mieux, étant placé d'une manière plus avanta-
geuse. Mais l'art bouddhiste allait aussi révéler à l'intrépide voyageur, quelques-uns de ses trésors. Dans
un temple bouddhiste en ruines il trouve la tête d'un
Buddha colossal en stuc, et les restes de figures de
Buddhas colossaux assis appartenant au style gréco-
bouddhique du Gandhara. Dans des monticules recou-
vrant des stupas, on découvre des fresques représentant des chérubins d'une jolie couleur : « dans ces
fresques ils approchaient du dessin purement clas-

sique, dit Stein, plus que dans n'importe quelle
œuvre de peinture que j'ai vue jusqu'à présent,
soit au nord, soit au sud des Kouen-loun. Une autre
fresque représente Gautama Bodhisattva enseignant,
et devant lui un prince en adoration ; le fond est
d'un rouge pompéien. » Une peinture murale représente la légende du roi Vessantara. Ces fouilles à
Miran si productives terminaient la tâche de Stein
dans la région du Lob-Nor. Il était temps de marcher
vers Touen-houang.

Abdal offre au voyageur un humble lieu de repos
qui lui permet toutefois de préparer sa caravane
avant de s'aventurer de nouveau dans le désert.

Pendant la dynastie des premiers Han, il y avait
quatre routes conduisant de Chine vers l'Occident :
1º Touen-houang, sud du Lob-Nor, Tchertchen et
Khotan ; 2º Touen-houang, nord du Lob-Nor, Kourla
au sud de Karachahr, Koutcha, Aqsou ; 3º Hami,
Tourfan, Koutcha où la route rejoignait la seconde ;
4º Hami, vers le lac Barkoul et le versant nord des
T'ien-Chan.

Stein prit le sud du Lob-Nor, longea le lit desséché
du grand lac incrusté de sel, la chaîne déserte du
Kourouk-Tagh ; il arrive au Sou-lo-ho. Il aperçoit
les premières tours de garde qui annoncent l'approche
de Touen-houang où il se prépare à faire son entrée
le matin du 12 mars 1907. Touen-houang est une
ville ancienne dont le nom remonte à l'époque des
Han, mais elle doit sa célébrité à ses grottes remplies
de Buddhas, *Ts'ien Fo Toung*, « Grottes de Mille-
Buddha », qui furent visitées en 1879 par M. L. DE
LOCZY, le savant géologue hongrois, compagnon du
comte Szechenyi dans son exploration de l'Asie
orientale, qui avait vivement admiré les fresques de

l'époque des T'ang qui les ornaient, et vingt ans plus tard par notre compatriote, M. Charles-Eudes Bonin, qui en rapporta des estampages dont les inscriptions ont été publiées depuis par M. Chavannes dans le Recueil de l'Académie des Inscriptions et Belles-Lettres. Quelque temps avant l'arrivée de Stein, des ouvriers avaient découvert une grotte restée murée jusqu'alors, pleine de manuscrits, dont des spécimens furent envoyés aux autorités de Lantcheou, capitale du Kan-Sou, qui les jugeant sans doute sans intérêt ordonnèrent qu'ils fussent remis en place. Chose curieuse, quoique le lieu fut consacré à Buddha, Wang, un prêtre Taoïste, en était le conservateur. Les caves étaient ornées de fresques, l'une représentant Buddha entre des disciples, bodhisattvas et dvarapalas. Toutefois avant d'essayer de pénétrer dans la grotte aux manuscrits, Stein résolut d'examiner l'ancienne ligne frontière, formée d'un mur construit de couches alternatives d'argile compressée et de fascines, avec des tours de garde, marquant l'ancienne route de Ngan-si au Lob-Nor à l'époque des Han ; une de ses premières découvertes fut celle de trois fiches de bois avec des caractères chinois de la période Young-Ping (Kien-Wou) 58 ap. J.-C. Ce n'était que le prélude de la trouvaille de nombreux documents de l'époque des Han qui furent remis à M. Chavannes et dont nous parlerons tout à l'heure. Il semble que cette Grande Muraille avait pour but non seulement de défendre le territoire au sud du Sou-lo-ho, comme le dit Stein, mais avait aussi un caractère offensif. Il n'est peutêtre pas hors de propos d'expliquer ce qu'était l'ancienne Grande Muraille et la nouvelle Grande Muraille ; aussi bien M. Chavannes nous donne d'après Se-ma Ts'ien et le *Ts'ien Han Chou* des renseignements historiques qu'il nous paraît utile de reproduire ici, car ils sont confirmés par quelques-unes des fiches :

« La partie de l'ancienne Grande Muraille le long de laquelle M. Stein a fait ses mémorables trouvailles n'appartient pas au système de protection organisé par T'sin Che Houang-ti. En l'an 214 avant Jésus-Christ, T'sin Che Houang-ti, maître de l'empire depuis sept ans, décida de relier entre eux les murs de défense que les royaumes féodaux du Nord avaient construits sur leur f ontière septentrionale pour se garder contre les incursions des Hiong-nou ; ainsi fut conçue l'entreprise gigantesque de la Grande Muraille. Cette Grande Muraille de T'sin Che Houang-ti, dont on peut suivre le tracé sur une carte chinoise de l'année 1137, partait de Lin-t'ao à l'ouest pour aboutir à Chan-haï-kouan à l'est. Lin-t'ao est aujourd'hui la préfecture secondaire de Min, située dans le sud du Kan-sou, près du coude de la rivière T'ao, affluent de droite du Houang-ho.

« La Grande Muraille de T'sin Che Houang-ti était un ouvrage défensif ; les compléments qui lui furent ajoutés du côté de l'ouest une centaine d'années plus tard furent l'instrument d'une politique qui prenait l'offensive. En 126 avant Jésus-Christ, Tch'ang kien était revenu de cette longue et périlleuse ambassade qui, primitivement destinée à nouer des relations avec les Yue-tche qu'on croyait établis dans la vallée de l'Ili, avait eu en réalité pour terme les bords de l'Oxus et avait révélé à la Chine, non seulement la situation économique des principautés du Turkestan oriental, mais encore l'importance commerciale des grandes civilisations occidentales. A partir de ce moment, l'empereur Wou forma le dessein de s'ouvrir la route de l'Ouest en pratiquant une trouée au point précis où les hordes turques et les peuplades tibétaines étaient en contact et où par conséquent la cohésion des nomades qui entouraient la Chine était moindre. Le résultat fut obtenu lorsque,

en 121 avant Jésus-Christ, à la suite des campagnes glo-
rieuses du général Ho K'iu-ping, les régions de Kan-tcheou
et de Leang-tcheou furent annexées à l'empire... Pour
assurer la liberté du passage, on construisit un rempart
qui partait de Ling-Kiu pour se diriger vers l'ouest... C'est
en 108 avant Jésus-Christ qu'on établit une ligne continue
de postes et de fortins depuis Tsieou-ts'iuan (Sou-tcheou)
jusqu'à la porte du Jade... C'est à la suite de Li Kouang-li
contre le Ta-yuan, en 102 et 101 avant Jésus-Christ que
la Grande Muraille paraît avoir été prolongée. Alors en
effet les relations diplomatiques de la Chine avec l'Occident
se multiplièrent. »

Mais retournons aux grottes des Mille-Buddhas.
Stein avait enfin obtenu du bonze taoïste la permission d'examiner et... d'acheter un certain nombre de
manuscrits. Quand on sait que les Tibétains conquirent Touen-Houang avec une grande partie du
Kan-Sou vers 759, il n'est pas étonnant qu'on ait
trouvé dans cette grotte un grand nombre de
manuscrits tibétains. La suprématie tibétaine à
Touen-Houang a atteint son point culminant du
milieu du VIIIe siècle au milieu du IXe ; c'est par
Touen-Houang que les Tibétains à partir de 766
envahirent les territoires du Turkestan oriental et
finirent par s'emparer en 790 des garnisons chinoises
isolées qui essayaient de maintenir la puissance
chinoise au nord et au sud des T'ien-chan.

En 850, TCHANG YI-TCH'AO, gouverneur héréditaire de Touen-Houang, secoua le joug tibétain, fit
sa soumission à l'Empereur chinois qui retrouva
pendant quelque temps sur ces pays de l'ouest une
suzeraineté bientôt perdue pendant les troubles qui
suivirent la chute de la dynastie des T'ang; un envoyé
chinois à Khotan passant vers 938 par les territoires

correspondants à Ngan-Si et à Touen-Houang les trouva sous la dépendance des Chinois, quoique la population fut restée principalement chinoise et que l'administration fut entre les mains d'un chef appartenant à la grande famille locale de Ts'ao. Dans la grotte, on trouva des bannières peintes sur soie de l'époque des T'ang sur lesquelles étaient représentés des bodhisattvas ; sur d'autres bannières étaient figurées des scènes de la vie de Buddha ; une grande peinture bouddhique sur soie, datée de 864, montrait des bodhisattvas avec les portraits des donateurs en adoration ; une vieille broderie de fleurs semblant appartenir au type sassanide : où les dessins sassanides dérivés de l'art grec transplanté en Mésopotamie et de là dans l'Iran ont-ils été exécutés ? Mais la plus importante partie des découvertes de Stein dans la grotte de Touen-Houang est la bibliothèque même : quelles richesses ! de quoi fournir du travail à tous les orientalistes d'Europe pendant des années : Manuscrits sanskrits intéressants pour l'histoire du canon bouddhique du Nord, confiés à M. L. de la VALLÉE POUSSIN. — Manuscrits en diverses variétés centrales-asiatiques d'écriture indienne brahmi, mais en langues non indiennes, remis au Dr A. F. Rudolf Hoernle. — Manuscrits sogdiens contenant des traductions de la littérature canonique du Bouddhisme, examinés par M. F. W. K. Müller, de Berlin. — Un manuscrit, turk runique, c'est-à-dire la plus ancienne écriture turke, celle des inscriptions de l'Orkhon, étudié par V. Thomsen ; ce manuscrit est particulièrement intéressant, car ce n'est pas un texte religieux, mais un recueil de petites histoires sur les hommes et les animaux avec une morale pour les enfants et les jeunes gens ; il est probable que ce document n'est pas plus récent que le VIIIe siècle. — Une demi-douzaine de livres en écriture ouighoure; le Dr E. Denison Ross a reconnu que deux de ces volumes renfermaient des traductions de portions différentes d'un commentaire sur l'ouvrage métaphysique bouddhique, l'Abhidharmakosa, traduit pour la première fois en chinois de l'original sanskrit par le fameux pèlerin Hiouen Tsang. — Plus de 9.000 manuscrits chinois dont l'inventaire détaillé qui sera fait par M. Paul Pelliot sera publié par les Trustees du British Museum. — Une masse de manuscrits tibétains dont un examen sommaire par le Dr F. W. Thomas, bibliothécaire de l'India Office, et par Miss C. M. Riding, montrent qu'ils renferment des textes du canon bouddhique tibétain; ils seront conservés à l'India Office.

Extrêmement remarquables au point de vue de l'art sont les fresques qui décorent les panneaux des caves des « Mille-Buddhas » représentant des scènes de la vie du Dieu, des figures colossales, des disciples, des bodhisattvas, des scènes du ciel bouddhiste; nous avons encore ici la marque de l'influence de cet art gréco-bouddhiste dont nous suivons la trace depuis le nord-ouest de l'Inde. Enfin Stein s'arrache aux délices du Ts'ien-Fo-Toung et il se rend à Ngan-Si, au nord-est, placé au point où la grande route venant de Sou-tcheou et de la Chine intérieure tourne brusquement vers le nord-ouest vers Hami et le Turkestan oriental; il franchit le canal qui amène l'eau du Sou-lo-ho à l'oasis de Ngan-Si. Nous ne le suivrons pas dans les montagnes occidentales du massif des Nan-Chan et nous arriverons avec lui à la porte de la Grande Muraille, Kia-yu-kouan; là il s'assure que la muraille qui s'étend de là au nord de

Sou-Tcheou et de Kan-Tcheou, n'était en réalité
que la continuation de la ligne frontière de défense
dont il avait suivi la trace à travers le désert de
Touen-Houang et près de Ngan-Si ; il quitte Kia-yu-
kouan, le 22 juillet au matin, pour se rendre à Sou-
Tcheou, la première grande ville de Chine où il
évoque le souvenir de Marco Polo et de Benoît de
Goës, le célèbre jésuite portugais qui, venu du
nord-ouest de l'Inde, y était mort en 1607, avant
d'avoir reçu l'autorisation de continuer sa route
jusqu'à Pe-King. Enfin par la chaîne Richthofen
des Nan-Chan, à travers le To-lai-chan, par les
sources du Sou-lo, il atteint Kan-Tcheou, le but
extrême de son voyage. Il reprend maintenant la
route de l'ouest et des T'ien-chan, non sans faire en
route l'école buissonnière. Il passe à l'oasis de Hami,
visite les ruines de Tourfan signalées jadis par le
capitaine Roborovsky et étudiées en 1897 par le
Dr Klementz, par A. Grünwedel et enfin par A. von
Lecoq ; Stein se rend à Kara-Khoja, la capitale du
Tourfan à l'époque ouighoure et à Yarkhoto, site de
la capitale du Tourfan jusqu'à l'époque des T'ang.
Parti le 1er décembre, notre voyageur se rend à Kara-
chahr qui a été moins fouillé que Tourfan par Grünwedel ; il y trouve des bodhisattvas en relief en stuc,
des têtes montrant l'influence de l'art gréco-bouddhique, quelques-unes d'un réalisme étonnant. Mais
il faut poursuivre la route : Khora, Koutcha ; ici
l'explorateur descend en ligne à peu près droite à
Kiriya à travers la mer de sable ; il atteint, mourant
de soif, la rivière de Kiriya, puis, après avoir visité
encore quelques ruines du Takla-Makan, passe à
Khotan et remonte à Aqsou, va à Yarkand, revient à
Khotan, où il fait ses préparatifs pour la fin de son

expédition qui le conduit dans les gorges de Polur et de Zailik d'où jadis on tirait annuellement 300 onces d'or. Son objectif est le glacier du Youroung-Kach ou Khotan-daria et le 25 août, « il traverse l'éperon abrupt entre les vallées de Zailik et du Youroung-Kach par une passe de plus de 17.700 pieds de hauteur »; il veut remonter des sources du Youroung-Kach à la vallée supérieure du Kara-Kach, son affluent, et il suit en partie une route déjà suivie par le capitaine Deasy, mais en cherchant le Yangi-Davan, l'intrépide voyageur a les pieds gelés ; il ne peut plus marcher ; il a hâte de gagner rapidement le Ladakh ; après un voyage pénible il arrive à Leh le 12 octobre. Le Rév. S. SCHMITT, médecin missionnaire morave à Leh, ampute tous les orteils du pied droit de Stein, soit complètement, soit à la première phalange ; la cicatrisation est longue : enfin Stein peut partir le 1er novembre ; douze jours après, il est à Srinagar. Le vice-roi Lord MINTO lui donne l'autorisation d'accompagner ses collections à Londres ; Stein passe à Calcutta, s'embarque à Bombay le 26 décembre 1908, et arrive à Londres au mois de janvier, après un court séjour à Venise.

Quels ont été les résultats de cette exploration : 94 feuilles de cartes à l'échelle de 4 milles pour un pouce ; plus de 14.000 manuscrits dans une douzaine d'écritures et de langues ; il a fallu près de six mois pour déballer et faire l'arrangement préliminaire des objets dans les sous-sols du British Museum. Heureusement que le Gouvernement de l'Inde avait accordé à Stein un congé de deux ans et trois mois, qu'il put passer en Angleterre. Toutes ces collections ont été placées dans le nouveau bâtiment du British Museum, inauguré le 7 mai 1914.

LES DOUANES IMPÉRIALES MARITIMES

CHINOISES

I. — LES ORIGINES [1]

Lorsque le 6 mai dernier, un décret de l'empereur de Chine plaça à la tête de l'administration des Douanes deux hauts fonctionnaires chinois, les étrangers, étonnés et inquiets, se demandèrent quel effet auraient ces nominations sur le service si important en général et sur la situation de son chef actuel, l'Irlandais Sir Robert HART. D'ailleurs la Chine avait-elle le droit, sans consulter les puissances, de modifier à son gré un rouage administratif, le seul vraiment honnête de l'empire? Aussi ne fut-on nullement surpris de voir la Grande-Bretagne protester, avec l'appui de la plupart des autres nations, contre un changement qui pouvait gravement compromettre l'influence et les intérêts des Européens en Chine. Il était facile de discerner dans la promulgation de l'édit impérial le désir de donner satisfaction au parti plus brouillon et remuant que sérieusement épris de réformes utiles qui a pour devise « La Chine aux Chinois, » et qui sans se rendre compte de la différence des pays, des mœurs, des temps, ébloui par la rapide évolution du Japon de 1868, s'efforce à le

1. Extrait du *Temps*, 15 et 16 août 1906.

singer ; mais l'Empire du Milieu avait-il sa liberté d'action? Ceci conduisait à rechercher quelle était l'origine des douanes chinoises, quelles transformations cette administration avait subies, quelle situation elle occupait dans l'ensemble du gouvernement de la Chine, quels engagements elle avait contractés à l'égard des étrangers.

***

Les Douanes impériales maritimes chinoises ne sont pas un rouage administratif imposé au gouvernement chinois par les puissances étrangères : à l'encontre des autres concessions accordées par des traités arrachés par la force des armes, les Douanes ont été établies sur la demande même des Chinois et dans leur intérêt propre, et leur extension est due entièrement à ce que les indigènes ont reconnu d'utile pour eux-mêmes dans leur organisation.

La prise de Nan King par les T'aï-P'ing le 29 mars 1853, l'occupation par ces rebelles de la province de Kiang-Sou, la prise de possession de la ville indigène de Chang-Haï le 8 septembre 1853 par les rebelles des loges cantonaise et foukienoise, l'abandon de leur poste par les fonctionnaires chinois, l'impossibilité pour le tao-t'aï-Wou d'administrer les douanes empêchèrent d'une manière absolue la perception des droits sur les marchandises étrangères ; en réalité, personne n'avait plus de mandat régulier pour toucher les taxes sur les marchandises importées ; par suite, un arriéré énorme se produisit dans la perception de la douane : le 23 novembre 1854, d'après une note du ministre américain Robert M. Mac Lane, les droits arriérés, dus par les citoyens des Etats-Unis, montaient à eux seuls à 118.125 taëls 8 m. 4 c. 1 s.

Que devaient faire les consuls des trois puissances ayant signé des traités avec la Chine? Pouvaient-ils sous le prétexte que la Chine ne remplissait pas ses engagements en protégeant les étrangers, dispenser leurs nationaux de payer les droits ? La Chine pouvait invoquer le cas de force majeure, et d'autre part l'occupation momentanée d'un territoire par l'ennemi ne suspend pas la souveraineté de droit. Comme le faisait remarquer un diplomate dans une note du 3 octobre 1854 : « Si, en fait, l'occupant exerce la souveraineté et perçoit les tributs, il est équitable que le vrai souverain, en revenant, ne les exige pas une seconde fois ; mais ici, ce n'est pas le cas : les rebelles n'avaient pas perçu les droits de douane, ce me semble. On dit : Si le souverain sait à l'avance que les négociants abandonnés par le gouvernement local à la merci de l'ennemi ne lui payeront pas l'impôt arriéré, il protégera mieux ces négociants pour éviter le déficit. Mais cela est-il bien sérieux ? Est-ce de gaieté de cœur qu'on se laisse prendre une province? Si d'ailleurs il est bon que le *souverain souffre* de l'occupation pour avoir intérêt à l'empêcher, n'est-il pas bon aussi que *l'étranger n'en profite point*, afin qu'il n'ait pas intérêt à prolonger ce désordre ? »

Chaque consul eut une opinion différente. M. B. Edan, gérant du consulat de France de Chang-Haï pendant le congé de M. de Montigny, déclara qu'en l'absence de toute administration indigène et de tout pouvoir politique, les droits ne devaient pas être acquittés : 1º parce qu'il y avait impossibilité matérielle, le bureau de la douane n'existant plus ; 2º parce

que le gouvernement chinois étant dans l'impuis-
sance d'accorder à nos nationaux la protection promise par les traités, nous étions ainsi affranchis de
devoirs qui nous étaient imposés en raison de cette
protection. Le consul d'Angleterre, Rutherford AL-
COCK, le consul américain R. C. MURPHY, jugeant
nécessaire de maintenir les stipulations des traités,
en décidèrent autrement ; mais tandis que le second
réclamait le payement des droits entre ses mains en
espèces et immédiatement, le premier se contentait
d'obligations ou billets conditionnels *(promissory
notes)*, qui deviendraient payables aussitôt que les
troupes impériales auraient repris possession de la
ville.

Mais ce qui compliqua la situation, c'est que les
consuls de Hollande et des villes hanséatiques suivirent l'exemple de M. Edan et autorisèrent leurs
nationaux à ne payer aucun droit ; étant négociants
eux-mêmes, ils étaient juge et partie. Naturellement, Anglais et Américains réclamèrent pour leurs
pavillons les avantages accordés aux autres nations.
Le commissaire américain Humphrey MARSHALL,
prédécesseur de Mac Lane, sans reconnaître la récla-
mation de ses nationaux, avait, le 20 janvier 1854,
déclaré le port libre et le traité abrogé ; ce qui avait
permis aux navires américains *Oneida* et *Science* de
quitter Chang-Haï sans payer de droits. A leur tour,
les maisons de commerce anglaises de Chang-Haï,
BLENKIN, RAWSON ET Cº, GILMAN, BOWMAN ET Cº,
SMITH, KENNEDY ET Cº, etc., y compris les Parsis,
D. BURJARJEE, DHURUMSEY, POOJABHOY, A. HA-
BEBHOY, COWASJEE PALLANJEE ET Cº, adressèrent
une lettre de protestation contre le payement des
anciens droits à Sir John BOWRING, alléguant le

blâme infligé au consul Rutherford Alcock par Sir George BONHAM, plénipotentiaire, prédécesseur de Bowring.

Le ministre américain Mac Lane arriva à Chang-Haï le 8 juin 1854 ; il y fut rejoint par Bowring et par l'amiral anglais Sir John STIRLING. Sir John Bowring annonçait clairement son intention de donner satisfaction au gouvernement chinois, en dépit de toute opposition. Dans la réponse qu'il adressa aux négociants anglais, tout en penchant pour que les *promissory notes* fussent acquittées, il ne décida pas toutefois lui-même cette question et se borna à déclarer « que les autorités chinoises ont le droit de porter leurs réclamations contre les négociants anglais devant la cour consulaire, qui prononcera dans chaque cas particulier suivant les circonstances ».

La question devenait diplomatique et l'on ne pouvait aller en appel à la cour de Hong-Kong. Lord CLARENDON, qui avait attendu l'arrivée en Angleterre de Sir George Bonham, ancien plénipotentiaire en Chine, pour décider avec lui de la question, se montra d'un avis diamétralement opposé à la théorie de Sir John Bowring. Le gouvernement anglais admettait l'opinion que le payement ne devait pas avoir lieu, parce que le payement des droits de douane à une autorité quelconque impliquait en retour de la part de cette autorité une protection assurée au commerce étranger, et qu'en fait le gouvernement chinois avait manqué à ce devoir de protection, en cédant la place à l'insurrection. Lord COWLEY, ambassadeur d'Angleterre à Paris, ayant pressenti à cet égard M. DROUYN DE LHUYS, celui-ci lui fit connaître que comme le gouvernement britannique, il

pensait qu'il n'y avait pas lieu d'effectuer le payement rétroactif des droits non perçus pendant la sup-
pression temporaire de la douane de Chang-Haï.
D'autre part, le gouvernement des Etats-Unis, à la
demande de l'envoyé anglais de Washington, avait,
le 8 novembre 1853, invité le Commissaire américain
en Chine à prononcer l'annulation des obligations sous-
crites par les négociants américains pour le remboursement éventuel des droits.

En fait, les trois puissances s'étaient mises d'accord
pour le non-payement des arrérages de droits de
douane, depuis le mois de septembre 1853 jusqu'au
mois de février 1854, période pendant laquelle la
douane de Chang-Haï n'avait pu fonctionner. Toutefois, M. Drouyn de Lhuys ne partageait pas, en
théorie, les idées de ses collègues. Il avait cédé par
intérêt politique. Lord Cowley avait été chargé de
représenter au gouvernement de l'Empereur la haute
importance attachée par le gouvernement de la Reine
à ce qu'une parfaite unité d'action fût observée par
les représentants de la France, de l'Angleterre et
des Etats-Unis en traitant cette question de douane ;
mais comme il avait été convenu entre les gouvernements de la Reine et des Etats-Unis que les obligations livrées par leurs sujets respectifs pour le
payement des droits de douane seraient annulées,
lord Cowley exprimait au gouvernement de l'Empereur le vif espoir du gouvernement de la Reine que
de pareilles instructions seraient envoyées au représentant de l'empereur en Chine.

Par une dépêche en date du 10 décembre 1854, lord
Cowley informait le comte de Clarendon qu'une
communication avait été faite par lui à M. Drouyn
de Lhuys, conformément aux instructions qu'il avait

reçues à ce sujet, et que Son Excellence ayant demandé quelques jours pour considérer et apprécier la question, lui donnait avis enfin que, quoiqu'il ne fût pas d'accord avec le gouvernement de la Reine quant au principe qui le dirigeait dans cette affaire, il était néanmoins si fortement imbu de l'importance d'unité d'action des trois gouvernements que M. de Bourboulon serait chargé de poursuivre la même voie, en traitant cette question, que les représentants de la Grande-Bretagne et des Etats-Unis.

M. Drouyn de Lhuys ayant été remplacé le 8 mai 1855 au ministère des Affaires étrangères par le comte Colonna WALEWSKI, une nouvelle démarche fut faite par lord Cowley pour demander confirmation de l'arrangement précédent.

Cependant, à Chang-Haï, la douane avait été ouverte dans un local au milieu des concessions étrangères. Le tao-t'aï-Wou demanda non seulement qu'on lui versât les droits perçus, mais encore manifesta l'intention de s'établir dans le local étranger. Il fut obligé de renoncer à son projet devant l'opposition qu'il rencontra, fondée sur cette raison : « qu'attendu l'insuffisance de ses forces militaires pour se protéger lui-même contre les insurgés, la colonie deviendrait, par le fait de sa présence, le théâtre de sanglants conflits dans lesquels les jours et les propriétés des étrangers seraient infailliblement exposés ». Le tao-t'aï n'eut pas plus de succès quand il proposa d'établir une douane flottante à bord de l'*Antilope*, navire européen qu'il avait acheté pour augmenter sa flottille : on lui opposa les mêmes objections et les mêmes arguments. Un tel état de choses ne pouvait durer ; aussi conclut-on un arrangement par lequel un bureau temporaire des douanes serait ouvert le 13 février 1854, sous la présidence du tào-t'aï de Chang-Haï. Il fallait néanmoins arriver à un *modus vivendi*, et les conversations des consuls avec le fonctionnaire chinois conduisirent à la solution suivante.

L'unique moyen de sortir des difficultés dont la question entière était entourée sous l'empire des traités devait être cherché dans la combinaison d'un *élément étranger* de *probité* et de *vigilance* avec l'autorité chinoise. Il serait nécessaire d'adjoindre à l'agent chinois qui serait chargé des douanes *un inspecteur des douanes étranger*, délégué des trois consuls, qui serait logé à la douane et devrait contre-signer toutes les pièces. Les frais du personnel de cet inspecteur étaient calculés de la façon suivante :

Inspecteur, par an......................	6.000	dollars
Deux linguistes à 100 dollars par mois....	2.400	—
Ecrivains, messagers, etc................	600	—
Douaniers étrangers.....................	3.000	—
	12.000	dollars

C'est le tao-t'aï lui-même qui avait souvent exprimé le désir de voir un agent européen chargé de la surveillance et du contrôle des opérations de la douane. Satisfaction lui fut enfin donnée. Une fois cette idée de l'élément étranger à introduire dans le service de la douane accueillie, les trois consuls furent appelés à donner leur avis sur sa mise à exécution et les moyens les plus réguliers de la traduire dans la pratique.

Comme on le voit, la première idée, réalisée aujourd'hui, était la nomination d'un inspecteur unique, Européen, richement rétribué par l'autorité chinoise. Et même le consul anglais Alcock, qui avait, en réalité, mené toute l'affaire, avait songé à demander cet agent à la France, comme à celle des trois puissances dont on avait lieu d'attendre le plus d'impartialité ; il est vrai que notre commerce était à peu près nul ; M. Alcock avait même suggéré le choix de l'interprète du consulat de France, M. Arthur SMITH, comme réunissant tous les suffrages pour remplir les délicates fonctions d'un inspecteur unique. Mais bientôt, après mûre réflexion, on s'arrêta à l'idée de trois inspecteurs, nommés par chacun des trois consuls de France, d'Angleterre et des Etats-Unis.

* *
*

Le 29 juin 1854, une conférence fut tenue à Chang-Haï par le tao-t'aï-Wou, surintendant des douanes, MM. Rutherford Alcock, consul de Sa Majesté Britannique, R. C. Murphy, consul des Etats-Unis, et Edan, consul de France par intérim, à la suite du désir exprimé par le fonctionnaire chinois de consulter les trois consuls au sujet de la réorganisation de la douane et des mesures à prendre pour faire rentrer les droits d'une manière plus régulière. Après discussion, les membres de la réunion adoptèrent neuf articles dont voici la substance : 1º l'impossibilité de trouver pour les douanes des employés probes et vigilants, possédant une connaissance des langues étrangères, nécessite l'introduction dans l'administration d'un élément étranger dans la personne d'étrangers choisis avec soin et *nommés par le tao-t'aï* ; 2º la meilleure manière d'arriver à ce résultat est la nomination par le tao-t'aï d'un ou plusieurs étrangers d'une probité indiscutable agissant sous ses ordres avec un personnel mixte d'étrangers et d'indigènes, avec un bâtiment de douane *(revenue cutter)* monté par des marins étrangers ; 3º pour éviter les difficultés, il est entendu que l'agent consulaire de chaque puissance à traité désignera à la nomination du tao-t'aï un inspecteur, dès qu'ils auront trouvé une personne qualifiée pour ce poste ; 4º en cas de plaintes contre ces inspecteurs pour exaction, corruption, négligence dans l'accomplissement de leur emploi, les consuls, après en avoir averti les autorités chinoises et leurs collègues, feront une enquête devant une cour mixte composée du tao-t'aï et de trois consuls de puissances ayant des traités avec la Chine, et décideront du renvoi ou de l'éloignement de l'inspecteur ; 5º définition des fonctions de l'inspecteur ; 6º dans le cas où l'inspecteur ou les inspecteurs ne connaîtraient pas la langue chinoise, on nommerait un interprète étranger ; 7º stipulation qu'il y aurait un bâtiment de douanes rapide qui puisse aller jusqu'à Gützlaff ; 8º nécessité de reviser les règlements de douane du mois d'août 1851 ; 9º résolution du tao-t'aï d'entreprendre sur ces bases adoptées à l'unanimité la réorganisation des douanes.

Pour donner suite à cette conférence et pour reviser les règlements douaniers d'août 1851, on nomma une commission des représentants des consuls, composée de : MM. T.-F. Wade, vice-consul d'Angleterre, le capitaine Carr, attaché à la légation des Etats-Unis, et Arthur Smith, interprète du consulat de France, lequel donna naturellement sa démission de ce dernier poste. La nouvelle douane commença à fonctionner le 12 juillet 1854. On ne comprit pas immédiatement à Paris l'importance de

la nouvelle création, car le 7 octobre 1854, le ministre
des Affaires étrangères écrivait à notre ministre en
Chine : « Je vous avoue que cette situation de trois
sujets anglais, américain et français, mis à la solde
du gouvernement chinois, me paraît tout au moins
peu convenable, et j'attendrai pour savoir si je dois
l'approuver que vous m'en ayez fait connaître les
motifs et l'utilité. » Au bout d'un an (1er juin 1855),
M. Wade céda sa place à l'interprète Horatio-Nelson
Lay.

II. — Développement des douanes

A la suite de l'occupation de Canton par les Anglais et les Français, après le bombardement de cette
ville et l'installation d'une administration provisoire étrangère, le système des douanes adopté à
Chang-Haï fut employé dans le grand port du sud de
l'empire de Chine et un bureau des douanes y fut
ouvert en octobre 1859, avec l'approbation du vice-
roi des deux Kouang, Lao Tsoung-kouang.

L'article 46 du traité anglais signé à T'ien-Tsin le
26 juin 1858 porte : « Les autorités chinoises, à chaque
port, adopteront les moyens qu'elles pourront juger
les plus propres à empêcher le revenu de souffrir
de la fraude ou de la contrebande. » L'article 10
du tarif de droits du commerce anglais avec la Chine,
du 8 novembre 1858, marque d'autre part :

« Comme le gouvernement chinois, par traité, a
l'option d'adopter telle mesure appropriée à la protection de son revenu, augmentant par le commerce
anglais, il est convenu qu'un système uniforme sera
mis en vigueur dans chaque port.

« Le haut fonctionnaire, nommé par le gouvernement chinois pour prendre la direction du commerce étranger, devra, par suite, de temps à autre, visiter lui-même chaque port ou y envoyer un substitut à sa place. Ledit haut fonctionnaire aura la liberté de son propre choix, et indépendamment de l'avis ou de la nomination d'aucune autorité britannique, de choisir tel sujet britannique qui lui paraîtra propre à l'aider dans l'administration du revenu de la douane, dans la prévention de la contrebande, dans la délimitation des ports, ou dans la décharge des devoirs de capitaine du port, ainsi que dans la répartition des phares, bouées, feux, etc., à l'entretien desquels il sera pourvu par les droits de tonnage.

« Le gouvernement chinois adoptera telle mesure qui lui paraîtra nécessaire pour empêcher la contrebande sur le Yang-Tseu-Kiang, quand cette rivière sera ouverte au commerce. »

Le traité signé à T'ien-Tsin en 1858 par le baron Gros pour la France ne contenait pas de clause semblable, mais le 24 novembre 1858, il signait à son tour les tarifs de douane et les règlements commerciaux, ce qui nous mettait sur le même pied que l'Angleterre ; les conditions du tarif furent acceptées également par le plénipotentiaire américain.

Le port de Chan-T'eou *(Swatow)* fut ouvert en février 1860, Tchen Kiang sur le Yang-Tseu, en avril, Ning-Po, en mai 1861, T'ien-Tsin, le même mois, reçurent des commissaires. La même année, en juillet, Fou-Tcheou, et en décembre, Han-K'eou et Kieou-Kiang, sont ouverts à leur tour ; en avril 1862, Amoy ; en mars 1863, Tche-Fou ; en mai, Tamsoui et Kiloung ; puis en septembre, Takao, dans l'île Formose, et en mai 1864, Nieou-Tchouang, complètent le chiffre de quatorze bureaux de douanes ouverts à la fin de 1864.

La convention de Tche-Fou de 1876, le traité de Shimonoseki en 1895, des conventions spéciales, des arrangements particuliers, l'action spontanée du gouvernement chinois dans certains cas, ont amené l'ouverture de beaucoup d'autres ports au commerce étranger et donné au service des douanes son développement actuel.

La France et les Etats-Unis ayant négligé de se faire représenter dans le triumvirat des inspecteurs, M. H. N. Lay resta seul à la tête du service des douanes, reconstituant ainsi à son profit et à celui de son pays les fonctions d'inspecteur général unique, telles que les avait conçues Rutherford Alcock. Nous élevâmes une timide protestation après la signature de la convention de Pe-King en 1860, mais l'entente cordiale de 1858 n'existait plus : nous avions à nous faire pardonner par l'Angleterre la guerre d'Italie et l'annexion de la Savoie et du comté de Nice. Les Anglais restèrent donc maîtres de la direction des douanes chinoises.

Pendant un voyage en Europe de M. Lay, en 1861, celui-ci fut remplacé provisoirement à la tête de son service par MM. Fitz-Roy et Robert Hart, qui ne tarda pas à être appelé à Pe-King. Ce n'est pas ici la place de raconter l'histoire de la flotte que le commandant Sherard Osborne avait été chargé d'organiser pour le compte du gouvernement chinois, ni des manœuvres qui amenèrent la disgrâce de M. Lay et son remplacement, en novembre 1863, par Sir Robert Hart, qui, après avoir été interprète de divers consulats anglais, avait été commissaire des douanes à Chang-Haï.

La nomination de M. Hart fut faite non par un vice-roi, mais par le *Tsoung-li-yamen*, nouveau rouage gouvernemental chargé de la direction des affaires extérieures, rendu nécessaire à la suite des traités de 1858 et des conventions de 1860 et créé en 1861 ; c'est au tsoung-li-yamen que sont adressés les rapports des douanes, qui sont ensuite remis au ministère des finances *(hou-pou)*. Il est vrai que le tsoung-li-yamen n'a eu qu'une fois à nommer un inspecteur général. Lorsque Sir Robert Hart, enfermé à Pe-King pendant le siège, ne pouvait assurer le service des douanes, le gouverneur général des deux Kiang, Lieou Kouen-yi, revenant à l'ancienne tradition, désigna M. F.-E. Taylor, comme Inspecteur général par intérim. Aujourd'hui, ce serait le *waï-wou-pou*, qui a remplacé le tsoung-li-yamen comme ministère des affaires étrangères, qui serait chargé de la nomination de l'Inspecteur général.

La Chine agit dans toutes ces circonstances dans la plénitude de son indépendance ; mais cette indépendance, l'a-t-elle aujourd'hui ? Tout au moins, en ce qui regarde les douanes, on peut répondre sans hésitation : non. Pendant longtemps, la Chine a pu dire qu'en fait l'administration des douanes maritimes chinoises a été confiée sur sa demande à un service spécial du gouvernement impérial, service connu sous le titre de : « Inspectorat général des douanes impériales maritimes chinoises », dans lequel des étrangers sont employés, aux termes de l'article 46 du traité anglais de T'ien-Tsin de 1858 et de l'article 10 des conditions du tarif du 8 novembre 1858. Mais ce service spécial, le seul dirigé d'une manière intègre et le seul bien administré du gouvernement impérial, est devenu un gage, et ce gage, sérieusement hypothéqué, ne peut être dénaturé sans l'autorisation des prêteurs.

III. — Gage des emprunts

Depuis trente ans, la Chine a passé par de cruelles épreuves ; il lui a fallu de l'argent pour remplir ses engagements. Cet argent, elle l'a trouvé facilement, grâce aux garanties qu'elle a pu donner sur ses chemins de fer et sur ses douanes. Le revenu des douanes chinoises s'élevait en 1905 à 35.111.004 taëls de Haïkouan, ce qui, au change 3,78, représente en francs 132.719.595 fr. 12. C'est, comme on le voit, une belle garantie. Dès 1874, la Chine a emprunté 2 millions de taëls, une misère, sur ses douanes ; cet emprunt fut remboursé en dix ans. D'autres emprunts, effectués depuis, ont été également amortis, mais il en reste quelques-uns qui ne sont pas encore remboursés ; ce sont les suivants :

1º Juillet 1886, 767.200 taëls argent, 7 %, émis par la Hong-Kong and Shanghaï Banking Corporation, remboursable par tirages annuels, le dernier devant avoir lieu le 31 mars 1917 ; garanti par les douanes maritimes.

2º En 1894, 10.900.000 taëls argent 7 %, émis par la Hong-Kong and Shanghaï Bank, remboursable par dix tirages annuels d'égale valeur, dont le premier a eu lieu le 1er novembre 1904 et le dernier aura lieu le 1er novembre 1913 ; garanti par les douanes maritimes ; emprunt fait pour vingt ans.

3º Février 1895, 3.000.000 liv. st., 6 %, émis par la Hong-Kong and Shanghaï Bank, remboursable par 15 tirages annuels d'égale valeur, commençant le 31 décembre 1900 ; garanti par les douanes maritimes. Cet emprunt est pour vingt ans, mais le gouvernement chinois s'est réservé le droit de le rembourser au pair, à n'importe quelle époque, au cours de ces vingt années, en donnant un préavis de six mois ; les intérêts cessent d'être payés sur les obligations sorties.

4° Avril 1895, 1.000.000 liv. st., 6 °/₀, émis par la Chartered Bank, remboursable au pair par 15 tirages annuels d'un montant à peu près égal ; garanti par les douanes maritimes ; les intérêts cessent d'être payés sur les obligations sorties au tirage.

5° Juin 1895, 1.000.000 liv. st., 6 °/₀, émis par la National Bank für Deutschland, remboursable par 15 tirages annuels de 1901 à 1915 ; garanti par les douanes maritimes. Cet emprunt est fait pour vingt ans ; le contrat porte que le gouvernement chinois ne s'est pas réservé le droit d'un remboursement anticipé.

6° Juillet 1895, 400.000.000 de francs, 4 °/₀, émis par des établissements français et russes ; remboursable en 36 années à partir de 1896 par tirages au sort annuels ; garanti par les douanes maritimes et le gouvernement russe ; il est affecté, chaque année, à l'amortissement 1.288.688 °/₀ du montant nominal de l'emprunt, plus 4 °/₀ du montant nominal des titres déjà amortis ; les annuités sont les mêmes et seul le chiffre des centaines varie.

7° 23 mars 1896, 16.000.000 de liv. st., 5 °/₀, émis par la Hong-Kong and Shanghaï Bank et la Deutsche Asiatische Bank ; remboursable au pair en 36 années à partir de 1897 par tirages au sort annuels ; garanti par les douanes maritimes.

8° Mars 1898, liv. st. 16.000.000, 4 ½ °/₀, émis par les mêmes banques, remboursable en quarante-cinq années, à partir de 1898 ; garanti par les douanes maritimes après amortissement des emprunts précédents ; encaissement du *likin* sur le sel dans certaines provinces, et dans d'autres sur les marchandises. Pendant le délai de ces quarante-cinq années, le gouvernement chinois n'aura pas le droit d'augmenter l'amortissement, d'amortir la dette avant le terme indiqué et de modifier l'ordre stipulé dans le contrat.

Ce n'est que lorsque ces emprunts, dont les douanes sont la garantie, auront été remboursés, que la Chine pourra recouvrer sa liberté d'action et substituer, ce qui est son objectif, des fonctionnaires indigènes aux employés étrangers dans le grand service dont elle doit la création et l'organisation à l'Europe et aux Etats-Unis. Comme on le voit, ce n'est pas seulement l'Angleterre par les emprunts de 1896 et de 1898 qui est intéressée dans la question, mais aussi la France, la Russie et l'Allemagne, qui ont consenti des emprunts sur la même garantie. C'est donc la plus grande partie de l'Europe qui doit prendre part à une action commune ; elle a d'autant moins de raisons de se démunir de son gage, qu'elle sait que la spoliation dont elle est menacée n'a pour but que de procurer de l'argent à un gouvernement désireux d'augmenter sa force militaire pour balayer ceux-là mêmes qui bénévolement lui en fourniraient les moyens.

Il est un autre point, à mes yeux sans grande importance : c'est l'engagement spécial, pris par la Chine vis-à-vis de l'Angleterre au sujet de la nomination d'un inspecteur général des douanes aux jours sombres de 1898 ; il est conçu ainsi, dans une note adressée par le *Tsoung-li-yamen* au ministre d'Angleterre, Sir Claude Mac Donald :

Kouang-Siu, 24ᵉ annéc, 1ʳᵉ lune, 23ᵉ jour
(13 février 1898).

Le yamen a l'honneur d'écrire au ministre anglais au sujet de la continuation de l'emploi dans l'avenir d'un Anglais pour succéder à l'Inspecteur général des douanes maritimes... Il doit observer que le commerce anglais avec la Chine dépasse celui de tous les autres pays, et comme le yamen l'a fréquemment convenu et promis, on a l'intention que dans le futur comme dans le passé, un Anglais soit employé comme Inspecteur général.

Mais si, à une époque future, le commerce d'un autre pays aux différents ports chinois devenait plus grand que celui de la Grande-Bretagne, alors la Chine, naturellement, ne serait pas obligée d'employer nécessairement un Anglais comme Inspecteur général.

Les circonstances ont bien changé depuis que le *tsoung-li-yamen* écrivait cette note, qui dans tous les cas permet la controverse. On pourra discuter le chiffre des affaires de l'Angleterre avec la Chine, examiner s'il n'est pas singulièrement grossi par les statistiques de Hong-Kong. Il ne sera pas possible de ne pas tenir compte de l'opinion de la dernière puissance venue dans le grand conseil des nations à Pe-King ; les intérêts politiques, aussi bien que les intérêts commerciaux, se sont multipliés en Chine. Il est bien probable que si Sir Robert Hart se retirait, ce qui n'est pas plus désirable pour les autres nations que pour l'Angleterre, les douanes impériales seraient administrées par un consortium représentant les intérêts des diverses puissances ; seule, la Chine ne peut rien transformer : elle est prisonnière de ses créanciers.

LES DOUANES IMPÉRIALES MARITIMES

CHINOISES[1]

Une circulaire, qui n'émane ni des Douanes Maritimes Chinoises, ni du Comité de l'Asie française, a été distribuée, un peu légèrement, il faut bien le dire, aux établissements de l'enseignement secondaire dans les villes de province en France ; il en est résulté une avalanche de demandes d'admission dans le service chinois, aussi bien au ministère des Affaires étrangères et au Comité de l'Asie française, que chez M. J. D. Campbell, représentant de Sir Robert Hart en Europe[2]. Ce dernier a reçu plus de cent lettres accompagnées de demandes, souvent baroques, de renseignements, adressées par des lycéens et des collégiens de toutes les parties de la France ; en un seul jour vingt-cinq lettres arrivaient chez M. Campbell des quatre points cardinaux. Le *Bulletin du Comité de l'Asie française* a donné dans son numéro de février 1902 des renseignements sur

---

1. Cet article a paru dans le numéro de mai 1902 du *Bulletin du Comité de l'Asie française* et nous avons cru devoir le reproduire à cause de son importance pratique dans le *T'oung-pao*, octobre 1902. Il a été réimprimé en 1905. Sir Robert Hart a été remplacé en octobre 1911 comme Inspecteur général par Sir Francis A. Aglen, qui était entré dans le service en décembre 1888.

2. 26 Old Queen street, Westminster, London, S. W.

le recrutement dans la carrière des douanes chinoises qu'il est désirable de rectifier sur certains points et de compléter. Je le fais aujourd'hui à l'aide de documents contrôlés par le service même des douanes qui, s'ils enlèvent quelques illusions à de trop nombreux candidats, indiquent d'une façon sûre au petit nombre de ceux qui peuvent être appelés à faire partie de cette grande administration, les conditions essentielles de l'admission.

Je crois devoir faire précéder ces renseignements d'un court historique de l'établissement des douanes en Chine.

ORIGINE DES DOUANES

L'origine du service des Douanes Impériales Maritimes Chinoises (Imperial Maritime Customs) date de 1854 [1]. A cette époque, les rebelles de la Société triade du Petit Couteau, *Siao Tao Houei*, des loges cantonnaise et foukienoise, occupaient la ville indigène de Chang-Haï ; les fonctionnaires chinois avaient abandonné leurs postes ; personne n'avait un mandat régulier pour toucher les droits sur les marchandises importées. Les consuls eux-mêmes ne pouvaient guère recevoir que des promesses de payer les droits et pouvaient-ils même légalement percevoir les taxes ? Un arriéré énorme se produisait donc dans la perception de la douane. Le 23 novembre 1854, d'après une note du ministre américain, Robert M. Mc. Lane, les droits arriérés, dus par les citoyens des Etats-Unis, montaient à eux seuls à taëls 118.125 8 m. 4 c. 1 s. « Cependant les consuls d'Amé-

---

1. *China*, n° 1 (1865). *Foreign Customs Establishment in China*. 1865 [3509]. — Voir *supra*, pages 193 seq.

rique et de la Grande-Bretagne, pour arrêter le désordre, décidèrent que les droits seraient acquittés entre leurs mains soit en argent, soit en simples obligations *(promissory notes)*. Wou Samqua [Wou Kien-tchang] (le Tao-T'aï) ne demanda pas seulement qu'on lui versât les droits perçus, mais manifesta même l'intention de rouvrir la douane dans le local qui y avait été consacré au milieu des concessions étrangères. Toutefois il dut y renoncer devant l'opposition qu'il rencontra, fondée sur cette raison «qu'attendu l'insuffisance de ses forces militaires pour se protéger lui-même contre les insurgés, la colonie deviendrait, par le fait de sa présence, le théâtre de sanglants conflits dans lesquels les jours et les propriétés des étrangers seraient infailliblement exposés ». Le Tao-T'aï n'eut pas plus de succès quand il proposa d'établir une douane flottante à bord de l'*Antilope*, navire européen qu'il avait acheté pour augmenter sa flottille : on lui opposa les mêmes objections et les mêmes arguments [1]. » Un tel état de choses ne pouvait durer, aussi conclut-on un arrangement par lequel un bureau temporaire des douanes serait ouvert le 13 février 1854, sous la présidence du Tao-T'aï de Chang-Haï. Dans une conférence tenue le 29 juin 1854 entre Wou Tao-T'aï et les consuls Rutherford Alcock, B. Edan et R. C. Murphy des trois puissances ayant des traités avec la Chine, c'est-à-dire l'Angleterre, la France et les Etats-Unis, ils rédigèrent les articles au nombre de neuf qui leur semblaient nécessaires pour une meilleure organisation du service des douanes. Pour

____

1. Arthur MILLAC [Camille Imbault-Huart], dans la *Revue de l'Extrême-Orient*, II, p. 10.

exercer sur les douanes un contrôle devenu indispensable et pour reviser les règlements douaniers
d'août 1851, on nomma une commission des représentants des consuls composée de : T. F. WADE, vice-
consul d'Angleterre, le capitaine CARR, attaché à la
légation des Etats-Unis et Arthur SMITH, interprète
du consulat de France ; le traitement de ces inspecteurs fut fixé à 6.000 piastres (plus de 30.000 francs)
pour chacun, sans compter les frais de service. La
nouvelle douane commença à fonctionner le 12 juillet 1854. Le système ayant donné de bons résultats,
on se décida à l'appliquer aux autres ports ouverts
au commerce, tout d'abord à Canton, en octobre
1859, avec l'approbation du vice-roi des deux
Kouang, LAO TSOUNG-KOUANG. (Voir traités de
T'ien-tsin, 1858). Les pouvoirs du fonctionnaire
(Haï Kouan) si connu des étrangers au XVIIIe siècle,
sous le nom de *Hoppo*, étaient ainsi singulièrement
transformés. Chan-T'eou *(Swatow)* fut ouvert en
février 1860 ; Tchen-kiang sur le Yang-tseu, en
avril, Ning-po, en mai 1861, T'ien-tsin, le même
mois, reçurent des commissaires. La même année,
en juillet, Fou-tcheou, et en décembre, Han-k'eou
et Kieou-kiang sont ouverts à leur tour ; en avril
1862, Amoy ; en mars 1863, Tché-fou ; en mai, Tamsoui et Ki-loung ; puis en septembre, Ta-kao, dans
l'île Formose, et enfin en mai 1864, Nieou-Tchouang,
complètent le chiffre de quatorze bureaux de douanes
ouverts à la fin de 1864 [1].

En fait, l'administration des Douanes Maritimes
Chinoises était confiée à un service spécial du gou-

---

1. Extrait de l'*Histoire des Relations de la Chine*, par Henri
CORDIER, I, pp. 158-159.

vernement impérial, service qui est connu sous le titre de « Inspectorat général des Douanes Impériales Maritimes Chinoises » dans lequel des étrangers furent employés aux termes de l'article 46 du traité anglais de T'ien-tsin de 1858 et de l'article 10 des conditions du Tarif du 8 novembre 1858. Il n'y a pas dans le traité français de T'ien-tsin de clause semblable à celle de l'article 46 du traité anglais, mais les conditions du Tarif furent acceptées par les plénipotentiaires français et américain et signées le 28 novembre 1858 par le plénipotentiaire français.

FONCTIONNAIRES DES DOUANES

A la tête du service est placé un Inspecteur général. Nous avons dit plus haut qu'à l'origine, à Chang-Haï, en juillet 1854, les droits de douanes étaient perçus par les trois consuls. Antérieurement, depuis septembre 1853, le consul d'Angleterre, Rutherford Alcock, auquel est due l'initiative de la création du nouveau service des douanes, avait servi d'intermédiaire à ses compatriotes ; il s'était fait représenter dans le triumvirat par son vice-consul Thomas-Francis Wade qui, à son tour, céda au bout d'un an (1er juin 1855) la place à l'interprète Horatio Nelson Lay. La France et les Etats-Unis ayant cessé de nommer des représentants, M. Lay resta seul. L'extension du système des douanes de Chang-Haï aux autres ports devait conduire à l'unité de direction et c'est ainsi que Lay, nommé par le Gouverneur général des deux Kiang, devint Inspecteur général des Douanes Maritimes. Le Tsoung-li-Yamen, depuis sa création en 1861, avait dans ses attributions la nomination de ce haut fonctionnaire qui lui adressait ses rapports pour être remis au ministère des Finances *(Hou-Pou)* ; il est vrai qu'il n'a eu qu'une fois à exercer cette prérogative en faveur de M. Robert Hart.

L'administration des Douanes est confiée à quatre services *(Departments)* : 1º le Revenu *(Revenue Department)* ; 2º la Marine *(Marine Department)* ; 3º l'Education *(Educational Department)* ; 4º les Postes *(Postal Department)*.

En 1903, ce dernier département comprenait 72 employés étrangers et 2.677 Chinois ; le secrétaire des Postes est un Anglais, Mr. F.-A. AGLEN ; les chefs de bureaux sont des employés du service intérieur ; restent donc les emplois subalternes. Je laisse de côté la Marine et l'Education, services techniques. C'est en réalité au premier département *(Revenue)* que les candidats cherchent un emploi. Ce Département comprend un service intérieur *(In-door Staff)*, un service extérieur *(Out-door Staff)*, un service de la Côte *(Coast-Staff)*, étrangers et Chinois comprenant, en 1903, 957 étrangers et 4.138 Chinois. Le service extérieur (616 étrangers) est principalement recruté *sur place*, surtout parmi les marins de différentes nationalités. On comprend dès lors que les demandes visent exclusivement le service intérieur *(In-door Staff)*. Nous allons l'examiner.

Le service intérieur comprenait, en 1903, 293 employés européens sur lesquels 23 sont de simples commis sans chance d'avancement ; restent 270 employés ainsi répartis par nationalités :

Anglais	132
Français	34
Allemands	27
Américains	18
Russes	12
Italiens	7
Norvégiens	7
Japonais	7
Portugais	6
Danois	4
Autrichiens	3
Hollandais	5
Belges	5
Espagnols	2
Hongrois	1
	270

Depuis la publication de l'Annuaire de 1903, nous savons qu'au moins 12 jeunes gens sont entrés dans le service, ainsi répartis par nationalité : Anglais, 9 ; Français, 1 ; Belges, 2, ce qui fait un total, pour le chiffre actuel des employés du service intérieur, de 305 ; mettons 300 en chiffres ronds. Or, on a calculé qu'un employé des douanes reste environ 30 ans dans le service, cela fait une moyenne de *dix places vacantes par an*, à répartir entre plus de *quinze* nations ayant des traités avec la Chine.

Ces chiffres sont assez éloquents ; la conclusion s'impose d'elle-même : il n'y a pas place pour une *cohue* de candidats, mais seulement pour une petite élite. Il est donc peu sage, pour ne pas dire plus, d'entretenir chez des collégiens des illusions qui leur prépareraient d'amers réveils.

SIR ROBERT HART, BART.

Le service des Douanes Chinoises est dirigé par l'Inspecteur général, l'I. G. comme le désignent ses subordonnés, Sir Robert Hart, véritable autocrate, qui dispose seul de toutes les places et auquel les candidats doivent adresser *directement* leurs demandes.

Le trait caractéristique du service, c'est qu'il a à sa tête un seul chef qui est nommé par le gouvernement chinois ; il est le seul fonctionnaire choisi de la sorte, mais sa commission, munie du sceau du Tsoung-li-Yamen, l'autorise à prendre les agents qui serviront sous ses ordres. Lord Clarendon était hostile à toute intervention des consuls britanniques dans le choix des employés anglais des douanes. Lord Elgin, plénipotentiaire anglais, écrivait le 8 février 1862 à M. Layard au sujet du traité de T'ien-tsin et du Tarif :

« The stipulation that an uniform system of collection was to be gradually introduced at the several open ports, and the omission of the clause requiring Her Majesty's Consuls to exercise over Her Majesty's subjects a control in Custom-House matters, from which the subjects of other Treaty Powers were exempt, coupled with the large reductions in the Tariff rates of duty, and the opening up of the whole seaboard of China and of the banks of the more important navigable rivers to trade, were held to be advantages of no mean order. To the best of my recollection it never was suggested to me that I should use the power I possessed to compel the Chinese government to divest itself of its power of enacting regulations for the protection of its revenue, and of imposing penalties for the breach

of such regulations. Had such a suggestion been made,
I should have been obliged to disregard it, because I could
not have acted upon it without contravening one of the
most essential principles of the policy prescribed to me
by Lord Clarendon. »

Robert HART, né le 20 février 1835, à Portadown,
dans le comté d'Armagh (Irlande), fut élevé à
Queen's University, Belfast, et obtint son diplôme
de Bachelier-ès-Arts en 1853 et celui de Maître-
ès-Arts, M. A. *hon. causâ*, en 1871 ; il est aussi LL. D.
de Queen's University, 1882, et de Michigan, Etats-
Unis. D'abord interprète surnuméraire de la surin-
tendance du commerce à Hong-Kong (mai 1854),
près du consulat britannique à Ning-po (octobre
1854), assistant-interprète dans le même port (juin
1855), puis second assistant à Canton (mars 1858), il
remplit les fonctions de secrétaire des Commissaires
alliés pour l'administration de la ville de Canton
(avril 1858). Interprète du consulat anglais à Canton
(mai 1859), il obtient la permission d'entrer dans les
douanes chinoises où il est promu d'emblée député-
commissaire dans cette ville (juin 1859) ; pendant
l'absence de Lay, il remplit (avril 1861-mai 1863),
avec M. FITZ-ROY comme collègue, les fonctions
d'Inspecteur général. Nommé commissaire à Chang-
Haï avec la charge des ports du Yang-tseu et de
Ning-po (avril 1863), il remplaça H.-N. LAY, trois
mois plus tard, définitivement (novembre 1863).
L'Angleterre, qui sait récompenser les bons services,
a fait de Robert Hart un Grand-Croix de Saint-
Michel et Saint-George, G. C. M. G. (1889) et un
Baronet (1893) ; la Chine lui a donné le globule rouge
de la première classe des fonctionnaires (1881), l'a

décoré de la première classe de la seconde division du Double Dragon, et de la Plume de Paon (1885), et a anobli trois générations de ses ancêtres avec le rang de la première classe du premier ordre ; récemment il a reçu le titre honorifique de *Cha-Pao*, second tuteur de l'héritier présomptif, titre qui, à ma connaissance, n'avait jamais été décerné à un étranger.

Sir Robert Hart a reçu les distinctions suivantes des gouvernements étrangers : *France* : commandeur de la Légion d'honneur, 1878 ; grand officier, 1885 ; *Belgique* : commandeur de l'Ordre de Léopold, 1869 ; grand officier, 1893 ; *Suède et Norvège* : chevalier de l'Ordre de Vasa, 1870 ; chevalier grand croix de l'Etoile Polaire, 1894 ; *Autriche-Hongrie*, chevalier commandeur de l'Ordre de François-Joseph, 1870 ; grand croix, 1873 ; *Italie* : grand officier de la Couronne, 1884; *Saint-Siège* : commandeur de l'Ordre de Pie IX, 1885 ; *Portugal* : grand croix de l'Ordre du Christ, 1888 ; *Pays-Bas* : grand croix de l'Ordre d'Orange-Nassau, 1897 ; *Prusse* : Ordre de la Couronne, 1re classe, 1900.

Sir Robert Hart a été nommé, en mai 1885, envoyé extraordinaire et ministre plénipotentiaire d'Angleterre en Chine et en Corée ; il donna sa démission au mois d'août 1885, pour rester comme Inspecteur Général dans le service chinois.

*
* *

La note suivante a été publiée il y a quatre ans et demi ; elle explique les principes suivant lesquels les nominations sont faites dans le service intérieur des douanes :

ADMISSION AU SERVICE CHINOIS DES DOUANES

Service intérieur.

MEMORANDUM

1. — Les nominations dans le service intérieur des douanes chinoises sont faites directement par l'Inspecteur Général, et tout sujet de la nationalité de toute puissance ayant un traité est admissible.

2. — L'Inspecteur Général nomme seulement ceux qu'il connaît ou qui lui sont suffisamment bien recommandés en ce qui regarde les antécédents et la conduite. Les candidats doivent adresser eux-mêmes directement leur demande à l'Inspecteur Général, lui envoyant en même temps les recommandations et les certificats qu'ils désirent présenter, ainsi que leur photographie.

3. — L'âge des candidats est de 19 à 23 ans.

4. — Les candidats doivent être célibataires. Le service n'a pas le moyen de fournir une installation de maison pour des jeunes gens mariés.

5. — Tous ceux qui sont désignés à des emplois sont soumis à une épreuve justifiant de leur aptitude et de leur éducation. Il n'y a pas de sujets spéciaux d'examen, sauf que la connaissance de l'anglais, de l'arithmétique, de la géographie et au moins d'une autre langue moderne est requise. Outre ces sujets, les candidats admissibles seront examinés sur tels autres sujets qu'ils choisiront. En pratique, le candidat devra être socialement et par son éducation au moins égal à la moyenne des plus hauts grades des employés civils des contrées d'Europe.

6. — Dans le cas où il se présenterait plus de candidats qu'il n'y a de places, l'Inspecteur Général peut, comme il l'a fait jusqu'ici, faire passer un examen de concours aux

candidats et donner les places à ceux qui seront les plus heureux dans cette épreuve.

7. — Il est fait un examen médical de tous les candidats. Ils doivent donner la preuve d'une intelligence générale, être exempts de toute maladie organique et n'avoir aucun germe de maladie de poitrine, de cœur ou de faiblesse héréditaire. Le bégaiement et la claudication sont des clauses d'exclusion, de même qu'un défaut sérieux dans la vue.

8. — Une indemnité suffisante pour payer le passage à la Chine est donnée aux candidats qui sont engagés en Europe. La somme allouée à cet effet est actuellement de 100 livres sterling.

9. — Les jeunes gens nommés sont surveillés d'une manière spéciale pendant leurs premières années de service pour juger de leur conduite, de leur tenue, de leur aptitude à remplir leurs fonctions et de leur zèle dans l'étude de la langue chinoise, qui est essentielle. Dans le cas où ils seraient sous l'un de ces rapports des employés ne donnant pas satisfaction, l'Inspecteur Général se réserve le droit de les renvoyer.

Inspectorat général des douanes, Pékin, 30 décembre 1899.

*
* *

La note suivante indique les conditions d'admission et du service :

MEMORANDUM

Explicatif des conditions d'entrée dans les douanes maritimes impériales chinoises.

1. — Toute nomination dans le service dépend de la seule volonté de l'Inspecteur général, Sir Robert Hart, Bart., G. C. M. G.

2. — Le cadre étranger placé sous les ordres de l'Inspecteur général des douanes comprend des sujets des différentes puissances alliées à Chine par un traité.

3. — Pour être admis comme 4e assistant, C., il faut être âgé de 19 ans au moins et de 23 ans au plus.

4. — Le candidat doit être apte au service en Chine, c'est-à-dire : n'avoir pas plus de 23 ans ; — posséder une instruction convenable ; se trouver dans de bonnes conditions physiques (on se montre surtout exigeant pour la vue et l'ouïe) ; — et être capable d'occuper un pupitre anglais dans un bureau [parler et écrire l'anglais qui est la langue usitée dans le service des douanes].

5. — Suivant la lettre de nomination qui est donnée par l'Inspecteur général au 4e assistant, C., celui-ci, d'après les conditions générales du service, pourra être appelé à remplir les occupations des douanes aussi bien comme employé de bureau *(in-door staff)* que comme employé pour le service extérieur *(out-door staff)* et s'il aspire à un degré supérieur et à un traitement plus élevé, il devra acquérir la connaissance de la langue chinoise ainsi que des usages et des coutumes du peuple chinois. Le service est un département du service civil de la Chine, ses membres étant employés du gouvernement chinois et non les subordonnés d'aucun autre gouvernement ; ils ne sont pas employés pour aucun temps spécifié, mais l'acceptation d'un emploi implique l'acceptation des statuts et des règlements du service.

6. — Il y a une allocation de 100 livres sterling pour le voyage, et les appointements commencent en Chine à raison de 1.200 haïkouan taëls par an. La valeur du haïkouan taël varie suivant le taux courant du change ; en moyenne, elle était, en 1901, de 2 sh. 11 d. 9/16, en 1902, de 2 sh. 7 d. 1/5, et en 1903, de 2 sh. 7 d. 2/3. En outre de ces appointements, chaque assistant est logé (non meublé) ou reçoit à la place une indemnité. Si l'assistant quitte de sa propre volonté le service avant l'expiration de cinq ans de service

effectif en Chine, il est tenu de rembourser les 100 livres sterling qui lui avaient été allouées pour son passage.

9. — Le traitement d'un 4e assistant, C., est de 1.200 haïkouan taëls. (Les anciens traitements en argent, — qui s'élevaient suivant les grades pour les commissaires de 4.800 à 9.000 haïkouan taëls, — ont tous été augmentés).

8. — La promotion dans le service dépend :

a) des vacances qui peuvent se produire ;

b) des progrès réalisés par l'intéressé dans l'étude du chinois ;

c) de la conduite et des aptitudes de l'intéressé.

9. — Les agents ne sont pas retraités, mais d'après les règlements actuels, une allocation d'une année de traitement peut être donnée au gré de l'Inspecteur général après chaque période de sept années de service.

10. — A la fin de la première période de sept ans de service, et dans la suite, après une période de cinq ans, un congé de deux ans, à demi-solde, pourra, suivant le présent règlement, être accordé, si les besoins du service le permettent.

*
* *

La note suivante indique les conditions de l'examen des candidats qui ont reçu de l'Inspecteur Général leur nomination :

MEMORANDUM

Explicatif des examens d'entrée dans l'administration du service des douanes chinoises.

1. — Avant que l'examen n'ait lieu, le candidat devra produire un certificat médical à l'effet de prouver qu'il n'a aucun défaut dans la vue, la parole ou l'ouïe ; qu'il est exempt de toute maladie, affection constitutionnelle ou

jnfirmité corporelle, qui pourrait probablement le gêner dans l'accomplissement exact de ses devoirs officiels, et que, au point de vue de la santé, il est parfaitement propre au service en Chine.

2. — Il y aura un examen préliminaire d'épreuve pour l'écriture, la dictée, la grammaire et l'arithmétique. Tout candidat qui ne réussirait pas à passer cet examen d'une manière satisfaisante sera disqualifié pour l'examen final, qui a spécialement pour but de s'assurer des mérites de chaque candidat relativement à ses connaissances, son intelligence et ses chances d'avenir. Les sujets de l'examen final ou de l'examen d'épreuve de l'instruction sont partie obligatoires et partie facultatifs.

I. — Obligatoires.

a) Langue anglaise.
b) Eléments d'histoire moderne.
c) Géographie.
d) Composition et précis.
e) Tenue de livres en partie double.

II. — Facultatifs.

Le candidat peut choisir n'importe quels sujets, plus spécialement français et allemand, afin de prouver qu'il a reçu une éducation convenable. On tiendra un plus grand compte d'une profonde connaissance de quelques sujets que d'un savoir superficiel d'un grand nombre.

RECRUTEMENT

On verra d'après le memorandum relatif aux examens que l'on ne cherche pas à faire atteindre aux candidats un niveau spécial d'instruction. L'éduca-tion que l'on nomme en général *libérale*, c'est-à-dire celle que doit recevoir tout homme pour faire son chemin dans le monde, est tout ce que l'on demande ; en sorte que si un jeune homme s'est préparé soit à la carrière des armes, soit à la marine, au droit, à la médecine, aux travaux d'ingénieur, soit à toute autre profession honorable, il ne se rend ainsi nullement impropre au service des douanes. Mais l'on recherche aussi bien les avantages physiques que les qualités intellectuelles, et l'on désire des hommes dignes de confiance, honnêtes, travailleurs et possédant du sang-froid et du bon sens.

Quand un candidat est inconnu de Sir Robert Hart, il doit naturellement fournir, à l'appui de sa demande, des recommandations émanant d'une personne connue de l'Inspecteur Général officiellement ou en particulier, ou dont la réputation ou le nom ou la position soit une garantie suffisante pour la recommandation.

Lorsque Sir Robert Hart désigne un candidat en Europe, il en informe M. Campbell, dont c'est le devoir d'exécuter les instructions relatives à l'examen et de décider si le candidat est ou n'est pas apte au service. Il est préférable que les candidats adressent *directement* leur demande à Sir Robert Hart.

L'examen littéraire peut être remplacé par le diplôme d'établissements comme l'Ecole des langues orientales vivantes, l'Ecole coloniale, etc. Si les candidats sont trop nombreux, il est alors nécessaire d'ouvrir un concours ; c'est ce qui est arrivé récemment quand 39 jeunes gens se sont présentés pour 6 places vacantes.

AVANCEMENT

Le service intérieur des douanes comprend dans ses 293 employés : 1 Inspecteur général, 1 Inspecteur général adjoint, 38 commissaires (directeurs), 22 commissaires adjoints, 38 principaux assistants, 31 premiers assistants, 28 deuxièmes assistants, 51 troisièmes assistants, 60 quatrièmes assistants, 9 commis (Clerks), 14 divers.

Jusqu'à l'année 1901, les assistants étaient divisés en deux classes, A et B ; pour accélérer les promotions, ils seront dorénavant répartis en trois classes, A, B et C. Les traitements commençaient à hk. tls. 900 ; ils suivent aujourd'hui l'échelle ci-dessous jusqu'aux commissaires, qui étaient en 1901 au nombre de 38, dont 18 Anglais, 7 Américains, 5 Allemands, 3 Français, 1 Hongrois, 1 Norvégien, 1 Belge, 1 Russe, 1 Danois.

4e Assistant C	hk. tls.	1.200
» B	»	1.500
» A	»	1.800
3e Assistant C	»	2.100
» B	»	2.400
» A	»	2.700
2e Assistant C	»	3.000
» B	»	3.300
» A	»	3.600
1er Assistant C	»	3.900
» B	»	4.200
» A	»	4.500
Principal assistant C	»	4.800
» B	»	5.400
» A	»	6.000
Commissaire adjoint	»	7.200
Commissaire	»	9.600 à 12.000

A cause de la dépréciation de l'argent, les traitements commenceront désormais à hk. tls. 1.200 au lieu de 900 et suivront une augmentation progressive suivant les grades.

L'avancement est dû naturellement à l'intelligence, au travail, à l'assiduité et à la bonne conduite, mais surtout aux progrès dans la langue chinoise ; un assistant qui ne possède pas cette langue à fond n'a aucune chance d'arriver au grade de commissaire.

Dans les dernières promotions, les plus heureux parmi les commissaires adjoints ont été nommés commissaires au bout de 18 ans de service dans les douanes, mais la plupart ont attendu 22, 24, 28 et même 29 ans ce haut emploi.

J'espère que ces quelques renseignements pourront donner une idée exacte du service des douanes impériales maritimes chinoises, des conditions dans lesquelles on peut y être admis, et de l'avancement que l'on peut y obtenir.

ALBUQUERQUE[1]

Cartas de Affonso de Albuquerque seguidas de documentos que as elucidam publicadas de Ordem da Classe de Sciencias moraes, politicas e bellas-lettras da Academia real das Sciencias de Lisboa e sob a direcção de Raymundo Antonio de Bulhão Pato, Socio da mesma Academia. Tomo I. — Lisboa, Typographia da Academia Real das Sciencias. MDCCCLXXXIV, in-4°, p. XXIII-448. — T. II, *Ibid.*, MDCCCXCVIII, in-4°, p. LVIII-454 plus I f. n. ch. — T. III, *Ibid.*, MDCCCCIII, in-4°, p. XV-406. — T. IV, *Ibid.*, MDCCCCX, in-4°, p. XXXVI-382.

Ces quatre volumes forment les tomes X, XII, XIII et XIV de la première série *Historia da Asia* de la « Collection de Monuments inédits pour l'Histoire des Conquêtes des Portugais en Afrique, Asie et Amérique » ; il a fallu un grand nombre d'années pour imprimer ce vaste recueil, car le premier volume, paru en 1884, a été lentement suivi par les trois autres en 1898, 1903 et 1910. Voici sommairement le contenu de la Collection. Le tome I renferme les lettres d'Albuquerque depuis la première, écrite de Mozambique le 6 février 1507 au Roi, traitant de son voyage avec Tristan da Cunha et de l'exploration de l'île Saint-Laurent ; jusqu'à la dernière, du

1. Extrait du *Journal des Savants*, novembre 1911, pages 493-502.

6 décembre 1515, écrite en mer au Roi, par Albuquerque, déjà moribond, pour lui recommander son
fils ; cette lettre célèbre diffère de forme suivant les
auteurs qui l'ont reproduite, et les variantes de son
texte sont données dans le tome II, p. XXIV-XXVI,
d'après João de BARROS, les *Commentarios*, l'*Asia* de
Faria y Sousa, suivi et modifié par Fernão Lopes
de CASTANHEDA, Damião de GOES et Gaspar COR
REIA, et enfin la véritable rédaction d'après l'original
conservé à la Torre do Tombo et que nous connaissons depuis longtemps par l'excellente version qu'en
a donnée Ferdinand DENIS ; les lettres datées d'Albuquerque sont suivies d'autres lettres sans date. —
Le tome II contient des conseils et des avis sur les
entreprises militaires, les règlements et autres documents attribués à Albuquerque, l'enquête sur les
actes d'Albuquerque à Ormouz, des lettres de princes
indigènes, etc., et se termine par divers documents,
pour servir à éclairer la situation de l'Inde à l'époque
d'Albuquerque. — Dans le tome III se trouvent la
suite des documents divers, les lettres et autres
documents adressés à Albuquerque ; les documents
renfermant des références ou des allusions à Albuquerque ; les documents datés s'étendant du 1er mars
1500, lettre du roi D. Manoel de Lisbonne pour le
roi de Calicut, au 20 mars 1516, lettre écrite d'Almeirim par le même D. MANOEL à Albuquerque
pour lui annoncer son remplacement ou plus exactement sa disgrâce : « *Ordenand-lhe que, no caso de
haver tomado Aden ou algum outro porto do Mar
Roxo, ou de ter entrado o mar da India a armada do
Soldão, permanecesse na India, repartindo o governo
com o novo capitão mor, Lopo Soares* » ; le volume
renferme aussi des documents sans date ou incom-

plètement datés. — Enfin le tome IV contient la suite des documents relatifs à Albuquerque, des additions aux lettres, une série de 267 ordres signés par Albuquerque du 8 février 1509 au 30 décembre 1510 ; les documents s'étendent du 7 février 1506 au 11 avril 1524.

L'occasion se présente de retracer sommairement la carrière du grand Albuquerque, et je la saisis avec d'autant plus d'empressement que l'on ne trouve dans ces volumes nulle esquisse biographique pour servir de fil conducteur au milieu de cette masse de documents.

I

C'est en 1503 qu'Antonio de SALDANHA découvrit la baie qui fut nommée *Agoada do Saldanha*, au fond de laquelle devait s'élever au XVIIe siècle la ville du Cap [1] ; en 1601, l'amiral hollandais Joris van SPILBERGEN donna le nom de baie de la *Table* qu'elle a conservée jusqu'à nos jours à l'Agoada do Saldanha [2] ; cette même année 1503, deux expéditions furent envoyées sous le commandement de Francisco et d'Affonso de Albuquerque. Francisco rétablit sur son trône le roi de Cochin, chassé de ses États par le rajah de Calicut et construisit à Cochin le premier fort que les Portugais possédèrent aux Indes et qui fut confié à la bravoure de Duarte Pacheco PEREIRA.

1. Sur la fondation de la ville du Cap, voir Henri DEHÉRAIN, *Le Cap de Bonne-Espérance au XVIIe siècle*, in-12, Paris, Hachette, 1909, p. 12 et suiv.

2. Le nom de Saldanha fut donné, plus tard, à une baie profonde qui s'ouvre sur la côte de l'Afrique australe à environ 120 kilomètres au nord de la baie de la Table.

C'est la première fois que nous rencontrons le nom d'Affonso de Albuquerque ; ce grand homme était né en 1453 à Villa d'Alhandra, près de Lisbonne, de Gonçalo de Albuquerque, seigneur de Villaverde, par lequel il descendait du roi Diniz et de Leonor de Menezes ; élevé à la cour des rois Affonso V et João II dont il fut grand écuyer, il avait reçu une éducation extrêmement soignée ; dans cette année 1503, après avoir touché au Brésil, Affonso arriva à Quilon, sur la côte du Travancore, et y établit une factorerie.

Cependant les intrigues de la République de Venise avec le Soudan d'Égypte et ses alliés, les rajahs de Calicut et de Cambaye, inquiétant les Portugais, D. Manoel se décida à envoyer aux Indes une grande expédition : celle-ci, commandée par Francisco de Almeida avec le titre de vice-roi des Indes, mit à la voile le 25 mars 1505 ; cette flotte comprenait 22 navires et 15.000 hommes et devait débarrasser le commerce portugais des entraves que lui mettaient les Musulmans, et explorer la mer Rouge. Almeida s'empara de Quilon (22 juillet 1505), dont il remplaça le roi hostile aux Portugais par un prince à sa dévotion. Après avoir fait relâche à Mélinde, il bâtit des forts à Anchedhiva et à Cananor, puis il couronna solennellement le roi de Cochin. Quelques princes hindous, et parmi eux le roi de Narsingue, s'empressèrent de lui envoyer des ambassadeurs et de faire avec lui des traités de paix et d'amitié. Almeida, arrivé au comble de la puissance, envoya à D. Manoel une flotte de huit navires chargés d'épices sous le commandement de Fernam Soares. C'est dans ce voyage de retour que, le 1er février 1506, fut découverte par les Portugais la côte orientale de Madagascar tandis que l'était la côte occidentale de cette même île par João Gomez d'Abreu, le 10 août 1506, jour de Saint Laurent, dont le nom fut donné à ce nouveau pays.

Le 6 avril 1506, Tristan da Cunha, qu'une maladie d'yeux avait empêché de prendre le commandement de l'expédition confiée à Almeida, fut envoyé avec une flotte de 16 navires et 1.300 hommes pour consolider la puissance portugaise en Afrique et en Asie, et répandre la gloire du nom chrétien dans les pays lointains ; au cours de ce voyage, il découvrit les trois îles qui portent son nom. Affonso de Albuquerque faisait partie de l'expédition. Après avoir exploré les côtes de Saint-Laurent (Madagascar), sous prétexte que les Chrétiens étaient persécutés dans l'île de Socotora, les Portugais s'en emparèrent et y construisirent une forteresse. Tristan da Cunha, après cet exploit, prit la route des Indes, puis revint en Portugal, laissant à Albuquerque, avec le commandement de sa flotte, le soin de courir le long de la côte d'Arabie et de continuer son œuvre.

Ormouz, construit dans une île, à l'entrée du golfe Persique, excita la convoitise d'Albuquerque. En conséquence, le 20 août 1507, il fit voile de Socotora avec 470 soldats, commandés par six de ses meilleurs officiers. Après un combat naval, le souverain d'Ormouz fut obligé de se reconnaître tributaire du roi de Portugal et de permettre à Albuquerque de construire une forteresse sur son territoire. Malheureusement, la défection de quelques capitaines portugais permit au roi d'Ormouz de secouer le joug, et Albuquerque, obligé de renoncer à son entreprise contre cette île, reprit la route des Indes, où il arriva le 3 novembre 1508.

A cette époque, Francisco de Almeida, premier vice-roi des Indes, reçut des lettres par lesquelles le roi de Portugal le rappelait, avec ordre de laisser son commandement à Albuquerque. Almeida se refusa à reconnaître celui-ci comme gouverneur des Indes et le fit même jeter en prison à Cananor. La situation des Portugais était d'ailleurs difficile en présence de la coalition des puissances musulmanes. Almeida porta un coup terrible à l'Islam et à son commerce dans l'Inde en écrasant, le 3 février 1509, devant Diu, les flottes combinées du Soudan d'Égypte et des rajahs de Calicut et de Cambaye. Après cette victoire décisive, le grand vice-roi, dégoûté de l'ingratitude des siens, abandonna la partie et reprit la route de l'Europe, qu'il ne devait pas revoir : ayant malheureusement fait relâche près du cap de Bonne-Espérance, dans la baie de Saldanha, cet illustre capitaine périt misérablement le 1er mars 1510 avec soixante-cinq de ses compagnons dans une lutte contre les indigènes. La flotte portugaise, privée de son chef, reprit la route de Lisbonne après que le corps de Almeida eut été enfoui dans le sable. D'un tempérament impétueux et d'un indomptable orgueil, d'aspect grave et de manières courtoises, Almeida était de la race des guerriers et non de celle des politiques. Il était conquérant, nullement administrateur ; capable de férir un bon coup d'épée, mais ignorant les finesses de la diplomatie s'il en avait la compréhension ; terrassant ses adversaires, sans les convaincre ; sachant prendre, il n'aurait point conservé. Mais il fut vraiment l'homme de la situation qu'il avait trouvée en Asie ; il fallait un soldat qui eût la claire conception de la politique à suivre ; Almeida comprit que l'Islam était le véritable ennemi et il l'écrasa ; pour protéger le commerce il fallait être maître de la mer, et il le devint. Son œuvre fut heureusement complétée et consolidée par son successeur. Albuquerque, à son tour, sentit la nécessité d'assurer sur terre la puissance acquise sur mer : Ormouz, Goa, Malacca, furent les points d'appui de son empire, commandant le golfe Persique, l'océan Indien et les mers d'Extrême-Orient.

II

L'honneur d'avoir créé le premier établissement portugais à Malacca revient à Diogo Lopes de SEQUEIRA. Par ordre du roi D. Manoel, Sequeira avait quitté Lisbonne le 5 ou le 8 avril 1508 avec quatre navires ; il arrivait le 4 août à l'île Saint-Laurent, qu'il côtoyait dans sa partie méridionale, passa à Cochin, où Almeida, qui était encore vice-roi, ajouta à sa flottille un navire monté par soixante hommes, se rendit à Sumatra, où il visita le roi de Pedir, avec lequel il conclut un traité d'alliance, puis à Pacem, et enfin jeta l'ancre à Malacca le 11 septembre 1509. Le sultan MAHMOUD CHAH, qui régnait à Malacca depuis 1477, envoya les officiers du port s'enquérir de ce que venaient faire ces étrangers. Sequeira répondit : « Qu'un Roy fort renommé l'avait envoyé d'un des bouts de l'Occident, afin de traicter alliance avec le Roy de Malacca, de la grandeur duquel il avait ouy parler bien amplement et qu'il s'asseuroit que telle alliance servirait à l'un et à l'autre. » Bien accueilli par le sultan, Sequeira débarque, se rend dans la ville, conclut un traité d'alliance et obtient l'établissement d'une factorerie dont prendra charge Ruy d'Araujo. Cependant les Portugais, pleins de confiance, se répandent dans la ville, alors que les marchands de l'Inde et de Java excitent contre eux les soupçons du sultan; malgré les conseils des Chinois qui leur sont favorables et les engagent à se méfier, Sequeira et ses compagnons sont sur le point de tomber dans un guet-apens qu'ont préparé les Musulmans : Sequeira doit être empoisonné dans un banquet ; mais, prévenu à temps, il ne se rend pas à l'invitation. Il réussit encore à échapper, à bord des navires portugais, au massacre général qu'avait ordonné le sultan, se retire au cap Comorin, et en arrivant aux Indes, apprenant qu'Almeida est remplacé par Albuquerque, dont il est l'ennemi, il reprend la route du Portugal.

Après un échec devant Calicut, Albuquerque s'empara de Goa le 17 février 1510 ; reprise par les Musulmans, puis reconquise le 25 novembre, fête de Sainte-Catherine, cette ville devait être désormais la capitale de l'Asie portugaise ; on a célébré l'année dernière le quatrième centenaire de ce glorieux événement, et cependant, malgré son importance, je considère la prise de Malacca comme ayant eu des résultats plus considérables, puisque la chute de cette forteresse ouvrait aux Européens l'Extrême-Orient qui leur était fermé depuis le xive siècle, traçait la voie des épices et préparait la rencontre de ces autres Européens, rivaux en gloire et en entreprise des Portugais, les Espagnols, auxquels Magellan montra la route par le sud de l'Amérique.

Albuquerque se préparait à faire voile de Goa pour la mer Rouge, lorsque les vents contraires lui firent modifier ses plans, le décidèrent à changer sa route en sens contraire et à se diriger vers Malacca : aussi bien avait-il à tirer vengeance du guet-apens tendu deux années auparavant par le souverain de cette place forte à Diogo Lopes de Sequeira ; peut-être voulut-il également tirer profit des renseignements que, suivant quelques auteurs, lui aurait donnés le voyageur italien Varthema ; dans tous les cas, la possession de Malacca lui était indispensable tant pour assurer sa domination sur l'Islam dans l'océan Indien que pour s'ouvrir une route vers l'Extrême-Orient. Il se dirigea vers Sumatra, fit relâche à Pedir, puis se rendit à Pacem, où s'était réfugié Naodabegua, l'un de ceux qui avaient pris part à l'attaque des Portugais à Malacca ; Naodabegua, qui cherchait à s'enfuir pour porter à Malacca la nouvelle de l'arrivée d'Albuquerque, fut tué après un combat acharné sur le bateau qui le portait ; Albuquerque emmena sous sa protection Zainal, sultan détrôné de Pacem, qu'il promit de rétablir dans ses possessions s'il se reconnaissait vassal de D. Manoel, et enfin il jeta l'ancre près d'une petite île du port de Malacca, où mouillaient plusieurs bateaux chinois, le 1er juillet 1511.

Immédiatement les Chinois vinrent offrir leurs services à Albuquerque, qui, le lendemain de son arrivé, recevait les envoyés de Mahmoud Châh chargés de le saluer ; le sultan de Malacca essayait de se disculper des mauvais traitements infligés aux Portugais en rejetant la faute sur un subordonné. Avant toute discussion, Albuquerque réclama la mise en liberté des Portugais retenus prisonniers, la permission pour eux de venir le trouver, et la restitution de leurs biens qui avaient été pillés.

Avec 9.000 canons de fer et de fonte, un nombre considérable de soldats et des munitions en abondance, en réalité Mahmoud Châh ne cherchait qu'à

gagner du temps pour permettre à une flotte attendue
depuis quelque temps d'arriver à son secours ; le
sultan de Pacem, attribuant à la crainte le retard
apporté par Albuquerque à l'attaque de la ville,
s'était enfui à Malacca. Cependant le vice-roi des
Indes se décida à incendier les faubourgs de la ville,
créant ainsi une véritable panique chez les habitants ;
le sultan, effrayé, envoya Araujo, qui avait été
retenu prisonnier à la suite de l'expédition de Sequeira, auprès d'Albuquerque ; loin de presser son
chef et ami de cesser les hostilités, Araujo exposa la
mauvaise foi du sultan et l'engagea à agir vigoureusement, quoi qu'il pût advenir de lui et de ses compagnons, avant l'arrivée des renforts attendus ; Albuquerque déclara qu'il ne traiterait que dans la ville
et dans un endroit où il serait libre de construire une
citadelle pour se mettre à l'abri des mauvais desseins
du sultan. A la suite de nouveaux délais, Albuquerque se décida à attaquer Malacca ; après une lutte
acharnée dans laquelle se distinguèrent Fernão et
Simão de ANDRADE et fut en danger Albuquerque
lui-même, le sultan fut blessé et une partie de la
ville brûlée : les Portugais avaient eu treize hommes
tués et soixante-dix blessés. Cependant le sultan se
fortifiait ; il faisait semer des pointes d'acier empoi-
sonnées, espérant qu'elles blesseraient mortellement
les assaillants qui marcheraient dessus ; mais Albuquerque, prévenu, déjoua la ruse. Enfin, après un
dernier et sanglant assaut, dans lequel la lutte se
poursuivit de rue en rue, de maison en maison, les
Portugais se rendirent maîtres de la ville, qui fut
mise au pillage. Le sultan s'enfuit. Environ quatre-
vingts Portugais avaient été tués.

Dans une lettre de Lisbonne du 6 juin 1513,

D. Manoel annonça au Pape, comme chef de la
Chrétienté, ses succès aux Indes.

Après beaucoup de combats acharnés et de sang versé,
son général, Alfonso de Albuquerque, pour réparer les
pertes des années précédentes, a fait voile pour la Chersonèse
d'Or, appelée Malacca par les indigènes, entre le Sinus
Magnus et l'estuaire du Gange, ville d'une immense étendue,
supposée renfermer 25.000 maisons, et ayant en abondance
des épices, de l'or, des perles et des pierres précieuses. Après
deux engagements et un massacre considérable de Maures,
la place fut prise, mise à sac et brûlée. Le Roi, qui combattait
sur un éléphant, fut grièvement blessé et s'enfuit ; on fit
beaucoup de prisonniers, et beaucoup de butin fut enlevé,
y compris sept éléphants de guerre, avec leurs tours et leurs
harnachements de soie et d'or, et 2.000 canons de bronze
du plus beau travail. Albuquerque fit construire une forteresse à l'embouchure de la rivière qui coule à travers la
ville, avec des murs de quinze pieds d'épaisseur, avec les
pierres tirées des ruines des mosquées. Il y avait alors à
Malacca des marchands étrangers de Sumatra, du Pegou,
de Java, de Gores, et de l'extrême est de la Chine, qui,
ayant obtenu d'Albuquerque la liberté de commerce, transportèrent leurs habitations près de la citadelle et promirent
d'obéir au Portugal et de prendre sa monnaie courante.
Les gens de Malacca souscrivirent pour 1.000 *catholici* de
monnaie d'or et 100.000 d'argent *(auream catholicos mille
scilicet nummorum, argenteam centum valore Malachenses
inscripsere)*. En apprenant ceci le Roi de Ansiam (Siam),
le roi le plus puissant d'Orient, auquel Malacca avait été
arraché par les Maures, envoya une coupe d'or avec une
escarboucle et une épée incrustée d'or comme gage d'amitié.
En réponse, Albuquerque lui envoya quelques-uns de ses
hommes les plus habiles, avec des présents, pour explorer
le pays, ce qui sans aucun doute développera la foi[1].

1. *Calendar of State Papers, Colonial Ser., East-Indies, China
and Japan*, 1513-1516, p. 1.

Outre une ambassade à Siam, Albuquerque envoya
d'autres missions aux Moluques, au Pégou, à Java
et à la Chine. Il expédia aux Moluques (îles des
Épices) trois navires montés par cent vingt hommes,
commandés par Antonio de ABREU, commodore
(Capitão-mór de armada) sur la *Santa Caterina*,
Francisco SERRÃO et Simão AFFONSO, et une jonque
pilotée par un musulman de Malacca qui connaissait
la route ; l'un des navires se perdit en voyage, mais
les autres arrivèrent à Banda, où ils passèrent quatre
mois, puis ils retournèrent à Malacca ; au cours de
cette expédition en 1512, Abreu découvrit Amboine
et Francisco Serrão poussa jusqu'à Ternate.

Au Pégou, à l'embouchure de l'Iraouadi, dès 1511,
on envoyait Ruy NUÑEZ D'ACUÑHA ; les Portugais
arrivèrent à Chittagong, dans le royaume d'Arakan,
dès 1517, avec João de SILVEIRA, quoique les annales
indigènes ne mentionnent leur présence qu'en 1532.
D'un autre côté, Albuquerque recevait des ambassades du roi de Java, d'un roi de Sumatra et d'autres
princes orientaux.

La prise de Malacca ouvrait aux Portugais la route
de l'Extrême-Orient en général et de la Chine en
particulier. Un passage d'une lettre écrite par le
Florentin André CORSALI à Julien de MÉDICIS, de
Cochin, le 6 janvier 1515, ne laisse aucun doute sur
l'année de l'arrivée des Portugais à Canton, c'est-à-
dire 1514. Un autre Italien, également au service
portugais, Giovanni da EMPOLI, arrivé aux Indes
avec les navires du nouveau gouverneur, Lopo
SOARES de ALBERGARIA, successeur d'Albuquerque,
dans une lettre écrite de la même ville, le 15 novembre 1515, nous dit aussi que les Portugais « ont encore
découvert la Chine, où de leurs hommes qui sont ici

ont été ». La lettre adressée le 7 janvier 1514 au roi
D. Manoel par les fonctionnaires de Malacca, insérée
dans les *Cartas*, III, 1903, p. 90, confirme cette date
de 1514 : « *Partio daquy hum junco pera a China,
de vosa alteza, em companhia doutros que vam la
tamben a caregar, he a fazenda delle, a metade sua, e a
metade bem dara uma chatu, e asy de permeio os gastos
que sam feytos e se fizerem agora, daquy a dous meses
ou tres esperamos por elle, que venha caregado e rico,
porque nom ha rezam pera vir doutra maneira.* » Les
dates de 1515 et de 1517, données généralement pour
la première visite des Portugais en Chine, sont donc
erronées.

Après avoir dégagé Goa assiégé pendant son absence par les Musulmans, Albuquerque, le 18 février 1513, mettait à la voile pour la mer Rouge à la
tête d'une flotte de 20 navires, mais il échouait dans
le siège d'Aden, clef du passage, qu'il était réservé
aux Turcs Osmanlis de conquérir quelques années
plus tard. La reprise d'Ormouz fut le dernier exploit
du grand capitaine. On sait que, malgré ses services,
Albuquerque, desservi par ses ennemis, fut rappelé
par D. Manoel ; le grand homme ne devait pas revoir
sa patrie : il mourait le 16 décembre 1515, en rade
de Goa.

Le nom d'Albuquerque marque l'apogée de la
puissance portugaise en Asie ; après lui, immédiatement la décadence commence ; il fut excellent
homme de guerre, mais ne surpassa pas Almeida,
dont la victoire de Diu permit la conquête de Goa
et de Malacca par son successeur ; il fut peut-être
plus grand comme politique et administrateur ; il
avait la conception de projets grandioses : en 1508,
il essaya de persuader au roi d'Ethiopie de détourner

le cours du Nil dont les eaux se seraient déversées dans la mer Rouge, Suez se trouvant ainsi ruinée.

Cette édition des lettres d'Albuquerque, qui complètera si heureusement les *Commentaires* de l'illustre capitaine, est malheureusement dépourvue, non seulement d'une notice biographique, mais aussi de notes et d'index ; les introductions sont insuffisantes et parfois de mauvais goût ; en tête du vol. II, p. vii, un parallèle avec la France, Napoléon III, Montauban et la Chine était pour le moins imprévu, et je ne vois guère le rapprochement d'Albuquerque avec Alexandre et César : « *Affonso d'Albuquerque, cujo nome se pode alternar a cada passo com o de Alexandre et de Cezar.* »

GÉNÉRAL DE BEYLIÉ[1]

MESSIEURS,

L'Académie des Inscriptions et Belles-Lettres, en se faisant représenter à cette cérémonie, a voulu rendre un dernier hommage au général de BEYLIÉ, qu'elle avait nommé, le 24 décembre 1909, correspondant en remplacement de M. CHAMPOISEAU. En me désignant comme son délégué, l'Académie a sans aucun doute désiré que celui de ses membres qui était l'intermédiaire du général de Beylié, dans ses communications à l'Institut, prît la parole aujourd'hui.

Vous avez entendu et vous entendrez parler du général de Beylié comme le brillant soldat qui, pendant plus de quarante ans, depuis la guerre de 1870, au cours de laquelle une grave blessure le mit aux portes de la mort, jusqu'à cette date cruelle du 15 juillet 1910, où un accident stupide le ravit à la science et à la patrie, servit glorieusement la France, — et comme le fils dévoué de Grenoble, dont il a su augmenter le patrimoine artistique déjà si riche ;

1. Discours prononcé à Grenoble le dimanche 23 novembre 1913 par Henri Cordier au nom de l'Académie des Inscriptions et Belles-Lettres, à l'inauguration du monument élevé à la mémoire du général de Beylié.

je parlerai du général de Beylié uniquement comme
savant.

Beylié a débuté dans les lettres par quelques publications militaires ou politiques, telles que *La Tac-
tique de l'Infanterie* (1873) ; *Les Principes de Frédéric II et l'Ecole allemande actuelle* (1874) ; *L'Inde
sera-t-elle russe ou anglaise ?* (1884) ; je laisse à
d'autres plus compétents le soin d'en parler. Il me
semble que le premier ouvrage dans lequel Léon
de Beylié, alors chef de bataillon breveté de l'infanterie de marine et premier aide de camp du vice-
amiral CONRAD, commandant en chef, préfet maritime du 3e arrondissement maritime, nous ait
marqué la voie qu'il allait suivre, est son *Journal de
voyage de Lorient à Samarcande* (1889). Parti de
Paris le 20 juin 1888, arrivé à Samarcande le 14 juillet, il était de retour à Lorient le 8 août. Ce fut une
véritable course, un raid, dont il terminait le récit
de la façon suivante :

« Je reprends mon service à neuf heures et demie
du matin. Mon absence a duré exactement quarante-
neuf jours, se décomposant ainsi : vingt jours de station
dans les villes, trois jours de voiture, cinq jours de
bateau, vingt et un jours de chemin de fer. »

Toutefois, le premier grand travail du général de
Beylié, indiquant la direction définitive qu'il donne
à ses études d'art, c'est-à-dire à ses recherches sur
l'architecture des pays orientaux, c'est son ouvrage
sur *L'Habitation byzantine* (1902-1903). L'habitation
byzantine, qui a remplacé l'habitation romaine ou
syrienne, n'a pris ses caractères distinctifs de style
qu'à partir du vie siècle ; ce style, bien marqué dans
les nombreux monuments religieux ou militaires de

la période byzantine, n'offre que peu de spécimens dans l'habitation civile, aussi est-ce à cette dernière que le général de Beylié a consacré son ouvrage. L'art byzantin d'Orient fut l'art romain d'Orient, mis en honneur par les empereurs des dynasties syrienne et illyrienne, de Septime-Sévère à Dioclétien, qui abandonnèrent petit à petit la plate-bande d'origine grecque pour l'arcade et la coupole assyrienne en usage en Perse depuis plus de 3.000 ans ; ce fut sous Dioclétien, à Spalato, que, pour la première fois, l'arcade sur colonnes fut appliquée à la construction monumentale. Le style byzantin a été conservé sans variation essentielle en Orient jusqu'à la prise de Constantinople et il subsiste encore dans son principe et son esprit en Russie et dans les monastères du mont Athos ; en Italie, et dans les régions occidentales de l'Europe, il se modifia rapidement et disparut complètement dès le xiie siècle. Dans son étude, le général de Beylié embrassait non seulement les palais de Byzance, mais aussi ceux de Ravenne, de Venise, et enfin du Kremlin.

Les hasards de la vie militaire allaient donner au général de Beylié l'occasion de déployer son activité scientifique dans le pays qui est devenu son véritable champ d'action : je veux dire le Cambodge et les ruines d'Angkor.

L'Indochine est le point où la civilisation hindoue s'est rencontrée avec la civilisation chinoise : la Chine, apportant ses mœurs et ses coutumes dans les contrées formant aujourd'hui le Tong-King, l'Annam et la Cochinchine ; l'Inde, inspirant les grandioses monuments qui, au Cambodge, font l'admiration de tous ceux qui les visitent. Ces colosses de pierre, de brique et de bois, cette foule de tours, chargées de figures de brahmas, cette richesse de sculptures dans lesquelles l'éléphant *ayravat*, le serpent *naga*, l'aigle *garuda*, se disputent la place, malheureusement envahie par une nature exubérante, sont les fruits d'un art pas très ancien, qui a vu en quatre siècles sa croissance, son apogée et son déclin. Les premiers monuments khmers sont dus à Jayavarman II, venu de Java, qui monta sur le trône en 802 ; Yaçavarman (889-908) est le véritable créateur d'Angkor Thom, la ville royale, la capitale des Khmers ; Suryavarman II, qui devint roi en 1112, fait entreprendre les travaux d'Angkor Vat, la pagode royale à quatre kilomètres d'Angkor Thom; le dernier monument khmer délicat et plein de grâce, le temple de Ta Prohm, est élevé par Jayavarman VII ; mais hélas ! cette splendeur est de courte durée ; les Siamois, les Thai, venus du Sud de la Chine, ont creusé à travers la péninsule indochinoise le sillon profond qui sépare les Talaing du Pégou des Khmers du Cambodge, — et les monuments dus à l'amour de l'art des princes de la dynastie de Jayavarman, telle la Belle au Bois dormant, cachèrent leur magnificence sous le voile épais d'une végétation luxuriante qui ne tarda pas à les étouffer dans ses embrassements. Cette solitude fut violée par de hardis étrangers parmi lesquels nous comptons deux compatriotes morts à la peine, Henri Mouhot et Doudart de Lagrée. J'étais présent naguère à l'inauguration du monument de Doudart de Lagrée, comme aujourd'hui à celui de Beylié, et je réunis dans un même salut ces deux illustres Dauphinois, bons serviteurs de la France sur les rives lointaines du Mékong.

Aujourd'hui, les monuments d'Angkor ne sont

plus en terre étrangère ; depuis quelques années, le conquérant siamois nous a rendu les provinces de Battambang et de Siem-réap, orgueil de la nation khmère, qui bénit le peuple puissant qui, en la plaçant sous son protectorat, lui rendit du même coup la liberté et la gloire de son passé.

La restitution des monuments d'Angkor nous créait de nouveaux devoirs ; il fallait les sauver de la ruine et les rendre plus accessibles aux visiteurs ; c'est à cette tâche que Beylié s'employa durant son dernier séjour en Indochine, avec une science et un zèle inlassables.

Déjà en 1904, le général de Beylié avait donné un mémoire sur le *Palais d'Angkor-Vat*, ancienne résidence des rois khmers, mais ce ne fut que lors de son dernier voyage qu'il se lança résolument dans l'étude des monuments du célèbre empire.

Au début de 1909, son tour d'embarquement était arrivé : il devait partir pour Madagascar, mais obtint de changer de destination et il se rendit en Indochine. Beylié considérait cette campagne comme la dernière qu'il aurait à faire avant de prendre une retraite bien gagnée et il désirait profiter des facilités que lui donnerait son commandement pour terminer les recherches qu'il avait entreprises. Son but était de faire prendre des photographies des édifices, non seulement dans leur ensemble, mais aussi dans tous leurs détails, car ils sont aussi remarquables par la minutie de leur décoration que par leur masse. Dès son arrivée à Saïgon, Beylié se mettait à l'ouvrage et, le 6 mars, il me prévenait que l'on prendrait, en avril 1909, les photographies d'Angkor Vat. Quelques mois suffirent à mener à bien ce grand travail, et, le

23 octobre, il pouvait me télégraphier : « Photographies Angkor Vat terminées. » C'étaient 273 clichés qu'il avait fait prendre sous sa direction et à ses frais ; et ce n'était qu'une partie de la tâche qu'il avait entreprise. Le travail qu'il avait fait exécuter à Angkor Vat, il le faisait également exécuter à Banteai Chmar, à quatre jours au nord de Sisophon, près de la frontière de Siam, dont le temple, du ixe siècle, n'avait jamais été photographié, et qui allait donner 171 clichés. Tous ces clichés sont arrivés en France en bon état. Ils ont été remis à la Commission archéologique d'Indochine, qui les reproduira dans la Collection inaugurée par les vues du Bayon d'Angkor Thom, rapportées par la Mission Henri Dufour. Cette publication conservera pour les générations futures le souvenir de l'homme généreux et dévoué à la science que fut notre ami regretté.

Le général de Beylié, au milieu des occupations multiples de la vie militaire, trouvait encore le temps de voyager : « Je partirai après-demain, m'écrivait-il le 20 décembre 1909, pour Oudong, Lovek, Babor, qui sont les villes, aujourd'hui détruites, qui ont succédé à partir du xive siècle à Angkor, comme capitales. Je veux tâcher d'étudier l'art cambodgien qui a succédé à la grande époque jusqu'à nos jours. » Sur ces entrefaites, il recevait sa nomination de Correspondant de l'Institut, qui lui procura une des plus grandes joies de sa vie : « Cela m'encourage à faire mieux », m'écrivait-il. Quelque temps auparavant, la Société de Géographie de Paris lui avait décerné la grande Médaille d'Or du Prix Dewez.

Au commencement de 1910, une mission diplomatique et militaire avait été confiée au général de

Beylié auprès de la Cour de Siam ; elle réussit pleine-
ment ; parti le 14 janvier, Beylié était de retour à
Saïgon le 21 février. Le 30 janvier, il m'écrivait : « Le
Roi m'a conféré la plaque de Grand Officier de
l'Éléphant Blanc. Il m'a fait appeler devant toutes
les troupes avant le défilé pour me dire combien il
était heureux de me voir. Je pars après-demain pour
un voyage archéologique de 25 jours à 300 kil. au
Nord de Bangkok. »

A son retour, il fut victime d'un accident d'automobile qui n'eut pas, heureusement, de suites graves.
Le 1er avril, il me mandait de Saïgon : « J'ai passé un
mois au Siam. Depuis mon retour, j'ai trouvé le
moyen d'avoir, comme tout le monde, mon petit
accident d'automobile. En allant passer une revue
à 100 kil. d'ici, j'ai capoté dans un fossé par suite de
la rupture de la goupille de la barre de direction et
j'ai buté dans la glace. Il a fallu me recoudre la
moitié de mon cuir chevelu. Cela se passait le
15 mars. J'ai continué à faire mon service et me voilà
tout à fait guéri. J'ai fait ma première promenade à
cheval ce matin. »

Il entreprenait enfin cet ultime voyage qui devait
se terminer si tragiquement. Les mauvais présages
ne manquèrent point. De Vien-tiane, le 5 juillet 1910,
il adressait à un de mes confrères de l'Académie une
lettre dans laquelle il racontait qu'il avait échappé
miraculeusement à un bain forcé dans le grand fleuve
de l'Indochine : « Je suis en route pour Luang Pra-
bang, à 2.000 kil. de Saïgon sur le Haut Mékong. Il
s'en est fallu de bien peu que je ne fisse un plongeon
définitif dans l'un des rapides du Mékong. Enfin tout

s'est bien passé. La machine de ma chaloupe n'ayant pas assez de force, nous avons tournoyé et donné sur une roche. Tout cela contribue à l'intérêt du voyage. Je serai de retour à Saïgon à la fin du mois avec les documents archéologiques dont j'avais besoin. »

Hélas ! Beylié ne devait pas revoir Saïgon : un télégramme brutal dans sa concision nous annonçait que le Mékong, qui avait laissé échapper une première fois sa proie, l'avait ressaisie : Beylié s'était noyé le 15 juillet dans les rapides, avec le médecin dévoué qui l'accompagnait, et cette mort, brisant une carrière qui devait se poursuivre si active et si brillante des années encore, en même temps qu'elle nous arrachait un ami dévoué, enlevait à la France un de ses meilleurs et plus modestes serviteurs, et nous rappelait une fois de plus la fragilité des projets de l'homme.

Toutefois, le Cambodge n'avait pas suffi à l'activité scientifique du général de Beylié. En 1904, il avait inséré au *Bulletin des Etudes Indochinoises de Saïgon* un mémoire auquel il donna en 1907 une forme définitive dans un beau livre intitulé *L'Architecture Hindoue en Extrême-Orient*. Par art hindou ancien, Beylié entendait surtout l'architecture composée d'éléments indigènes, complétée par un fort appoint persan et grec. En revenant d'Indochine en 1907, le général de Beylié visitait Prome, une des anciennes capitales de la Birmanie, Calcutta, Bombay, où il s'embarquait pour Bassorah, et il traversait l'Asie Mineure par Bagdad, Mossoul, Diarbekir, Alep et Beyrouth. La visite d'un général français fit grande sensation parmi les populations de ces régions où vit encore la légende d'une grande France.

Chemin faisant, Beylié avait exploré les anciennes ruines de Samara, construite au ixe siècle de notre ère, sur les bords du Tigre, et il avait recueilli à Diarbekir, l'antique Amida, des matériaux qu'il remit à deux savants spécialistes, MM. VAN BERCHEM et STRZYGOWSKI, qui permirent à ceux-ci de publier, en 1910, leur magnifique ouvrage sur l'épigraphie et l'histoire musulmane de la Mésopotamie septentrionale. Quant à Beylié, il consignait le résultat de ses propres recherches dans un volume publié sous les auspices de la Société française des fouilles archéologiques sous le titre de *Prome et Samara — Voyage archéologique en Birmanie et en Mésopotamie*, Paris, 1907.

Enfin, avant de repartir pour l'Indochine, le général de Beylié avait visité les ruines d'une ancienne capitale berbère de l'Afrique du Nord, la Kalaa des Beni-Hammad, fondée en 1007 dans le département de Constantine, sur les derniers contreforts du Djebel Moadid, abandonnée en 1090 et détruite en 1152. On comprendra l'importance de cette dernière recherche au point de vue de l'histoire de l'art, quand j'aurai dit que l'on trouvait, dans le palais de la Kalaa, des trompes à demi-voûte d'arêtes, les stalactites, les poteries à reflets métalliques, etc., trois siècles avant qu'elles n'aient apparu dans la construction de l'Alhambra, dont elles sont pour ainsi dire le prototype.

Tel est retracé dans son ensemble le tableau de l'œuvre scientifique accomplie par le général de

Beylié. Elle serait à elle seule suffisante pour perpétuer sa mémoire, si comme soldat et amateur d'art généreux, il n'avait pas rendu d'autres services non moins considérables.

Au nom de l'Académie des Inscriptions et Belles-Lettres, je salue une dernière fois la mémoire du savant distingué que j'eus l'honneur de compter parmi mes amis.

———

L'INVASION MONGOLE

AU MOYEN AGE

ET SES CONSÉQUENCES [1]

MESSIEURS,

En 1238, la Cour de France recevait une ambassade envoyée solennellement par les princes musulmans de l'Asie Mineure pour implorer l'appui des puissances occidentales contre « une certaine race d'hommes monstrueux et cruels qui était descendue des montagnes du Nord ; elle avait envahi, dit le moine anglais Matthieu PARIS, une vaste et riche étendue de terres en Orient ; elle avait dépeuplé la grande Hongrie et avait envoyé partout des lettres comminatoires et des ambassades terribles. Leur chef se disait l'envoyé du Très-Haut pour dompter les nations rebelles. Ces barbares ont de grosses têtes tout à fait disproportionnées pour leurs corps : ils se nourrissent de chair crue et même de chair humaine. Ce sont d'incomparables lanceurs de flèches ; ils traversent les fleuves, quels qu'ils soient, sur des barques de cuir qu'ils portent avec eux ; ils sont robustes

1. Lu dans la séance publique annuelle des Cinq Académies, du 26 octobre 1914.

et de grande taille, impies et inexorables, leur langue ne se rapproche d'aucune de celles que nous connaissons. Ils sont fort riches en bestiaux, en grands troupeaux et en montures ; ils ont des chevaux très rapides qui peuvent en un seul jour parcourir l'espace de trois journées de marche ; ils sont bien armés par devant et sans armure par derrière pour que la fuite leur soit interdite. Leur chef, qui est très féroce, s'appelle Caan. Ils habitent les contrées du septentrion et viennent soit des montagnes Caspiennes, soit des montagnes voisines ; on les appelle Tartares, du nom du fleuve Tar. Trop nombreux pour le malheur des hommes, ils semblent sortir de terre en bouillonnant : déjà ils avaient fait des incursions à plusieurs reprises, mais cette année ils se répandirent avec plus de fureur qu'à l'ordinaire. Aussi ceux qui habitent la Gothie et la Frise, redoutant les invasions de ces barbares, ne vinrent point en Angleterre selon leur coutume, à l'époque de la pêche du hareng, denrée dont ils chargeaient ordinairement leurs vaisseaux à Yarmouth. Il s'ensuivit que cette année-là, le hareng se donna pour rien en Angleterre, à cause de son abondance, en sorte que dans les contrées même éloignées de la mer, on en vendait pour une seule pièce d'argent, jusqu'à 40 et 50 à la fois et des plus frais. L'ambassadeur sarrasin, homme puissant et d'illustre naissance, s'était donc rendu auprès du roi de France, avec mission, de la part de tous les princes orientaux, d'annoncer ce qui se passait et de demander secours aux Occidentaux, afin d'être plus en état de repousser la fureur des Tartares. Cet ambassadeur chargea aussi un des Sarrasins qui l'avaient accompagné, d'aller trouver le roi d'Angleterre, de lui raconter ce qui se passait, et de lui dire que si les Sarrasins ne parvenaient point à arrêter l'invasion de ces barbares, ceux-ci n'auraient plus qu'à dévaster les pays d'Occident. »

On se demandait ce qu'étaient ces nouveaux Barbares qui menaçaient l'Europe et voici ce qu'on aurait pu apprendre : Un chef mongol, Temoutchin, né de Yesoukai Bahadour, en 1162, près des bords de l'Onon, au sud du lac Baïkal, après avoir soumis les tribus environnantes, avait, à une assemblée générale des Tartares en 1206, dans sa capitale, Karakoroum, pris le titre de Tchinguiz Khan (Gengiskhan) et avait étendu ses conquêtes, subjuguant tour à tour les Kirghizes et les Ouïgours, détruisant le grand Empire de l'Asie Centrale, le Kara K'itaï, commençant la conquête de la Chine et achevant celle du Khwarezm.

La chute de l'empire de Khwarezm et la disparition de son sultan Mohammed laissaient libre la route de Perse : les généraux mongols Tchébé et Souboutaï conquirent l'Azerbaidjan, d'où ils pénétrèrent en Géorgie, avec une armée renforcée de Turkmènes et de Kurdes. Les Géorgiens ayant été battus en février 1221, les Tartares retournent en Perse et reviennent au mois d'octobre ; ils s'emparent de Derbend, traversent le Caucase et se heurtent aux Alains, Lezghiens, Circassiens et Kiptchaks ou Polovtsi ; ces derniers, nomades, Turcs d'origine comme les Mongols, occupaient toute la région au nord de la Mer Noire et du Caucase depuis les bouches du Danube jusqu'à celles du Jaïk. Ils abandonnèrent les autres peuples du nord du Caucase qui furent défaits par les Mongols ; dès lors un corps de 1.000 Alains fit partie de la garde particulière du Grand Khan. Les Polovtsi payèrent cher leur lâcheté : à leur tour, ils furent obligés de fuir devant l'envahisseur et se réfugièrent chez les Russes.

La Russie était loin d'occuper l'immense territoire qu'elle possède aujourd'hui ; sa frontière était très au nord de la mer Caspienne, à la partie supérieure de la Volga et de son affluent l'Oka. L'histoire de ce grand pays ne commence guère qu'au ixe siècle de notre ère, lorsque RURIK le Varègue, appelé par les Slaves, réunit sous son sceptre leurs différentes tribus, construisit le château de Novgorod et d'un corps sans cohésion, fit le peuple russe. A l'époque de l'invasion mongole, un grand nombre de chefs se partageaient le pays ; les Polovtsi, pour se bien faire voir d'eux, embrassèrent l'orthodoxie, leur persuadèrent qu'ils étaient également menacés par les Mongols et les supplièrent de les aider à repousser l'ennemi commun. Un conseil fut tenu : le prince de Galitch, MSTISLAV, qui avait épousé la fille d'un Khan Kiptchak, son gendre DANIEL, prince de Volhynie, MSTISLAV ROMANOVICH, grand prince à Kiev, VLADIMIR de Smolensk, y assistaient ; on décida de demander à Sousdal l'appui du grand-duc GEORGES ; cependant Russes et Polovtsi réunis, descendirent avec leurs armées vers la partie basse de la Dnieper, où ils rencontrèrent les ambassadeurs mongols envoyés au-devant d'eux. Ceux-ci venaient prévenir les Russes que ce n'était pas contre eux qu'ils venaient combattre, mais bien contre les Polovtsi ; non seulement les envoyés tartares ne furent pas écoutés, mais ils furent saisis et mis à mort, et l'armée russe continua sa marche jusqu'à la rivière Kalka qui se jette dans la mer d'Azov. Elle fut traversée sans obstacle, mais au delà, ils se heur-

tèrent aux Mongols et dès le premier choc, les Polovtsi, lâchant pied, se retournèrent dans les lignes
russes, dans lesquelles ils jetèrent le désordre. D'autre
part les chefs russes avaient négligé de combiner une
action commune et combattaient séparément. Le
désastre était inévitable ; 6 princes et 70 boyards
furent massacrés (31 mai 1223). Le prince de Kiev,
qui assistait à la bataille sur un tertre dominant les
rives de la Kalka, témoin du désastre, fortifia immédiatement sa position et, après trois jours d'une
lutte inégale, accepta la capitulation que lui offraient
les Tartares. Ceux-ci trahirent la parole donnée ; la
garde du prince fut massacrée et Mstislav Romanovich lui-même, ainsi que ses deux gendres furent
étouffés sous des planches. Les troupes envoyées
de Vladimir par le grand-duc Georges arrivèrent
trop tard.

Les barbares vainqueurs dévastèrent le pays des
bords de la Dnieper à la mer d'Azov, pénétrèrent
dans la Chersonèse taurique, s'emparèrent de Soudac,
l'opulent entrepôt des Génois, remontèrent vers le
pays des Bulgares entre la haute Volga et la Kama et
rentrèrent enfin en Perse.

Tchinguiz Khan mourut le 18 août 1227, et son
empire fut divisé entre ses quatre fils ; l'aîné,
Djoutchi, étant mort, fut remplacé dans la répartition par son fils Batou, qui occupa les pays à
l'ouest de la mer Caspienne ; Ogotaï, le troisième
fils, devint le chef suprême de tous les Mongols et
prit le titre de Grand Khan.

A l'assemblée des tribus (Kouriltaï) en 1235, le
Grand Khan décida d'entreprendre une campagne,
à l'ouest de la Volga ; Batou fut nommé comman-

dant en chef avec d'autres princes mongols sous ses ordres, mais on eut soin de lui adjoindre, le rappelant de Chine, le vainqueur de Kalka, Souboutaï Baha-dour. Après un hiver de préparatifs, au printemps de 1236, les chefs se rendaient à la frontière des Bulgares. La capitale, Bolghar, située à quelque distance de la Volga au-dessous de Khazan, déjà prise en 1223 par Souboutaï, dut se rendre une fois encore au chef mongol qui la saccagea complètement.

Après avoir obtenu la soumission de la Bulgarie (1236), au printemps de 1237, ils détruisaient une partie du Kiptchak, en soumettaient une autre, tandis que le reste de la population s'enfuyait à l'étranger, y portant la terreur du nom tartare. Maîtres de tous les pays au nord de la mer Caspienne et du Caucase, en décembre 1237, les Mongols s'avancent sur la frontière du grand-duché de Vla-dimir. Les Russes n'avaient profité en aucune manière de la terrible leçon de 1223 et n'avaient fait aucun préparatif de défense ; ils ne purent donc opposer qu'une résistance illusoire aux envahisseurs bientôt sous les murs de Razan, Colomna et Sousdal qui sont détruites ; ils mettent le siège devant Vla-dimir qu'ils prennent d'assaut le 8 février 1238. Les Barbares massacrent les membres de la famille du grand-duc ainsi que l'évêque réfugié dans la cathé-drale incendiée. La ville elle-même est pillée et brûlée. Rostov, Yaroslav, Youriev, Tver, etc., sont saccagées ; le grand-duc Georges est vaincu et tué sur les bords de la Sitti, affluent de la Mologa. Novgorod échappe par miracle à la destruction et les Mongols, gorgés de dépouilles, redescendent vers le Caucase, où ils achèvent la soumission de ses peuples. Ils remontent de nouveau en Russie, marchent sur Kiev, qui est prise et en grande partie détruite (1240) ; ils dévastent la Galicie, dont le prince se réfugie en Hongrie. La Pologne, déchirée par les guerres civiles, était une proie facile ; les Barbares y entrent par Lublin. Le trône de Cracovie était occupé par BOLESLAS IV, souverain nominal dont le pouvoir ne s'exerçait guère que sur sa capitale et Sandomir.

Ayant ravagé la province de Lublin, les Mongols, après une nouvelle incursion en Galicie, reviennent en Pologne, et s'avancent à quelques kilomètres de Cracovie ; au printemps de 1241, ils font quelques prisonniers et se retirent, mais poursuivis par Vladimir, palatin de Cracovie, ils sont surpris près de Polonietz ; les Polonais sont mis en fuite, toutefois les prisonniers sont délivrés et les Mongols continuent à se retirer en Galicie. Une troisième fois les Mongols rentrent en Pologne, dévastant tout sur leur passage ; le 18 mars 1241, ils sont attaqués par la noblesse de Sandomir et de Cracovie, près de Szydlow ; les Polonais sont vaincus et le roi Boleslas se réfugie en Moravie. Cracovie abandonnée est brûlée par les Mongols, qui entrent en Silésie par Ratibor, se portent sur Breslau incendié par ses habitants. A l'ouest de cette ville, près de Liegnitz, à Wahlstatt, ils se heurtent aux forces réunies par HENRI le Pieux, duc de Silésie : 30.000 hommes, Allemands, Chevaliers Teutoniques, Polonais, Silésiens, etc. ; les Chrétiens sont écrasés et les Barbares coupent une oreille à chaque mort, dont ils remplissent neuf grands sacs. Le duc Henri est tué et sa tête coupée est portée au bout d'une lance devant la citadelle de Liegnitz, dont la ville avait été brûlée par ses défenseurs (9 avril 1241).

Cependant les hordes sauvages hurlant des cris de

mort et poussant des blasphèmes au milieu des cris
d'angoisse et de douleur des agonisants poursuivent
leur œuvre de carnage, dans leur sinistre chevauchée,
marquant d'une trace sanglante leur route jalonnée
des cadavres pantelants de vieillards, de femmes et
d'enfants, éclairée par la lueur des villes et des villages en flammes ; le galop de leurs chevaux annonçait l'écrasement de la civilisation et sonnait le glas
de la Chrétienté ; la Moravie est mise à feu et à sang
jusqu'aux frontières de Bohême et d'Autriche. Le roi
de Bohême, WENCESLAS, confie la défense d'Olmütz
à Yaroslav de STERNBERG, commandant 12.000 hommes. Une sortie heureuse oblige à lever le siège les
Mongols, qui vont rejoindre leur armée principale,
commandée par Batou, en Hongrie.

La Hongrie était alors gouvernée par BÉLA IV, fils
d'André ; les possessions de ce royaume s'étendaient
jusqu'à l'Adriatique. Batou, avant d'attaquer le
souverain magyar, lui écrivit une lettre demandant
sa soumission ; n'ayant reçu aucune réponse, le chef
tartare pénètre en Hongrie par la porte de Russie ;
une autre force mongole venant de Moravie franchit
les portes de Hongrie, enfin Souboutaï lui-même
avance de la Moldavie avec une troisième armée.
Batou marche sur Pest, dont il fait ravager les environs, il rencontre les forces de Béla à Mohi, sur les
bords de la Sayo ; les Magyars sont mis en déroute et
leur souverain s'enfuit. Pest est pris d'assaut et brûlé,
tous ses habitants sont égorgés ; ils passent en un
tourbillon de feu et de fer à Varadin, à Perg, etc. ;
dans l'hiver de 1241, ils attaquent Gran (Strigonie)
dont ils brûlent les faubourgs, mais ne peuvent
prendre la citadelle.

En quittant Strigonie, ils s'avancèrent au mois

d'août en Autriche, jusqu'à Neustatt, près Vienne, mais ils n'osèrent affronter les armées réunies par le roi de Bohême, le duc d'Autriche, le patriarche d'Aquilée et autres puissants seigneurs ; ils se dirigèrent vers l'Adriatique, saccageant Cattaro et les autres villes maritimes de la Dalmatie, sauf Raguse.

L'Europe occidentale fut saisie d'effroi.

« Au moment donc où ce formidable fléau de la fureur du Seigneur menaçait les peuples, la reine Blanche, mère du roi de France, dame vénérable et chérie de Dieu, s'écria, suivant Matthieu Paris, en recevant ces terribles nouvelles : « Roi Louis mon fils, où êtes-vous ? » Celui-ci approchant lui dit : « Qu'y a-t-il, ma mère ? » Alors, celle-ci, poussant de profonds soupirs et laissant échapper un torrent de larmes, lui dit en considérant ce péril, toute femme qu'elle était, avec plus de fermeté que les femmes n'en ont d'ordinaire : « Que faut-il faire, mon très cher fils, dans un événement si lugubre, dont le bruit épouvantable s'est répandu jusque chez nous? Nous tous aujourd'hui, ainsi que la très sainte et sacrée Église, sommes menacés d'une destruction générale, par l'invasion de ces Tartares qui viennent vers nous. » A ces mots, le roi répondit d'une voix triste, mais non sans une inspiration divine : « Que les consolations célestes nous soutiennent, ô ma mère ! Car si cette nation vient sur nous, ou nous ferons rentrer ces Tartares, comme on les appelle, dans leurs demeures tartaréennes d'où ils sont sortis, ou bien ils nous feront tous monter au Ciel. » Comme s'il eût dit : « Ou nous les repousserons, ou, s'il nous arrive d'être vaincus, nous nous en irons vers Dieu, nous comme des confesseurs du Christ, ou comme des martyrs. » Et cette parole remarquable et louable ranima et encouragea non seulement la noblesse de France, mais encore les habitants des provinces adjacentes. »

On avait le souvenir en France de ces grandes invasions qui avaient foulé le sol de la Gaule ; on rappelait dans un lointain passé ces Teutons et ces Cimbres écrasés par MARIUS à Aix et à Verceil ; on se rappelait surtout cette grande ruée de barbares au ve siècle : Vandales, Goths, Suèves, Hérules, dont quelques tribus arrêtées sur notre sol, dans leur marche vers le Sud, tels les Burgondes et les Francs, ont contribué à former notre nationalité ; on avait surtout présents à l'esprit les Huns, venus du nord de la Chine, qui par une marche séculaire avaient par étapes gagné l'Europe, et étaient venus se faire anéantir dans les plaines champenoises, par les Romains, les Visigoths, les Burgondes et les Francs, unis dans une alliance commune pour sauver la civilisation contre le flot sauvage. On avait aussi gardé la mémoire plus récente de cette autre invasion, celle-ci arabe, venue du Sud, qui, après avoir dévasté les bords de la Méditerranée, s'était avancée au cœur de la France, succombant enfin sous le formidable effort du grand CHARLES MARTEL. Dans la longue suite des siècles, les peuples rediront les noms exécrés de ces illustres bandits dont ils maudissent la mémoire : ATTILA, TAMERLAN, GENGIS KHAN, d'autres encore, dont le nom est sur toutes les lèvres. Mais Paris était plein de confiance. Assurément, on ordonna des prières publiques, on invoqua la protection divine, et le peuple avait mis sa foi dans son roi, car si LOUIS IX était un grand saint, il était aussi un brave guerrier ; il l'avait montré à Taillebourg et devait le prouver encore sur la terre brûlante d'Afrique qui reçut son dernier soupir. Il était d'ailleurs le petit-fils de Philippe Auguste, de ce roi illustre qui a donné à notre pays la notion de la patrie dans cette triomphante journée de Bouvines, inscrite le 27 juillet 1214 dans les fastes de l'histoire glorieuse de la France.

Toutefois c'était l'Allemagne qui avait le plus à redouter l'invasion. L'empereur Frédéric II était en lutte avec le pape Grégoire IX et ils s'accusaient mutuellement d'avoir attiré le fléau sur la Chrétienté. Frédéric II demanda des secours aux autres princes et écrivit au roi d'Angleterre une longue lettre qui nous fait un terrible portrait des Tartares et nous montre la transformation qu'ils ont déjà subie au contact de la civilisation :

« Ce sont des hommes d'une petite et courte stature quant à la longueur du corps, mais robustes, larges, bien membrés, nerveux, vaillants et intrépides, toujours prêts à se précipiter dans tous les dangers sur un signe de leur chef. Ils ont la face large, les yeux de travers, et poussent des cris horribles, qui expriment bien la férocité de leurs cœurs ; ils sont vêtus de peaux non tannées, et sont défendus par des cuirs de bœufs, d'ânes, ou de chevaux, cousus à des lames de fer : ce sont les armures dont ils se sont servis jusqu'à présent. Mais, ce que nous ne pouvons dire sans soupirer, ils se sont déjà revêtus d'armures plus convenables et plus élégantes avec les dépouilles des Chrétiens, afin que nous soyons plus honteusement et plus douloureusement massacrés avec nos propres armes : c'est la colère de Dieu qui le veut. De plus, ils sont montés sur de meilleurs chevaux, ils se nourrissent d'aliments moins grossiers, ils sont couverts d'habillements moins sauvages. »

Mais l'empereur ne se contenta pas d'écrire des

lettres : il se prépara à repousser l'agresseur, qui renonça à envahir l'Allemagne ; la France était sauvée. Il nous reste de cette époque un intéressant souvenir : c'est une requête de l'Université de Paris au Souverain Pontife pour qu'il y fût créé un enseignement du grec, de l'arabe et du tartare.

Le Pape INNOCENT IV, de son côté, ouvrit à Lyon un concile en 1245, qui avait, entre autres objets, celui de protéger la Chrétienté : ce fut le point de départ des missions célèbres confiées par le Pape à Jean du Plan de Carpin et autres moines, ou envoyées par saint Louis, au Grand Khan, ou aux autres princes mongols, pour obtenir leurs bonnes grâces. Mais je n'ai pas à parler aujourd'hui du résultat de ces voyages et de la politique tolérante des Mongols d'Asie.

Les Tartares ne revinrent qu'en 1259 envahir la Pologne et incendier une fois encore Cracovie. Nouvelle alerte en 1265 ; puis ils ne repassèrent qu'en 1285 en Hongrie et dévastèrent Pest. Mais la puissance mongole, tout en augmentant, subissait une profonde transformation ; avec les Grands Khans MANGOU et K'OUBILAÏ, la capitale de leur empire était transportée de Karakoroum dans l'Extrême-Orient ; d'abord à Kaï P'ing, puis dans la ville célèbre sous le nom de Khanbaliq que nous appelons Pe King. Une autre branche de la famille mongole avait détruit le Khalifat de Baghdad et la puissance du Vieux de la Montagne, fondant en Perse un État dont les souverains envoyèrent des ambassades au roi de France, PHILIPPE LE BEL ; mais cette domination, qui s'étendait depuis les mers de Chine jusqu'à la mer Caspienne, s'effondra au milieu du XIVe siècle. L'empire chinois ressuscitait avec une dynastie nationale tandis qu'une nouvelle puissance naissait dans l'Asie Mineure. Un petit chef seldjoukide, ERTOGHROUL IBN SOLEIMAN, au milieu du XIIIᵉ siècle, avait obtenu de son suzerain le sultan de Konieh un territoire de médiocre étendue en Phrygie ; le vassal arrondit ses terres et son successeur, OSMAN, se déclara indépendant ; le troisième prince, ORKHAN, s'empara de Brousse et y établit sa capitale ; le quatrième, MOURAD Iᵉʳ, menaça les chrétiens d'Europe et faillit renverser le trône grec. Enfin le cinquième, BAYEZID, vainqueur de Jean sans Peur et de la fleur de la chevalerie chrétienne à Nicopolis, aurait sans doute achevé l'œuvre de son prédécesseur, si, dans les plaines d'Angora (1402), TAMERLAN (Timour Lenk) en le dépouillant de sa puissance et de sa liberté, n'avait arrêté sa marche victorieuse.

Soudain, en effet, au milieu du chaos de l'Asie, avait surgi un génie dévastateur qui, de Dehli à la Syrie, de la Perse à la frontière de Chine, brûlant, saccageant, massacrant, créera à Samarcande, au milieu d'une mer de sang et d'immenses collines de crânes, un empire aussi puissant qu'éphémère. Pour peu durable qu'ait été l'œuvre même de Tamerlan, descendant de Gengis Khan, elle produisit néanmoins des effets considérables : en écrasant Bayezid Ilderim, Timour retardait d'un demi-siècle l'entrée des hordes ottomanes victorieuses dans la capitale de Constantin, et en ébranlant les royaumes tartares de l'Oural et de la Volga, en préparait la facile absorption par les Russes au XVIᵉ siècle.

Seuls, en effet, les Mongols de Russie avaient pu résister à la catastrophe qui avait balayé leurs frères ; sous le nom de la Horde d'Or, avec Saraï, sur la Volga, comme capitale, ils avaient imposé leur joug aux princes russes réduits à l'état de vasselage, arrêtant ainsi pendant deux siècles le développement du pays ; mais peu à peu, la puissance des chefs mongols faiblit ; la conquête des royaumes tartares de Khazan et d'Astrakan, en 1552 et 1554, porta un coup fatal aux Tartares et la dernière trace de l'influence des descendants de Gengis Khan disparut au xviiie siècle, par la conquête de la Crimée par Potemkin, au nom de la Grande Catherine.

Après l'hégémonie mongole, trois grands facteurs ont arrêté l'expansion slave pendant des siècles : la conquête turque, la division des Slaves entre eux et la poussée germanique. Les Serbes, dont l'histoire commence vers le ixe siècle de notre ère, étaient déjà connus vers le iie siècle ; ils occupaient les rives de l'Elbe, de l'Oder et de la Vistule ; on retrouve même le nom des Serbes dans celui de la principauté d'Anhalt-Zerbst. On les signale pour la première fois dans les chroniques byzantines, dans la péninsule balkanique, sous le règne de Justinien. Leur action se développe du Monténégro à Novi Bazar (ville de Ras) ; ils sont ballottés entre Byzance, la Hongrie et Venise ; défaits une première fois par les Turcs en 1371, ils le sont à nouveau le 15 juin 1389 à Kosovo ; désormais ils sont asservis au Sultan et à Constantinople.

D'autre part, les Chevaliers Teutoniques fondés en 1128 à Jérusalem, chassés d'Asie, vinrent s'établir en Europe, et devinrent une grande puissance en soumettant tout le littoral de la Baltique, Prusse, Esthonie, Livonie, Courlande, aux dépens des Slaves, qui du xie à la fin du xiiie siècle reculent devant la poussée des Germains vers l'Est.

Cependant la Pologne se relevait à la fin du
XIIIe siècle et en 1410, écrase les Chevaliers Teutoniques à la bataille de Tannenberg et s'empare de leur
capitale Marienbourg. Kœnigsberg devient alors la
capitale de l'Ordre, dont le grand-maître, ALBERT
de Brandebourg, se fait luthérien en 1525, se marie,
et sécularise la Prusse orientale. Lorsque les Russes
ont fait leur unité sous IVAN IV, ils cherchent à
reprendre leur marché interrompue vers l'Ouest, mais
ils la trouvent barrée, par leurs frères de race, les
Polonais, séparés d'eux par la religion et la langue :
la victoire d'ÉTIENNE BATHORY détournera de la Baltique pour longtemps les Russes qui commenceront
avec ERMAK Timoféevich cette marche vers l'Est
qui les conduira jusqu'aux frontières de la Chine et
les rives de la mer d'Okhotsk. La Russie retrouvera
sa position en Europe lorsque, dans ses guerres avec
l'aventureux roi de Suède, CHARLES XII, elle pourra
s'annexer les provinces baltiques, jadis conquises
par les Chevaliers Teutoniques. Elle offre malheureusement par un acte d'une politique imprévoyante,
une arme nouvelle au germanisme envahissant : le
partage de la Pologne, la nation chevaleresque qui
avait sauvé la Chrétienté en brisant avec Jean
SOBIESKI l'effort du Turc assiégeant Vienne (1683),
entre la Russie, l'Allemagne et l'Autriche, marquait
un recul de l'influence slave vers l'Est.

Les événements se sont chargés de donner un
démenti aux calculs de l'homme ; l'âme slave au
XIXe siècle, asservie par l'Autriche, la Prusse et la
Turquie, s'est réveillée soudain. On entendit la
clameur de ces Serbes et de ces Bulgares, de l'Adriatique au bas Danube ; les oppresseurs sentirent leur
proie s'échapper ; déjà, les Serbes et les Bulgares ont

reconquis leur indépendance et, grâce au geste d'un noble prince, les Polonais à leur tour ont regagné leur droit à la vie.

De grands souverains ont compris que l'influence allemande était aussi néfaste au génie slave que l'avait été jadis l'influence mongole : la Russie se ressaisit, et rejetant brusquement les éléments étrangers funestes à son développement, se lança hardiment dans la voie nouvelle que lui indiquait son esprit national. Il existait cependant encore une ombre sur cette large route ouverte à l'avenir de la race slave : la désunion des peuples qui la composaient. Une proclamation au nom du tsar libérateur a brisé toutes les barrières ; l'étendard de la liberté flottera pour le Polonais comme pour le Russe : Slaves occidentaux, Slaves orientaux, Slaves de culture byzantine ou Slaves de culture latine, s'avanceront sous le même drapeau dans la route du progrès que trace la civilisation moderne, tandis que le germanisme, réduit à ses propres forces, isolé dans l'hostilité du monde entier, s'enfoncera à nouveau dans les ténèbres de son antique barbarie.

L'Éternel a dit : « Vous avez labouré la méchanceté, et vous avez moissonné l'iniquité ; vous avez mangé le fruit du mensonge, parce que tu t'es confié sur ta conduite, et sur la multitude de tes hommes forts.

« C'est pourquoi un tumulte s'élèvera parmi ton peuple, et on détruira toutes tes forteresses. » *(Osée, X, 13, 14.)*

LA SCULPTURE SUR PIERRE

EN CHINE[1]

MESSIEURS,

Depuis une quinzaine d'années, les études chinoises ont subi une transformation complète, et leur champ s'est considérablement élargi. A la traduction des textes, s'est ajoutée leur critique, et cette critique a pu s'établir, grâce aux explorations et aux découvertes de savants étrangers et français, principalement de Sir Aurel STEIN, en Angleterre ; MM. GRÜNWEDEL et von LECOQ, en Allemagne, PELLIOT et CHAVANNES, chez nous. Je voudrais dire aujourd'hui un mot seulement sur une des branches de l'archéologie et de l'art qui me paraît tout particulièrement digne de retenir votre attention, car elle est la révélation d'un art presque inconnu en Europe : la sculpture sur pierre en Chine. Ne nous laissons pas, toutefois, entraîner par un enthousiasme irréfléchi ; en dehors de sa valeur comme document d'histoire, il faut avouer que la sculpture sur pierre en Chine, sauf quelques exemples, n'offre vraiment qu'un intérêt de curiosité, et fort peu de satisfaction artistique.

1. Lu dans la séance publique annuelle du 20 novembre 1914 de l'Académie des Inscriptions et Belles-Lettres.

La Chine a eu de bons ouvriers, mais jamais un PRAXITÈLE ou un LYSIPPE. Certes, la peinture de la la Chine et de l'Asie Centrale a infiniment plus de valeur au point de vue de l'art, et tel motif d'ornementation trouvé à Tourfan soutient avantageusement la comparaison avec les meilleures enluminures du moyen âge postérieur de l'Europe. Il n'en est pas de même de la sculpture.

Pendant fort longtemps, on n'a eu, en Europe, que des notions bien vagues sur l'art chinois, rejeté complètement dans l'ombre, sans que l'on sût au juste ce qu'il était, par l'art éblouissant mais plus superficiel du Japon. En ce qui concerne la sculpture, on peut dire qu'on n'en connaissait à peu près rien ; si, un vaste panthéon de poussahs, de divinités biscornues, de géants roulant des yeux terribles ou de buddhas à l'air placide, peuplant les temples innombrables qui couvrent la Chine. On connaissait aussi ces personnages et ces animaux colossaux de pierre qui bordent les tombeaux des premiers empereurs Ming, du xve siècle, à Nan King, et du xvie siècle, aux environs de Pe King. Ceux qui avaient fait des excursions aux environs de la capitale chinoise avaient contemplé aussi les grandes scènes sculptées du *Pi yun seu*, mais c'est à peu près à cela que se bornait ce que nous savions d'un art qui mérite cependant d'attirer d'une manière sérieuse l'attention de l'archéologue et de l'artiste. Il faut le dire, ce sont les Français qui ont donné à l'archéologie de la Chine toute son ampleur ; on peut ajouter qu'elle était totalement inconnue, il y a une dizaine d'années, et c'est une des raisons pour lesquelles j'ai cru utile d'en parler aujourd'hui.

Jadis, on faisait remonter au second siècle de notre ère les plus anciens monuments de la sculpture chinoise : la mission récente dans le nord et l'occident de la Chine, du Dr SEGALEN, a retrouvé devant la tombe d'un général chinois, mort 117 ans av. J.-C., l'un des chevaux de pierre qui l'ornaient et qui, d'ailleurs, était signalé dans l'histoire de la localité de la province du Chen Si, où il a été exhumé, ce qui nous recule de deux siècles et demi en arrière des plus anciens monuments connus de la sculpture chinoise. Cette date de 117, qui est celle de la plus ancienne œuvre que nous connaissions, nous permet de supposer des œuvres de mérite antérieures ; et, en dehors de la pierre, quand on aura étudié les bronzes anciens de la Chine, on trouvera encore des motifs intéressants pour l'artiste et pour l'archéologue remontant à une antiquité beaucoup plus reculée.

En dehors de ce cheval, les monuments les plus anciens que nous possédons de la sculpture sur pierre à l'époque de la dynastie des HAN, remontent aux premiers siècles de l'ère chrétienne : ce sont des piliers qui précédaient les chambres funéraires, dont l'usage paraît avoir été institué à cette époque ; on les trouve dans les provinces de Chan Toung, de Ho Nan et de Se Tch'ouan. Parmi ces piliers, ceux qui appartiennent à une époque plus reculée, sont les trois paires de Teng Fong hien, petite ville du Ho Nan, portant les dates de 128 et de 123. Elles devaient servir d'entrée au temple consacré à la divinité de T'ai che, qui n'est autre que le Pic du Centre, c'est-à-dire au culte de la Montagne. La gravure en ronde-bosse représente tantôt de simples décors comme des losanges striés ou des anneaux entrelacés, tantôt des personnages ou des animaux indépendants les uns des autres, tels que bélier, léopard, hydre, oiseau. On rencontre encore de ces piliers à la sépulture de la famille Wou, dont nous parlerons tout à l'heure, aussi à Ya Tcheou, dans le Se Tch'ouan, ces derniers datés de 209.

Au Congrès international des Orientalistes qui se tint à Berlin en 1881, le Dr S. W. BUSHELL, médecin de la Légation britannique à Pe King, présenta des estampages de sculpture provenant des chambres funéraires d'une famille Wou dans la province de Chan Toung. Ils ne parurent pas exciter à l'époque l'attention qu'ils méritaient, mais cinq ans plus tard, M. R. K. DOUGLAS, conservateur au Musée Britannique, consacra dans le *Journal of the Royal Asiatic Society* quelques pages à ces sculptures, et donna des reproductions, non pas d'après les originaux, mais d'après les figures d'un recueil chinois, le *Kin che souo*. Les Chinois, autant, sinon plus, que les savants d'Occident, s'intéressent à l'histoire de leur passé ; ils possèdent un grand nombre d'ouvrages d'archéologie et le *Kin che souo*, qui a pour auteur un certain FONG YUN-P'ONG, en est un. La première édition semble être de 1821 ; elle renferme des descriptions de vases anciens, de monnaies, de cachets, de miroirs, etc., enfin d'inscriptions. Douglas trouvait que, dans beaucoup de scènes représentées par ces sculptures, il y avait une ressemblance curieuse avec les représentations mythologiques d'Égypte, de Babylone et de Grèce. Ces monuments du Chan Toung furent visités pour la première fois en 1886 par un Européen, le colonel Dudley A. MILLS, qui rapporta une série d'estampages dont il fit don au Musée Britannique ; à son tour, le 27 janvier 1891, notre confrère, M. Édouard CHAVANNES, visitait ces monuments qui lui servirent, en 1893, à publier son ouvrage sur *la Sculpture sur pierre en Chine*. Il y retourna en 1907 avec un savant russe, M. ALEXIEFF, et put ainsi compléter ses premières recherches. L'ensemble des monuments formant le groupe de Wou Leang ts'eu est le plus considérable des sculptures de l'époque des empereurs Han, qui florissaient aux premiers siècles de notre ère. Ils sont situés dans l'ouest de la province de Chan Toung, patrie des illustres philosophes Confucius et Mencius, au pied d'une colline, au sud de Kia siang hien. Le temps et les hommes, les hommes surtout, ont détruit les chambrettes funéraires dont l'emplacement est signalé par des piliers existant encore aujourd'hui, érigés en 147 de notre ère par quatre frères Wou en l'honneur de leur père et de Wou Pan, mort prématurément, fils de Wou K'ai-ming, le dernier d'entre eux. Cinq inscriptions appartiennent à ces tombes et sont datées 11 et 21 avril 147, 14 décembre 148, 4 juillet 151, et 167 ; elles étaient d'ailleurs connues des archéologues chinois et, depuis le xie siècle, l'objet de leurs études. Cette famille Wou remontait à une très haute antiquité et prétendait compter parmi ses ancêtres un souverain ayant régné plus de 2.000 ans avant notre ère. Les tombes avaient été dégagées en 1786 par un nommé HOUANG YI, et avec le résultat de ces fouilles, il créa une sorte de Musée dans une maison au pied de la colline Ts'eu Yun, qui s'augmenta des dalles découvertes depuis. Des fouilles nouvelles ont été faites depuis la visite de M. Chavannes par le missionnaire allemand VOL-

PERT, qui découvrit deux lions au nord des piliers, puis par l'archéologue japonais SEKINO, qui publia le résultat de ses recherches dans la revue japonaise bien connue la *Kokka*. Les achats d'antiquité faits par ce dernier et par ses compatriotes secouèrent l'apathie des Chinois qui, en 1908, fondèrent une Association pour la conservation de leurs antiquités nationales ; par suite, on a réuni six bas-reliefs dans les bâtiments de la Bibliothèque publique de Tsi-nan fou, capitale de la province de Chan Toung.

Les scènes représentées dans les sculptures rappellent des événements ou des hommes bien connus dans l'histoire légendaire de la Chine : les empereurs mythiques Fou Hi et Niu Koua, dont le corps se termine en queue de serpent, la tentative d'assassinat de King K'o contre le grand souverain Ts'in Che Hoang Ti, la visite de Confucius à Lao Tseu, Toung Wang Koung, Si Wang Mou, la Mère Reine de l'Occident, singulier personnage qui a excité la curiosité des savants d'Occident, dont l'un en a fait la Reine de Saba, un autre Junon, à laquelle l'empereur Mou Wang, souvenir du roi Salomon, aurait rendu visite. Comme on le voit, si les chambrettes funéraires de la famille Wou sont en ruines, il est tout de même possible de les reconstituer ; en revanche, il existe une chambrette funéraire de l'époque des Han, qui se trouve dans un état parfait de conservation : c'est celle du Hiao t'ang chan, située à environ 25 kilomètres au nord-ouest de la sous-préfecture de Fei-tch'eng. Nous en avons eu une reproduction à l'exposition d'estampages d'anciennes sculptures chinoises ouverte au Musée des Arts Décoratifs du 11 janvier au 12 février 1912. Sans qu'on puisse donner la date exacte de cette chambrette, qui est enclose dans une petite maison faisant partie d'un temple taoïste, on sait par une inscription qu'elle est antérieure à l'année 129 ap. J.-C. Elle est consacrée à la mémoire d'un certain Kouo-Kiu, qui vivait à l'époque des Han, et qui fut un modèle de piété filiale. Toutefois les scènes représentées sur la paroi ont l'air beaucoup plus d'être consacrées à un haut personnage qu'à un homme réputé pour sa vertu ; par exemple, sur la paroi du fond, on voit un cortège royal ; sur la paroi occidentale, le dieu du tonnerre ; il est vrai qu'au-dessous, on aperçoit des scènes de cuisine, des musiciens, des acrobates. Sur la paroi orientale, deux hommes appartenant au peuple fabuleux des « Poitrines perforées », qui se font porter au moyen d'un bâton qui leur traverse le corps, avec le cortège de l'inévitable Si Wang Mou.

Assurément, les découvertes présentaient un vif intérêt, soit au point de vue de l'histoire, soit au point de vue de la religion, et nous initiaient aux légendes d'une mystérieuse antiquité ; mais, il faut bien le reconnaître, comme manifestation d'art, la sculpture qui était offerte à notre curiosité ne pouvait donner aucune satisfaction au goût affiné des Occidentaux. Il fallut la découverte, ou si l'on aime mieux la reconnaissance, en Chine, de l'art connu déjà à la frontière nord-ouest de l'Inde sous le nom d'art gréco-bouddhique du Gandhara qui forme le district actuel de Peshawar. Cet art, qui allie de la façon la plus heureuse la technique de l'art grec à la légende complexe du bouddhisme indien, florissait aux premiers siècles de notre ère et s'étendait non seulement dans le Gandhara, mais sans doute aussi dans l'ancienne Bactriane, partie de l'Afghanistan d'aujourd'hui, et dans le Cachemire. Pendant long-temps, l'étude de cet art fut négligée, et il semble bien que ce soit l'orientaliste Dr. W. G. LEITNER, qui, le premier, sut marquer l'intérêt qu'il offrait par les traces d'influence grecque qu'il représente. Les vues de Leitner furent adoptées par l'archéologue anglais, général Cunningham, et par le savant alle-mand Curtius qui déclarait que : « C'est bien une page nouvelle de l'art grec qui s'ouvre » ; mais le sens de cette page ne peut être déchiffré qu'en sanskrit, ajoute M. Alfred FOUCHER, l'un de nos compatriotes, auquel on doit l'étude la plus complète de cet art, branche de l'art antique indien, qui intéresse par l'aspect extérieur l'archéologue grec et par le sujet qu'il traite l'indianiste exclusivement. Cet art ne remonte pas, comme on a pu le croire, à l'époque d'Alexandre le Grand ou de ses successeurs immé-diats ; il lui est postérieur et d'une période de déca-dence ; la période de floraison est antérieure à la seconde moitié du IIe siècle et cette école d'art se clôt vers l'an 600 de J.-C. Dans la décoration des édifices du Gandhara, des éléments non pas purs, mais mélangés à des éléments iraniens, puisés dans des ateliers méditerranéens, se confondent à d'autres tirés des bords du Gange. « L'originalité et l'intérêt de ces œuvres singulières, nous dit M. Foucher, consistent justement dans cette intime union du génie antique et de l'âme orientale, dans cette sorte de fusion de la légende bouddhique coulée à même les moules importés d'Occident. »

La religion bouddhique à laquelle l'art du Nord-Ouest emprunte ses sujets, née aux Indes, a eu pour véritable berceau le pays de Magadha, province actuelle de Bihar ; elle a été probablement connue des Chinois vers notre ère par l'intermédiaire des Ta Yue-Tche, peuple chassé par les Hiong-nou ou Huns, du Nord de la Chine dans l'Asie Centrale. De la Chine, le bouddhisme s'étendit en Corée (372 après J.-C.), puis au Japon, où il ne pénétra qu'en 552. La Mongolie et la Mandchourie reçurent leur religion du Tibet. C'est avec cette religion, qui a pris une expansion formidable, que l'art du Gandhara s'est répandu à travers l'Asie Centrale, jusqu'au Japon et jusqu'à Java. Mais on est naturellement conduit à se demander quels étaient les chaînons qui reliaient l'Inde à l'Extrême-Orient, et particulièrement celui qui rattachait en Chine l'Asie Centrale au Japon ?

Ce chaînon, nous le retrouvons dans les sculptures bouddhiques qui ornent les grottes de Yun Kang, à une quinzaine de kilomètres de la ville de Ta T'oung, dans la partie septentrionale de la province du Chan Si. D'un texte historique, signalé par M. Chavannes dès 1902, il appert que ces monuments ont été exécutés au ve siècle de notre ère, sous la dynastie des Wei du Nord, de race toba, c'est-à-dire non chinoise, qui emprunta très probablement ses modèles à Tourfan. Yun Kang est situé au pied d'une paroi de pierre très friable, percée, sans aucun doute de la main de l'homme, d'une multitude de grottes dont les parois sont recouvertes de sculptures et l'intérieur meublé d'une foule de divinités. Ces grottes furent visitées par notre compatriote, M. DE LESDAIN, qui toutefois ne paraît pas en avoir compris toute l'importance. M. Chavannes, dans son voyage de 1907, a, au contraire, relevé avec le plus grand soin ces sculptures dans tous leurs détails et dans leur ensemble. Tantôt l'on trouve, sur les parois de ces grottes, des milliers de petits Buddhas, d'autres fois, des statues, soit colossales, soit de grandeur naturelle : « Si l'on veut apprécier toute l'élégance de l'art des *Wei* du Nord, dit Chavannes, il faut considérer de préférence les statues de grandeur naturelle qui occupent les niches pratiquées dans les parois des grottes secondaires : grâce de la pose, douceur de la physionomie, harmonie des plis des vêtements, tout y concourt à produire une réelle impression de beauté ; ces premiers spécimens de l'art bouddhique en Chine me paraissent en être les plus parfaits. L'inspiration des artistes qui sculptèrent ces œuvres souples et nerveuses paraît être Mahâyaniste et Gandharienne. Les statues, qui représentent vraisemblablement pour la plupart, Çakyamouni, le Buddha récent, Maitreya, le Buddha prochain, et Amitâbha, le Buddha qui préside au Paradis d'Occident, sont souvent assises sur un siège avec les jambes qui se croisent à la hauteur du pied, tandis que la robe forme des plis réguliers qui dessinent les lignes des membres inférieurs. Cette attitude, qu'on ne retrouve plus en Chine à l'époque des *T'ang* et qui est caractéristique de l'art des *Wei* du Nord, est étroitement apparentée à la pose de certaines statues originaires du Gandhâra. »

On voit aussi des scènes diverses : le tir à l'arc des jeunes Çakyas, la vie de plaisir dans le gynécée, mais ce qui me paraît le plus caractéristique, c'est peutêtre, placée dans l'embrasure de la porte d'une grotte, une sorte d'Hermès, coiffé d'un bonnet flanqué d'ailes, tenant dans la main gauche un trident : impossible de nier l'influence étrangère dans l'exécution de cette statue.

En 494, l'empereur Wei, Kao-Tsou, transféra sa capitale plus au Sud, à Lo yang, dans la province de Ho Nan. Avec ce déplacement de capitale, il y eut un déplacement de l'art, et le défilé de Loung-men (Porte du Dragon) remplaça les grottes de Yun Kang, comme dépositaire de l'art des Wei qui avait atteint son apogée et devait désormais décliner. Loung-men est formé par deux montagnes à l'entrée de la plaine de Lo yang entre lesquelles se jette la rivière I, affluent du Lo, qui se déverse lui-même dans le Fleuve Jaune. Richthofen avait parlé de Loung-men brièvement, mais les premières photographies en furent prises en 1899 par l'ingénieur français Leprince-Ringuet, et elles servirent de prétexte pour la publication dans le *Journal asiatique* (1902), par M. Édouard Chavannes, de textes historiques se rapportant aux monuments ; depuis lors, notre savant confrère a visité Loung-men et nous en a rapporté la description détaillée, qui comptait, à l'époque des Wei, huit temples dont les deux premiers furent construits en 500 par l'empereur Che Tsoung en l'honneur de son père Kao Tsou et de sa mère. La falaise de Loung-men est criblée de trous, formant autant de grottes qui rappellent les creutes de certaines régions de la France ; dans la grotte centrale de Pin yang, il y a dans le fond un Buddha colossal ; contre les parois se dressent des figures qui rappellent singulièrement les images peintes recueillies par von Le Coq à Idiqut Chahri dans l'Asie Centrale. L'entrée de deux grottes jumelles semble défendue par des personnages gigantesques se dressant de chaque côté de la porte ; nous avons bien ici le même art qu'à Ta T'oung, mais en une décadence qui s'accentue lorsque la

dynastie des T'ang remplace les Wei à Lo yang
en 618. En passant, je puis remarquer qu'on aurait
pu avoir une idée de l'art des Wci à Paris, car un
marchand d'antiquités y avait transporté à grands
frais il y a deux ans une des grandes statues de
Loung-men, dont il a, je crois, tiré un fort bon prix.
Tout en admirant cet esprit d'entreprise, je ne puis
que regretter qu'on ne respecte pas davantage les
vestiges d'un art disparu.

Peut-être pensera-t-on que les plus beaux spécimens de cet art chinois sont les grandes dalles sur
lesquelles sont sculptés en relief de dix centimètres
d'épaisseur, à plus de demi-grandeur naturelle, les
six coursiers favoris de T'ai Tsoung, le célèbre empereur des T'ang (627-649), dont ils ornent la tombe à
Li-ts'iuan hien, province de Chen Si. Ces monuments
n'étaient connus que par une stèle publiée en 1904
par le Dr Bushell, mais M. Chavannes nous en a
rapporté de fidèles reproductions photographiques.
Elles ont été élevées par l'empereur lui-même en
l'honneur des six chevaux qu'il montait avant de
gravir le trône : à chaque cheval, est inscrit son nom,
sa couleur, la victoire à laquelle il avait pris sa part,
le nombre de flèches dont il avait été blessé. L'un de
ces chevaux, lancé au galop, la crinière et la queue
tressées, sellé, bridé, les étriers flottants, est d'une
allure superbe : c'est du grand art, et comme nous
sommes loin du cheval ailé mastoc de la sépulture
de Wou san seu, au siècle suivant ! La décadence de
l'art s'accentue pour aboutir aux monuments colossaux, mais sans grâce, des tombeaux des Ming, à la
fin du xive et au commencement du xve siècle.

Une mission subventionnée par l'Académie des Inscriptions et Belles-Lettres l'année dernière nous a apporté, entre autres résultats, de nombreux et nouveaux renseignements sur la sculpture sur pierre en Chine : cette mission, composée du Dr Victor SEGALEN, du comte GILBERT DE VOISINS et de l'enseigne de vaisseau LARTIGUE, poursuivait un double but : relever les monuments historiques dans cette partie de la Chine où se sont déroulées les pages les plus anciennes de son histoire, c'est-à-dire de la capitale, Pe King, jusqu'à la lointaine province de Se-Tch'ouan, en passant par l'antique cité de Si-ngan, et de faire l'hydrographie de la partie supérieure du Yang-Tseu, exécutée pour le reste de son cours par des Français, le lieutenant de vaisseau AUDEMARD, le vicomte de VAULSERRE, le lieutenant de vaisseau HOURST, et le R. P. CHEVALIER, de l'Observatoire de Zo-cé. La dernière partie du programme n'a pu être exécutée à cause de la guerre, mais la première est un des plus fructueux voyages archéologiques que l'on ait faits dans l'Empire du Milieu. Je n'en signalerai que deux résultats : à Kien-tcheou, à trois jours au N.-O. de Si Ngan-fou, grâce au concours des autorités locales, nos compatriotes ont pu dégager une statue de cheval ailé, dont la tête seule émergeait ; signalé par M. Chavannes, il a pu être étudié maintenant et à loisir, et c'est un des plus beaux morceaux de la sculpture des T'ang au VIIe siècle.

D'autre part, cette mission jette un jour tout nouveau sur la question du bouddhisme au Se Tch'ouan et le Dr Segalen a pu conclure : « que, si la plupart des monuments bouddhiques se-tch'ouanais datent de l'époque des T'ang (avec quelques grossières imitations des Soung et de nombreuses répliques modernes), il n'en existe pas moins, en trois points du Se-Tch'ouan, à Mien Tcheou (Si Chan Kouan) Mien Tcheou (pilier Han surdécoré) et à Kia Ting fou, des gisements bouddhiques nettement antérieurs aux T'ang, que des inscriptions formelles datent des Leang, des Tcheou du Nord et des Souei.

« Les monuments des Leang et des Souei portent les années exactes de 529 (date bouddhique la plus ancienne relevée sur un monument au Se Tch'ouan) et 610. Chacun de ces trois groupements présente dans l'exécution, le groupement des personnages, la forme des niches, etc., des différences si caractérisées, qu'on peut désormais poser l'existence de trois styles bouddhiques antérieurs aux T'ang : les styles des Leang, des Tcheou du Nord et des Souei. Dans chacun d'eux se relèvent de très curieuses influences, qu'il serait trop long et d'ailleurs précoce de développer ici, mais qui permettront sans doute plus tard de tracer avec exactitude la marche historique de l'iconographie bouddhique au Se-Tch'ouan. »

Toutefois, ce n'est pas dans ces sculptures que j'irai chercher la plus grande manifestation d'art des Han et des T'ang, mais bien dans ces poteries funéraires, que, depuis plusieurs années, on exhume en Chine ; on a pu en examiner de beaux spécimens à l'Exposition d'art chinois, ouverte au Musée Cernuschi, en mai 1911. Il y en a au Louvre, et surtout au Musée Britannique : on y voit entre autres objets donnés par M. Eumorfopoulos un cheval campé ferme sur ses pieds de devant comme le coursier du général Prim dans le célèbre tableau d'Henri Regnault.

En 1910, Mme POTTER-PALMER et quelques autres collectionneurs en avaient également exposé de curieux spécimens au Musée des Arts décoratifs. Des chevaux sellés, bridés, des chameaux, des vases à deux anses d'une élégance qui rappelle celle de la Renaissance italienne, font un singulier contraste avec la multitude de figurines mortuaires qui font songer à celles trouvées dans les tombeaux de l'antique Égypte.

Mais j'arrête ici cette communication déjà trop longue : on aura vu que si l'artiste chinois a eu le sentiment de la nature, peu à peu il l'a perdu dans une stylisation à outrance qui a fini par sombrer dans la déformation et la caricature, ayant d'ailleurs cela de commun avec certaines écoles décadentes de l'Occident.

BAGHDAD[1]

Aucune région du globe ne possède une terre plus illustre que cette plaine de Mésopotamie dans laquelle certains ont placé le Paradis terrestre et où s'élevèrent ces cités célèbres de Ninive, Babylone, Séleucie, Ctésiphon, dont les ruines excitent encore l'admiration et la curiosité des voyageurs et des savants. Baghdad ne saurait prétendre à la haute antiquité de ces capitales ; c'est une ville essentiellement musulmane, mais les souvenirs qui s'y rattachent sont assez grands et assez anciens, son rôle dans l'histoire assez considérable pour lui mériter la légitime renommée à laquelle les récits des Mille et une Nuits et la popularité du khalife Haroun ar-Rachid n'ont pas peu contribué.

La guerre actuelle a donné à cette ville fameuse un regain d'actualité. L'étendard britannique qui flotte sur les rives de l'Yser est aujourd'hui également déployé sur les bords du Tigre. La capitulation du général Townshend à Kut-el-Amara, le 29 avril 1916, est vengée : Sir Stanley Maude, après avoir

1. *Baghdad during the Abbassid Caliphate* by G. Le Strange... Oxford, Clarendon Press, 1900, in-8. — *Histoire de Bagdad dans les temps modernes*, par Clément Huart... Paris, Ernest Leroux, 1901, in-8.
Extrait du *Journal des Savants*, décembre 1917, pages 552-558.

repris cette ville le 23 février 1917, est entré le 11 mars à Baghdad.

*
* *

La Mésopotamie et la Perse avaient formé le royaume sassanide de Khosroes. Les Abbassides ayant renversé les Omeyyades transportèrent le siège du khalifat de Syrie en Mésopotamie ; el-Mansour, successeur (754) de Saffah et second khalife de la dynastie victorieuse, construisit en 762 (A. H. 145) sur un terrain occupé par des couvents particulièrement nestoriens, sur la rive occidentale du Tigre, à l'angle formé par le canal de Sarat, au-dessus de Ctésiphon (al Madain), la vieille capitale des Sassanides, une ville ronde qu'il appela *Medinet as-Salâm*, « la ville de la Paix », parce que le Tigre était encore nommé *Wadi s-salâm*, « fleuve de la Paix; on la désignait aussi, d'après son fondateur, sous le nom de *Medinet el-Mansour*, « la ville de Mansour ». Cette ville, destinée à jouer sous le nom de Baghdad un grand rôle et à s'étendre sur les deux rives du Tigre, fut entourée d'une double muraille percée de quatre portes en fer : sur le canal de Sarat, au sud-ouest, la porte de Koufah et au sud-est celle de Basra ; la porte de Khorasan au nord-est conduisait au principal pont de bateaux sur le fleuve ; enfin la porte syrienne au nord-ouest conduisait à la grande route d'Anbar ; une cinquième porte en fer défendait au centre de la ville le palais d'el-Mansour appelé *Bâb adh-Dhabal* (la Porte d'Or) ou *A-Koubbat al-Khadra* (Palais du Dôme Vert) ; la grande Mosquée était également située au centre de la ville. L'œuvre d'el-Mansour fut terminée en 766, malgré une révolte des Chiites ; bâtie de briques de boue séchées au soleil, il ne reste plus rien de cette première ville ; déjà à l'époque d'IBN BA-TOUTA (XIVe siècle), Baghdad occidental était en grande partie ruiné. « Malgré cela, écrit le voyageur maghrebin, il en reste encore treize quartiers, dont chacun ressemble à une ville, et contient deux ou trois bains ; huit de ces quartiers possèdent des mosquées principales. »

Le nom de Baghdad paraît dérivé de deux mots d'ancien persan, *Bagh*, Dieu, et *Dâdh*, fondation, et signifierait donc la ville « fondée par Dieu » ; il faudrait écarter l'étymologie fantaisiste de YAKOUT, *Bagh*, jardin, *Bagh Dad*, jardin de Dad. ABOULFEDA nous dit, II, II, p. 66 : « On lit dans le *Lobâb* : Bagh-dadh a reçu ce nom parce que Khosroès, ayant reçu en présent certain eunuque venu de l'est, lui donna cette ville en fief. Or les gens de l'est adoraient une idole appelée *Bagh*. Cet eunuque, en recevant le présent de Khosroès, s'écria *Bagh dâdh*, c'est-à-dire Bagh me l'a donné. » Etymologie non moins fantaisiste que la précédente. La partie occidentale, c'est-à-dire ancienne, de la ville était appelée Az-Zawra, la courbure, à cause de la forme du Tigre dans le voisinage. Dans l'antiquité, il y eut probablement une ville sur son emplacement, car, en 1848, aux eaux basses, Sir Henry RAWLINSON découvrit une muraille de briques portant le nom et les titres de Nebudchadnezzar. Baghdad devait être la capitale des khalifes Abbassides jusqu'à sa prise par le Mongol HOULAGOU en 1258, sauf pendant deux périodes de 836 à 865 et de 866 à 892, où le siège du gouvernement fut transféré à Samarra. En 865, il y eut deux khalifes, l'un à Samarra, l'autre, Mous-ta'in, qui avait fui de cette ville à Baghdad.

La première capitale de l'Islam avait été Yathreb, devenu Médine, « la ville du Prophète » où vécurent Mahomet, Abou Bekr, Omar et Othman. Ali abandonna Médine et le Hedjaz pour Koufah sur l'Euphrate (657), où il fut assassiné en 661 dans la mosquée. Mou'aviyah, le premier khalife des Omeyyades s'installa à Damas ; le dernier souverain de sa dynastie, Marwan II, fut battu et tué en 750 (A. H. 132) par es-Saffah, le premier des khalifes Abbassides, homme cruel qui détruisit toute la famille du vaincu, à l'exception d'un jeune prince, Abd er-Rhaman, qui réussit à échapper au massacre des siens et fonda en 754 (A. H. 136) le khalifat de Cordoue. Saffah fit construire et habita près de la ville persane d'Anbar sur la rive orientale de l'Euphrate, le palais nommé Hachimiyeh d'après un de ses ancêtres. Son frère et successeur, el-Mansour, fit élever un palais portant le même nom, mais sur l'autre rive du fleuve entre Koufah et la ville persane d'Hira ; toutefois, se trouvant trop rapproché de Koufah habité par des Chiites fanatiques, ce prince choisit alors un autre emplacement pour sa résidence : ce fut Baghdad.

Hira, au sud-ouest de l'ancienne Babylone, était jadis le grand entrepôt de l'Euphrate qui était navigable jusqu'à cette ville. Koufah fut créé immédiatement après la conquête de la Mésopotamie par les Arabes, à la même époque que Basra, vers 638, sous le khalifat d'Omar. De Hira, le principal commerce descendit à Obollah, l'ancienne Apologos, abandonné à son tour pour Basra à cause des fièvres ; plus tard, au xe siècle, Basra fut dépossédé par Siraf, au nord du golfe Persique, puis par l'île de Kich (xiie siècle) et enfin par Ormouz.

El-Mansour construisit un deuxième palais, le Khould, en dehors de la porte de Khorasan, sur les bords du Tigre ; en 768, il jeta également les fondations d'une mosquée et d'un palais sur la rive orientale ou persane du fleuve, restée jusqu'alors sans habitations ; ce faubourg fut appelé *Rousafah* (la Chaussée) et forma le cœur du Baghdad oriental lorsque les khalifes y transportèrent leur résidence après avoir abandonné Samarra.

En 813, sous le khalife Amîn, fils d'Haroun ar-Rachid, Baghdad eut à subir un premier siège qui ruina la ville ronde, et en 865, un second sous Mousta'in ; ce dernier avait fui de Samarra devenu en 836 la capitale du khalifat sous Mou'taçim pour échapper à la tyrannie de la garde turque ; au cours de ce siège qui dura un an, Baghdad oriental, défendu par Mohammed ibn'Abd Allah contre l'armée envoyée de Samarra par le khalife Mou'tazz, eut ses trois quartiers nord, Rousafah, Chammasyah et Moukharrim réduits à l'état de ruines ; ils ne s'en relevèrent jamais complètement. Les successeurs de Mou'tazz (866), Muhtadi (869) et Mou'tamid Bûrân (870) continuèrent à résider à Samarra ; toutefois ce dernier répara le palais Hasâni et rentra définitivement à Baghdad en 892.

Haroun ar-Rachid, le cinquième Khalife de la dynastie des Abbassides qui succéda en 786 à Hâdi et fut remplacé en 809 par Amîn, n'a pas peu contribué à faire connaître le nom de Baghdad chez les Occidentaux. En 798, il envoya une ambassade en Chine et en 801 une autre à la Cour de Charlemagne ; il fut donc un trait d'union entre l'Extrême-Orient et l'Extrême-Ouest. Les *Mille et une Nuits* ont rendu ce souverain populaire ainsi que son

ministre Dja'far, l'un des Barmécides, qui après
avoir atteint la plus haute faveur, fut disgracié en
janvier 803 et mis à mort [1]. Le palais de Dja'far se
trouvait sur les bords du Tigre au sud du quartier de
Moukharrim, loin de Rousafah ; il était appelé
Kasr Dja'fari ; après la disgrâce de son propriétaire,
il fut habité par Mamoun, fils de Haroun, et reçut
le nom de Kasr Mamouni ; il devint le Kasr Hasâni
avec le Wazir Hasan ibn Salil qui l'occupa plus
tard.

La tyrannie de la garde turque finit avec le départ
définitif de Samarra et surtout avec la suprématie
des Bouyides dont le chef Mou'izz ad Daoulah se
rendit maître de Baghdad (944). Aux Bouyides qui
pendant un siècle exercèrent le pouvoir sous le titre
d'*emir el-omarah* dans Baghdad oriental où ils avaient
leurs palais, succédèrent les Seldjouks avec Toughril
Bey entré à Baghdad en 1055, qui virent leur puissance décliner après la mort du sultan Sandjar ;
ils furent détruits en 1192 par les chahs du Kharezm. Depuis cette date, l'histoire de Baghdad jusqu'à
la prise de cette ville par les Mongols en 1258 n'est
plus que l'histoire de sa décadence.

La dynastie des Abbassides avait alors pour khalife
Abou Ahmed Abdalla VII el-Mosta'çim Billah,
qui régnait depuis 1242. C'est à ce prince que le
21 septembre 1257, Houlagou, le frère du Grand
Khan, envoyait une sommation de raser le mur
extérieur de Baghdad et de venir se présenter devant
lui ; naturellement le khalife répondit à cet ordre
avec dédain. Le général Baidjou, qui était à Roum,
reçut des instructions pour marcher sur Baghdad ;

---

1. *Journal des Savants*, avril 1915, p. 379-381.

ses troupes formant l'aile droite de l'armée mongole, traversèrent le Tigre à Mosoul et arrivèrent à l'ouest de la ville où elles furent rejointes par d'autres chefs ; l'aile gauche commandée par Kitubuka et Kudussin envahit le Louristan ; Houlagou, venant d'Hamadan, était au centre et le 18 janvier 1258, il campait à l'est de la ville. Le siège fut poussé avec vigueur. Le 10 février, le khalife se rendait avec ses trois fils, la ville ayant capitulé fut pillée pendant quarante jours et une grande partie de la population fut massacrée sans pitié. Le malheureux khalife et son fils aîné furent exécutés le 21 à l'endroit appelé Wakaf, ou Wakf suivant Rachid ed-Din, qui place cet événement au soir du mercredi, 14 safar 656 (20 février 1258) ; cinq eunuques furent également mis à mort avec Mosta'çim ; d'autres écrivains disent que le dernier Abbasside, enveloppé dans un tapis, fut foulé aux pieds par des chevaux. Marco Polo nous raconte qu'on le laissa périr de faim au milieu de ses trésors dans une tour.

Le 20 février, Houlagou avait quitté Baghdad pour retourner à Hamadan le 17 avril ; plus tard il s'installa à Tabriz ; avec lui commence la dynastie des Ilkhans mongols de l'Iran. Houlagou laissa une garnison de 3.000 cavaliers pour la police de la ville, dont le premier gouverneur fut Ali Bahadour auquel fut adjoint l'ancien vizir Mosta'cem Ibn el'Aqami qui mourut trois mois plus tard et fut remplacé par son fils. Houlagou mourut le 8 février 1265 et eut son fils Abaka pour successeur. A la suite de difficultés avec les musulmans, le patriarche nestorien Denha quitta Baghdad en 1271 et ses successeurs fixèrent leur résidence à Ochnou dans l'Azerbaïdjan.

En 1339, Cheikh Hasan Ilekhani, descendant d'Ap Bogha, fils d'Ilekan, fils de Djelaïr, se déclara indépendant à Baghdad, fondant la dynastie des Ilekhaniens ou Djelaïrides qui dura jusqu'en 1410. A cette époque, Ibn Batouta écrivait :

Baghdad possède deux ponts, formés à peu près de la manière que nous avons décrite au sujet de celui de la ville de Hillah. Le public les traverse nuit et jour, les hommes comme les femmes ; et ils trouvent en cela un agrément continuel. Cette ville renferme onze de ces mosquées dans lesquelles on récite le Khothbah, et on célèbre la prière du vendredi. Il y en a huit dans la partie occidentale de Baghdad, et trois dans la portion orientale. Quant aux autres mosquées ou chapelles, elles sont fort nombreuses, et il en est de même des collèges ; mais ceux-ci sont ruinés. Les bains sont en grande quantité et des plus jolis ; la plupart sont enduits à l'extérieur, y compris la terrasse, avec de la poix ; de sorte que quiconque regarde cet enduit croit que c'est du marbre noir. On tire cette poix d'une source située entre Koufah et Basrah, et qui en fait couler continuellement. Elle s'amasse, comme de l'argile, aux bords de la source, d'où on l'enlève avec des pelles, et on l'exporte à Baghdad [1].

Sous la dynastie des Djelaïrides, Baghdad eut à soutenir deux sièges contre le terrible Timour, l'un en 1392-93, l'autre en 1401 ; la ville prise le 10 juillet 1401 fut dévastée, les bâtiments publics de l'époque des Abbassides furent démolis et la population fut massacrée. Le sultan Ahmed s'était réfugié à Mosoul près du chef turcoman Qara Yousouf et se plaça sous la protection du sultan ottoman Bayezid qui refusa de le livrer. On se rappelle que Timour

1. *Voyages*, II, p. 105-106.

marcha contre BAYEZID qu'il défit et captura à la bataille d'Angora.

Le sultan AHMED, qui s'était enfui en Égypte, reparut à Baghdad quand la tourmente fut passée ; il fit immédiatement reconstruire le mur d'enceinte. Il se brouilla avec son ancien allié, QARA YOUSOUF, occupa même sa capitale Tabriz pendant son absence, mais il se fit battre (29 août 1410), fut fait prisonnier et fut étranglé ; avec lui tomba la puissance des Ilekhaniens à laquelle se substitua celle des Turcomans du Mouton Noir et du Mouton Blanc (1410-1497). En 1508-9, CHAH ISMAIL, fondateur de la dynastie des Çafawis, s'empara de Baghdad, mais ses progrès furent arrêtés par la campagne de SELIM Ier en Perse et son occupation de Tabriz. Chah Ismail, étant mort en 1523-4, fut remplacé par son fils CHAH THAMASP sous le règne duquel Baghdad fut pris par Sultan SOLEIMAN, qui y résida six mois (1534). En 1619, le janissaire BEKIR ÇOU-BÂCHI se révoltait et s'étant emparé de Baghdad se rendit indépendant de la Porte, mais en 1623, le chah de Perse, CHAH ABBAS, ayant pris la ville, Bekir fut mis à mort (1623).

A la fin de 1616, le voyageur romain PIETRO DELLA VALLE nous a donné une description de Baghdad [1].

Elle est assise sur le fleuve du Tigre, vers la partie occidentale ; d'où néanmoins, c'est-à-dire du côté de la Mésopotamie, elle paraît seulement comme un grand bourg sans murailles, et tout ouvert : mais ce que l'on peut véritablement nommer une bonne ville, avec des murailles tout à l'entour, c'est ce qui s'en voit à main droite, à l'Orient de

1. *Voyages*, nouvelle édition, Paris, 1745, II, p. 215-216.

ce fleuve. L'une et l'autre partie est bâtie entièrement de vieilles briques, et fort bonnes, à ce qu'ils disent, mais sans chaux ni ciment, et seulement avec de la terre détrempée à la Turque, d'où il s'ensuit que leurs bâtiments sont beaucoup moins forts et moins durables que les nôtres.

Le plan de la plupart de leurs maisons est creusé beaucoup plus bas que les rues : ce qui se fait à cause des chaleurs qui y sont extrêmes durant l'été : et pour la même raison, toutes leurs chambres sont obscures, ou pour être tout à fait sans fenêtres, ou pour n'avoir que quelque petit trou : mais ils ont des cours, des divans, ou des salles, qui sont de grands logements, et tout couverts d'un côté, de même à peu près que ceux des Turcs à Constantinople ; et c'est là qu'ils se mettent, quand ils veulent respirer un air plus libre. Les maisons n'ont que le premier étage d'en bas, ou bien quelque peu de degrez plus élevez que le plan de la cour ; et s'il y a quelque étage plus haut, ils ne s'en servent point pour y habiter. Ils prennent plaisir à se retirer dans des réduits souterrains, comme des caves, qui sont en chaque maison, et s'y tiennent une bonne partie du jour, dans les plus grandes chaleurs. Les Mosquées y sont faites à la manière ordinaire de celles de Turquie ; il y en a grand nombre, et fort peu de Palais. Le Bacha, qui a le gouvernement de cette Province, est logé dans le château, qui est assez grand, situé au bout de la Ville, sur le rempart, et sur la rivière, vers son bord oriental.

Enfin avec la prise de Baghdad par le sultan MOURAD IV (25 décembre 1638) nous voyons commencer une longue suite de gouverneurs ottomans, dont le premier est KUTCHUK HASAN PACHA, ancien agha des janissaires. En 1733, AHMED résista à NADIR CHAH. SULEIMAN PACHA, ancien esclave affranchi d'Ahmed Pacha dont il épousa la fille, fonda la dynastie des mamlouks. Après sa mort à Baghdad en 1761, nous voyons la série de pachas durer jusqu'à DAOUD PACHA contre lequel la Porte envoya une expédition qui amena la reddition de Baghdad en septembre 1831. Daoud Pacha, envoyé à Constantinople, mourut en 1851, mais tous les mamlouks restés à Baghdad furent mis à mort par ordre d'ALI RIZA PACHA. La Porte reprenait désormais le gouvernement direct de Baghdad, qui était resté sous la puissance des mamlouks pendant près d'un siècle.

Aujourd'hui Baghdad, tout en étant la plus grande ville de l'Irak, n'est plus que le chef-lieu du vilayet turk du même nom ; vilayet démembré à deux reprises : en 1878, on prit au gouvernement général de Baghdad les trois sandjaks de Mosoul, Chehrizor et Suleimanié pour former le vilayet de Mosoul ; six ans plus tard (juin 1884), on lui enlevait les quatre sandjaks d'Amara, de Muntéfik, de Nedjed et de Basrah pour créer le vilayet de Basrah. Actuellement, le vilayet de Baghdad renferme dans ses 140.000 kilomètres carrés les trois sandjaks de Baghdad, Hillè et Kerbela répartis en 19 cazas.

La ville de Bahgdad forme un triangle ayant le Tigre pour base ; elle est entourée d'une muraille flanquée de tours et percée de trois rangées de meurtrières ; sur la rive gauche, la muraille est entourée d'un fossé rempli d'eau. Les deux rives sont réunies par un pont porté sur trente pontons. Sa population est d'environ 145.000 habitants dont 86.095 musulmans (sunnites, 50.295 ; chiites, 35.800), 7.000 chrétiens et 51.905 israélites. Dans le vilayet, on se livre à la culture, principalement du tabac et des dattiers.

L'ART BOUDDHIQUE[1]

Edouard CHAVANNES. *Mission archéologique dans la Chine Septentrionale.* Tome I. Deuxième Partie : *La Sculpture bouddhique,*
in-8, p. 291 à 614, pl. 544-597, Paris, Leroux, 1915. — A. Fou-
CHER. *The Beginnings of Buddhist Art and Other Essays in
Indian and Central-Asian Archaeology.* Revised by the Author
and Translated by L. A. Thomas and F. W. Thomas, with a
Preface by the latter, in-8, p. xvi-316. Paris, Geuthner, 1917.

I

Dans la première partie de son ouvrage, parue
en 1913, CHAVANNES avait étudié *La Sculpture à
l'époque des Han,* sujet qu'il avait déjà traité en
partie dans un volume publié à Paris en 1893 sous
le titre de *La Sculpture sur Pierre en Chine* ; c'est le
même titre que je donnai à la communication que
je fis le 20 novembre 1914 à la séance annuelle de
l'Académie des Inscriptions et Belles-Lettres[2] : je
notais le plus ancien monument de sculpture actuellement connu en Chine, remontant à l'année 117
avant Jésus-Christ, représentant l'un des chevaux
qui ornaient la tombe du fameux général Ho K'iu-
PING, ainsi que les piliers des chambres funéraires

1. Extrait du *Journal des Savants,* mars-avril 1919, pages 73-
84.
2. Voir *supra,* pages 290 seq.

de la famille Wou au Chan Toung, et je signalais la découverte des sculptures de l'époque des Wei ornant les grottes de Yun Kang, près de Ta-T'oung au Chan Si et plus tard celles de Loung Men au Ho-Nan qui nous fournissent le chaînon qui a conduit l'art bouddhique du Gandhâra à travers l'Asie centrale jusqu'au Japon et à Java.

Après la chute de la dynastie des Han, c'est-à-dire après le IIe siècle de notre ère, « l'art chinois, nous dit Chavannes, présente dans l'état actuel de nos connaissances, une lacune de plus de deux cents ans ; il ne se manifeste à nouveau qu'au Ve siècle où il apparaît sous les formes toutes nouvelles qu'il revêt pour s'adapter aux besoins de la religion bouddhique. » Assurément avant cette période, il y eut des statues modelées en dehors de l'influence bouddhiste, par exemple, cités par Se-ma Ts'ien, douze hommes de bronze fondus en 221 avant Jésus-Christ par ordre de Ts'in Che Houang Ti, ou, sous le règne de Wou Ti, 115 avant Jésus-Christ, un génie de bronze qui tient un plateau destiné à recevoir la rosée, mais les statues des Han sont dénuées d'expression, tandis que l'art bouddhique, reflétant l'art grec, donne la pensée hindoue et offre une véritable morale.

Cet art nouveau, inspiré par le Bouddhisme, fit son apparition pour la première fois, à Yun Kang, quatre cents ans après l'époque où le Bouddhisme fut introduit en Chine ; c'est dire que jusqu'alors cette religion n'avait exercé aucune influence sur l'art chinois, et que probablement elle n'avait fait que végéter ; il faut voir dans cette apparition du Bouddhisme dans l'art en Chine, le résultat du voyage du premier pèlerin chinois Fa Hian, qui n'est revenu de l'Inde qu'en 413 ; cet art est venu de l'Inde dans

le sud par mer ; dans le nord par l'Asie centrale.
Trois groupes de sculptures ont été particulièrement
étudiés par Chavannes : 1º celui de Yun Kang ;
2º celui de Loung Men, dans le voisinage de Ho Nan
fou ; 3º celui de Koung Hien, sous-préfecture de la
province de Ho Nan.

Nous commencerons par le groupe de Yun Kang ;
cette localité se trouve dans la vallée de la petite
rivière Che-li, à trente lieues à l'ouest de Ta T'oung-
fou, dans le nord de la province du Chan Si, au pied
d'une falaise rocheuse qui borde un vaste plateau ;
cet escarpement abrupt est nommé dans les textes
historiques Wou Tcheou. Il est percé d'une multitude de grottes, rappelant les *creutes* de Picardie,
dont les parois sont sculptées en forme de niches et
ornées de statues bouddhiques. Les plus anciens
monuments connus de cet art bouddhique chinois
ont été exécutés par une dynastie étrangère, celle
de Wei, peuple Toba, d'origine toungouse ; l'art
des Wei et l'art chinois ont réagi l'un sur l'autre. Les
premiers et les plus importants travaux dans la
montagne Wou Tcheou furent exécutés sous la
direction du moine T'an hiao. Les sculptures, nous
dit Chavannes : « sveltes et harmonieuses, pénétrées
d'un sentiment religieux intense, sont à la fois un
début et un apogée ; jamais les Chinois n'ont
dépassé dans leurs plus belles œuvres religieuses,
l'idéal qui fut alors conçu par ce peuple venu de la
Mongolie orientale ou de la Mandchourie ». Un
moment on put craindre de voir arrêter brutalement
cet essor de l'art artistique des Wei ; à l'instigation
d'un certain Ts'ouei Hao, conseiller de l'Empereur,
une persécution terrible éclata contre la religion
bouddhique dont on tenta de supprimer les manifes-

tations et de détruire les statues ; à la mort de Ts'ouei Hao en 450, une réaction se produisit, faible d'abord, intense à partir de 452, et les monuments se multiplièrent. A l'époque des Wei du Nord, on mentionnait dix temples qui ont disparu, sauf ceux sur l'emplacement desquels s'élève le temple des Buddhas de pierre ; les grottes comprises dans l'enceinte du temple sont seules entretenues ; les autres sont laissées à l'abandon ; quelques-unes servent même de grenier aux habitants du village. Il n'y a pas moins de neuf grottes dans l'enceinte du temple, dont l'une renferme une énorme statue du Buddha assis, qui a une hauteur d'environ 17 mètres ; dans une autre grotte, nous trouvons des scènes qui sont les plus anciennes représentations connues de la vie du Buddha ; elles ont une grande importance pour l'histoire de l'art, car elles montrent comment les traditions des imagiers du Gandhara se sont implantées en Extrême-Orient. Sans nous attarder à l'examen des autres grottes, soit dans l'intérieur des temples, soit à l'est et à l'ouest, nous passerons au groupe de Loung Men.

Le défilé de Loung Men, la « Porte du Dragon », est situé au sud de la ville de Ho Nan fou ; « il est formé par deux chaînes de petites montagnes entre lesquelles coule la rivière Yi » ; de là vient le nom de Yi-k'iue, « les piliers de Yi », sous lequel on désigne dans la littérature les deux montagnes et, par suite, le défilé lui-même. Dès l'année 516 avant J.-C., ce défilé est mentionné sous le nom de K'iue-sai, « la barrière des piliers ». Ainsi que le dit le poète Po Kiu-yi (772-846), il y avait jadis à Loung Men dix temples dont il ne reste plus que trois : Ts'ien k'i, Hiang chan et K'an king. Les statues étaient toutes peintes, mais avec le temps les couleurs ont presque entièrement disparu. Toutefois, dans l'ensemble, les monuments de Loung Men sont mieux conservés que ceux de Yun Kang.

Le temple Ts'ien-ki, c'est-à-dire du « ravin où il y a des eaux cachées », construit à l'époque des Soung, comprend un ensemble de bâtiments qui masquent diverses grottes appelées Pin-yang parce que, tournées vers l'Est, elles « accueillent comme un hôte le soleil » à son lever ; la grotte centrale a 11 mètres de largeur sur 9 m. 60 de profondeur, et renferme un Buddha assis accompagné de deux autres Buddhas symbolisant la multiplication du corps des Buddhas et des Bodhisattvas.

Les grottes les plus voisines du temple Ts'ien-k'i le long de la rive gauche de la rivière Yi ne présentent pas de sculptures remarquables, mais renferment quelques inscriptions ; un peu plus loin on rencontre deux grottes jumelles de l'époque des T'ang qui renferment chacune un Buddha, des çramanas et des Bodhisattvas ; à gauche de ces grottes, par un escalier taillé dans le roc, on monte à une grande grotte contenant un Buddha flanqué de deux çramanas et de deux Bodhisattvas ; les parois latérales sont couvertes de petits Buddhas ; extérieurement de chaque côté de la grotte sont placés un gardien et un lion ; au-dessous et un peu à gauche de cette dernière grotte, une autre est reconnaissable à une petite pagode quadrangulaire sculptée extérieurement non loin de l'ouverture ; nous laissons de côté un certain nombre de grottes dont M. Chavannes a relevé les estampages, pour en mentionner une autre dont la décoration supérieure à celle des autres remonte à la dynastie des Wei, sculptée sur l'ordre de l'empereur Che Tsoung qui régna de 500 à 515. Un Buddha colossal assis comme celui de Yun Kang, sur un piédestal à cinq pans, est placé au centre de l'esplanade sur laquelle s'élève le groupe le plus imposant des sculptures de Loung Men ; il est drapé jusqu'au cou, tandis que celui de Yun Kang a le sein, l'épaule et le bras du côté droit à moitié découverts. Dans une grotte, dont l'entrée est plus ornementée que la plupart des autres grottes, nous relevons dans les inscriptions des fragments d'un traité de médecine de l'année 575, dont la dédicace est suivie de recettes pour guérir diverses maladies.

La plus célèbre des grottes de Loung Men, jadis connue sous le nom de Kou-yang-toung, est aujourd'hui appelée la grotte de Lao-Kiun sans qu'on connaisse la raison qui l'a mise sous le patronage du célèbre philosophe taoïste ; ses sculptures remontent à l'époque des Wei du Nord et ses nombreuses inscriptions donnent des spécimens importants de l'écriture au VIe siècle de notre ère ; elles renferment les dix inscriptions les plus célèbres de l'époque des Wei.

Si l'on étudie les inscriptions de Loung Men qui sont de véritables dédicaces, on s'aperçoit que les donations commencent en 495, c'est-à-dire en l'année qui suit le transfert par les Wei du Nord de leur capitale à Lo-yang et elles prennent fin en 749, c'est-à-dire à la veille d'événements qui ont brusquement arrêté l'essor de la dynastie T'ang et ruiné leur capitale orientale Lo-yang : 751, les Chinois sont battus presque simultanément par le royaume de Nan-tchao dans le Yun-nan et par les Arabes sur les bords de la rivière Talas ; revers qui favorisent la révolte de Ngan Lou-chan ; 756, l'empereur HIOUEN

Tsoung s'enfuit de Si-ngan au Se-Tch'ouan ; 756, Lo-yang est pillé et incendié par les Ouighours. L'époque de la grande ferveur bouddhique s'étend de 495 à 537, c'est-à-dire quarante trois ans, pendant lesquels nous relevons 108 inscriptions, et de 638 à 705, c'est-à-dire pendant soixante-huit ans, pendant lesquels nous relevons 166 inscriptions ; il n'y en a que 13 de 538 à 637 et 8 de 706 à 747. En dehors de l'intérêt qu'elles offrent à cause des œuvres d'art auxquelles elles se rapportent, elles ont une valeur considérable pour la calligraphie et la paléographie.

Les trois grottes primitives de Loung Men sont, d'une manière certaine, celle dite de Lao-Kiun-toung, et probablement une aménagée pour le béné-fice de l'impératrice Wen Tchao, femme de Kao Tsou, et une aménagée pour le bénéfice de l'empereur Che Tsoung (500-515).

En dehors de Yun Kang et de Loung Men, Cha-vannes a décrit les sculptures d'autres grottes comme celles de Koung hien et de Tsi Nan fou. La sous-pré-fecture de Koung, ville presque morte, dépend administrativement de Ho Nan fou et est située sur la rive droite de la rivière Lo, peu avant le confluent de ce cours d'eau avec le Houang Ho. La montagne dans laquelle sont pratiquées les sculptures se nomme le Ta-tao-chan et elle se trouve à huit li au nord de la ville de Koung, formant un massif de grès rouge encastré dans le loess ; le *Che-k'ou-se* ou Temple des grottes dans le roc était nommé Temple de la Terre pure et aussi Temple des Buddhas de pierre ; il fut aménagé sous les Wei du Nord au cours de la période 500-503.

Au sud-est de Tsi Nan fou, capitale du Chan Toung,

au Ts'ien-fo-chan, Montagne des mille Buddhas, les sculptures ont, pour la plupart, été faites à la fin du vi[e] siècle de notre ère ; leur antiquité est attestée par quelques inscriptions, mais elles ont été si souvent et si indiscrètement réparées, recouvertes de torchis et repeintes, qu'il est bien difficile d'en tirer des renseignements pour l'histoire de l'art.

Enfin Chavannes termine son volume par la description de sculptures bouddhiques qui ne se trouvent pas dans les grottes, parmi lesquelles nous citerons : 1º deux stèles, l'une de 535, l'autre de 570-571 des Ts'i septentrionaux, dans le temple de Chao-lin-se, au pied de la montagne Siao-che, au nord-ouest de Teng-foung-hien, province de Ho Nan ; 2º un bas-relief bouddhique du Pei-lin, musée des stèles, à Si Ngan, Chen Si, qui paraît **être** de l'époque des Wei du Nord ; 3º une pierre gravée de l'année 543 qui se trouve dans le village de Pei K'oung, sous-préfecture de Ho-nei, province de Ho Nan ; 4º un piédestal de l'année 523, portant une représentation de Maitreya descendant naître dans ce monde, découvert dans le Tche Li, et appartenant à un riche collectionneur de Wei Hien, dans le Chan Toung.

II

Chavannes nous avait montré en Chine un développement local de l'art inspiré par le Buddha ; M. Foucher nous conduit au berceau même de cet art aux Indes. Un éditeur a eu l'heureuse idée de faire traduire en anglais et de réunir en un volume sous le titre de : *Les Débuts de l'Art Bouddhiste*, neuf articles dispersés dans le *Journal Asiatique*, les volumes de la *Bibliothèque de vulgarisation du Musée Guimet*, la *Revue Archéologique*, les *Mélanges Sylvain Lévi*, le *Bulletin de l'Ecole française d'Extrême-Orient*, les *Monuments et Mémoires Piot*, avec l'addition d'un grand nombre de planches et d'un index, formant ainsi malgré la diversité des sujets traités un ensemble dont l'unité est assurée par le but poursuivi : l'étude de l'art bouddhiste.

L'origine du Bouddhisme est encore obscure, quoique l'époque à laquelle vivait le Buddha, le ve siècle avant Jésus-Christ, ne soit pas tellement éloignée que l'on ne puisse un jour jeter quelque clarté sur le problème. En revanche l'art bouddhiste dont malheureusement il ne reste guère que des sculptures, nous permet cependant de remonter à une époque qui paraît se rapprocher de l'origine même de la doctrine. « Assurément, nous dit l'auteur, les pierres sont peu loquaces : mais elles rachètent leur mutisme par l'invariabilité d'un témoignage qui ne saurait être suspect de remaniement ni d'interpolation. Grâce à leur grain merveilleux, elles sont aujourd'hui telles qu'elles sortirent, il y a deux mille ans, des mains des imagiers *(rûpa-hâraka)*, et nous pourrons bâtir sur ce fondement immuable des inférences plus rigoureuses que sur le sable mouvant des textes. »

Malheureusement, à l'action destructive de l'homme s'est ajoutée celle du climat de l'Inde qui n'est pas favorable à la conservation des monuments, particulièrement de ceux qui sont en bois, aussi les plus anciens spécimens d'architecture ou de sculpture ne remontent-ils pas plus haut que la dynastie des Mauryas, à la période d'Açoka, c'est-à-dire vers 250 avant Jésus-Christ. Les plus vieilles constructions de pierre attestent, comme au Mexique, l'existence antérieure d'édifices en bois ; ces œuvres anciennes, par leur fini, indiquent bien qu'elles sont l'œuvre non de débutants, mais d'artistes et d'ouvriers expérimentés qui, au iiie siècle, ont substitué la pierre au bois. Laissant de côté les grands piliers monolithes d'Açoka, on ne trouve guère à relever à fleur du sol, en attendant des fouilles systématiques, que les débris des balustrades de Bodh Gayâ et de Barhut et les portes de Sânchi qui remontent au iie siècle avant Jésus-Christ. Ce qui caractérise ces anciennes sculptures, c'est qu'elles représentent la vie du Buddha *sans* le Buddha ; les fidèles rendent hommage devant un trône qui est vide, non par suite de l'incapacité des artistes de reproduire une image du Bienheureux , mais par suite de la tradition, de la coutume. Quelle est la cause de cette abstention ? Le problème est délicat, mais ne paraît guère soluble ; les explications données jusqu'ici ne sont pas satisfaisantes.

Contrairement à ce qui s'est passé pour le Christianisme, le Bouddhisme n'a connu que tardivement les images de son fondateur ; l'art de présenter la figure humaine était peu répandu dans l'Inde avant Alexandre, non qu'on y fut hostile, mais parce que l'idée ne s'en était même pas présentée à l'esprit indien. Il est probable qu'il doit son origine aux quatre grands pèlerinages primitifs. Avant la transformation apportée dans l'art bouddhique par la révolution Gandhârienne, on peut supposer que premièrement, dès le ve siècle, il y eut une production locale aux quatre grands centres de pèlerinages, ainsi que le colportage dans l'intérieur de l'Inde de grossières ou rudimentaires images des « saints vestiges » subsistant sur l'emplacement des sites miraculeux, représentant des symboles qui ont fini par être regardés comme des représentations systématiques des quatre principaux épisodes dans la vie du Bienheureux et qui servirent de modèles avant et après la période d'Açoka pour la déccration des monuments religieux. Au second siècle avant notre ère, on remarque des tentatives pour s'affranchir de la routine en cherchant des sujets dans la période qui a précédé ou suivi l'existence dernière de Buddha. Quand survint l'Ecole du Nord-Ouest éloignée du théâtre des événements représentés dans les modèles de l'ancienne école, elle aurait, semble-t-il, offert des traits caractéristiques différents ; cependant, il n'en est rien : on retrouve au Gandhâra non seulement la multiplication des épisodes empruntés à la jeunesse ou à la carrière enseignante du Maître, dont l'image corporelle occupe à présent le centre de la composition, mais les scènes légendaires postérieures au cycle du *Parinirvâna* disparaissent presque complètement et le nombre des *jâtaka* diminue ; toutefois les vieux emblèmes ne disparaissent pas complètement, pas plus au Gandhâra que dans l'Inde médiévale et M. Foucher remarque que : « Si le *stûpa* est considéré comme devenu superflu sur presque toutes les représentations nouvelles du *Parinirvâna*, l'arbre de la Science ne manque jamais de se dresser derrière le Buddha de la *Sambodhi*, tandis que la roue entre les deux gazelles adossées ou affrontées continue à timbrer le trône de celui de la Première prédication : et, par là, le déclin de l'art bouddhique rejoint ses plus lointaines origines *visibles* — les seules (est-il besoin de le spécifier ?) dont il ait été question ici. »

Les articles qui, dans ce volume, suivent le premier consacré aux débuts de l'art bouddhique ont un caractère moins général. Les *Jâtaka* auxquels est consacré le second article sont « les étapes du Buddha sur les voies de la transmigration des âmes ». Il faut tout d'abord pour se rendre compte de la croyance hindoue à la transmigration des âmes, savoir que tout être est certain de mourir et non moins certain de renaître dans l'une des cinq conditions de damné, de revenant, d'animal, d'homme ou de dieu avant de mourir à nouveau, de renaître jusqu'à ce qu'il ait atteint ou mieux dépassé le cercle de la transmigration ; ensuite que cette transmigration, loin d'être livrée au hasard, est réglée par une loi morale, le *karman*, qui établit la balance entre les mérites et les démérites ; enfin que le souvenir des existences précédentes est conservé par celui qui a atteint la sainteté. Ainsi donc Çâkya Mouni a passé, comme les autres, par une longue série d'existences successives pendant lesquelles, bodhisattvas, ils aspiraient au rang de Buddha qui devait être leur incarnation suprême. A l'aide de la collection pâlie des *jâtaka* qui comprend près de cinq cent cinquante contes et des bas-reliefs de Barhut, au centre de l'Inde, qu'il a choisis parce que la plupart sont accompagnés d'une inscription écrite, dans le plus vieil alphabet de l'Inde centrale, le même dont se servait Açoka pour ses édits au milieu du iiie siècle avant notre ère, dans les vingt-cinq jâtaka dont on possède à la fois le texte et l'image, M. Foucher suit les différentes transformations du Buddha : nous le voyons tour à tour animal, peut-être femme dans l'histoire d'Amarâ, homme enfin. Belle conception assurément, mais dont malheureusement l'exécution est inférieure. Dans ces *jâtaka*, tantôt le bodhisattva sous forme animale se trouve en présence de l'homme ; tantôt au contraire le bodhisattva, sous forme humaine, souvent en chasseur, intervient parmi les animaux. Parmi ces fables, nous retrouverons des sujets que nos auteurs occidentaux, comme La Fontaine, n'ont pas dédaignés à leur tour ; cette littérature populaire non moins que religieuse pénètre jusque dans l'Extrême-Orient ainsi qu'en témoignent certains des contes qu'a publiés Chavannes.

Le Musée Indien de Londres, le Musée Guimet à Paris, le Museum für Völkerkunde à Berlin, possèdent le moulage d'une porte monumentale couverte de bas-reliefs, don du Gouvernement de l'Inde anglaise. Cette porte est l'une des deux qui restent debout sur quatre qui formaient le *stupa* de Sânchi, le plus bel, le plus vieil, même le seul ensemble architectural qui soit conservé de l'Inde ancienne ; contemporain de Barhut, il s'élève près de Bhilsa, entre Pataliputra (Patna), capitale des empereurs Mauryas, et Broach. Le stupa se compose essentiellement d'un dôme hémisphérique massif, haut de 12 m. 80 sur un diamètre de 32 m. 30, construit en briques revêtues d'un parement de pierres ; il est surélevé sur un soubassement de 4 m. 25 également circulaire auquel on accédait par un escalier ; le monument est entouré d'une balustrade de pierre visiblement copiée ou imitée d'une barrière en bois avec quatre portes ou *torana*, hautes d'environ 10 mètres, couvertes de sculptures. Que représentent les sculptures qui recouvrent la porte orientale dont le moulage est conservé au Musée Guimet ? Tel est le problème que se pose et que résoud M. Foucher dans son troisième article : 375 inscriptions ont été relevées sur la balustrade et sur les portes et elles ont été étudiées en dernier lieu par G. Bühler, dans le tome II de l'*Epi-*

graphia Indica, mais elles ne peuvent aider en aucune manière à l'identification des sujets, car elles ne sont que de simples *ex-voto* ne fournissant que les noms des donateurs des pièces sur lesquelles elles sont gravées. C'est grâce aux images de Barhut dont nous avons parlé précédemment, que quelque lumière peut être projetée sur les sujets traités dans les bas-reliefs. Toutes les scènes sont consacrées à illustrer les quatre épisodes capitaux de la légende bouddhique, c'est-à-dire la Nativité ou la Vocation, l'acquisition de l'Omniscience, le Premier sermon et le Suprême trépas. Nous ne pouvons naturellement pas analyser ici le catalogue sommaire des sculptures que dressa M. Foucher en distinguant les éléments décoratifs des scènes bouddhiques.

Particulièrement intéressant est le quatrième article consacré à l'origine grecque du Buddha. Le Buddha n'assume toujours et partout qu'une forme purement et simplement humaine. Quelle est l'origine de cette figure dont les plus anciennes représentations se trouvent au Musée de Lahore, la « Maison des Merveilles » ? Elles sont originaires de Peshawar, sur la rive droite de l'Indus, à son confluent avec le Kaboul Roud ; c'est l'ancien Gandhâra où s'associent les deux antiquités, l'hellénique et l'indienne. Le plus ancien et probablement aussi le plus beau des Buddhas se trouve au mess du régiment des Guides, dans la petite ville de garnison de Hoti-Mardân, pour lequel on a pu inventer le vocable de « greco-bouddhique ». Le Bouddhisme prospéra au Gandhâra grâce à Açoka. L'hellénisme a pénétré dans l'Inde en 326 avec Alexandre, qui fut d'ailleurs obligé, à cause de la chaleur, de battre en retraite par le Belouchistan (Gédrosie), mais surtout grâce à la constitution du royaume grec de Bactriane en 250 avant J.-C., et plus tard à la conquête du Penjab par Demetrios, fils d'Euthydème, qui profita de la décadence de l'empire des Mauryas pour se tailler un royaume dans l'Inde du Nord. Le Buddha se distingue du Bodhisattva en ce qu'il se montre sans bijoux dans le manteau monastique drapé jusqu'au cou, et des religieux de son ordre en ce qu'il est le seul qui ait le privilège de conserver ses cheveux.

Dans le « Couple tutélaire dans la Gaule et dans l'Inde », M. Foucher rapproche des divinités gallo-romaines l'existence de figures et même de groupes tout à fait analogues de l'Inde, par exemple des divinités populaires, des demi-dieux comme Pântchika, tour à tour gardien des trésors et dispensateur des richesses et son épouse Harîtî qui d'ogresse, mère de 500 petits lutins, devient une matrone convertie par le Buddha et chargée d'accorder aux vœux des fidèles une nombreuse progéniture : Lamie métamorphosée en Lucine ; le couple était chargé de donner satisfaction aux besoins des humains, le premier aux hommes, la seconde aux femmes. Sculpteurs gaulois, sculpteurs indiens avaient appris leur art à la même école, celle des Grecs.

Le « grand miracle » ou *mahâ-prâtihârya* de Çravasti, l'un des dix actes dont tout parfait Buddha doit nécessairement s'acquitter avant de mourir, est le sixième article du recueil de M. Foucher, qui a profité de la découverte récente au lieu de « première prédication », à Sârnâth, dans la banlieue nord de Benarès, d'une stèle en assez bon état, remontant approximativement au ve siècle ; elle est divisée en huit panneaux consacrés aux huit grandes scènes ; ce nouveau document apporte un utile témoignage sur la façon traditionnelle de représenter le « grand miracle » de Çravasti.

Puis vient un essai de classement chronologique des diverses versions du *Shaddanta Jataka*, c'est-à-dire du jataka de l'éléphant à six défenses qui n'est autre qu'une des innombrables incarnations du Buddha : l'éléphant vit heureux dans une vallée cachée des Himalayas avec ses deux épouses, lorsque l'une d'elles se suicide par jalousie ; revenue à la vie comme Reine de Benarès, elle se rappelle son existence précédente et, par vengeance, veut faire tuer l'éléphant, mais l'enveloppe animale peut seule périr par la flèche qui la frappe et l'âme du Bodhisattva est inaccessible à son action ; dans sa magnanimité, le Bodhisattva fait don des défenses au chasseur qui avait été chargé de lui donner la mort ; la reine sent se briser son cœur en recevant ce lugubre présent.

Nous avons ensuite des notes sur l'art bouddhique à Java et en particulier sur le célèbre stupa de Boro Boudour, bâti dans la seconde moitié du ixe siècle, notes recueillies pendant un court séjour de l'auteur à Java en mai 1907.

Enfin le dernier mémoire est consacré à une peinture provenant de Yargolî, à environ dix kilomètres à l'ouest de Tourfan, découverte le 13 juillet 1905 au cours de la seconde mission archéologique allemande dans cette région du Turkestan chinois et conservée actuellement au Musée royal d'Ethnographie de Berlin ; elle décorait un sanctuaire en briques crues un peu postérieur au ixe siècle, aujourd'hui en ruines, dédié apparemment au Buddha. Cette peinture représente une femme assise, tenant dans le bras droit un enfant en maillot, auquel elle présente le sein de la main gauche ; cette figure est entourée de huit petits personnages : ce n'est pas la Vierge Marie comme on serait tenté de le croire, mais bien la fée Harîtî, dont nous avons déjà parlé, qui donne à téter à son dernier-né, Pingala, tandis que ses autres enfants s'ébattent autour d'elle ; il est à peu près impossible de déterminer la date à laquelle a été exécutée cette peinture.

On voit par ces notes la variété et l'importance des mémoires qui composent le recueil de M. Foucher et qui intéressera non moins l'artiste et le folk-loriste que l'indianiste.

NOTES SUR L'ORIGINE DES TURKS
ET DES BULGARES [1]

Quand on étudie le problème complexe de l'origine des nations de l'Europe orientale, il faut toujours la rechercher jusque dans le nord-est du continent asiatique. C'est là que s'est déclenché le grand mouvement de migration qui, ainsi que je l'ai écrit, il y a une dizaine d'années, s'est transmis de proche en proche, de horde en horde, de tribu en tribu, de peuple en peuple, comme des ondes sonores jusqu'en Europe, qui, lorsqu'elle est frappée par le Fléau de Dieu, ignore d'où est parti le coup initial. Chemin faisant, les vastes troupeaux humains venant d'Asie, balayant tout sur leur passage, déposant des îlots détachés de leur masse, se mélangeant souvent aux populations envahies, formant par ces croisements de nouvelles tribus, ont aussi donné naissance à des peuples, mélange de leurs différents groupements qui, reprenant la course de leurs prédécesseurs essoufflés ou disparus, la poursuivent à travers l'Europe entière, jusqu'en Espagne, comme les Goths, jusqu'en Afrique comme les Vandales.

1. Extrait de la *Revue Bleue*, 27 nov.-4 déc. 1915, pages 587-589.

Les peuples qui, au nord de la Chine, ont alimenté un réservoir inépuisable d'hommes qui ont, les uns menacé et même conquis l'Empire du Milieu, les autres envahi l'Asie centrale et occidentale, sont désignés sous le nom général de *Tartares*. On les divise en Tartares *Orientaux*, parmi lesquels on compte les Wei, les Leao, les Kin, les Mandchous qui ont régné sur la Chine, et en Tartares *Occidentaux* qui comprennent les deux grands groupes apparentés des Huns ou Hioung Nou et des Turks auxquels au cours des siècles s'ajoutèrent les Mongols. C'est de ces Tartares occidentaux, sous différents noms, et après de nombreux croisements, que descendent la plupart des Barbares de la grande invasion du ve siècle de notre ère.

L'origine des Hioung Nou nous est inconnue. On a prétendu qu'ils descendaient de Chouen wei, fils du dernier souverain de la première dynastie chinoise des Hia ; on a dit aussi que les Huns qui ne sont autres que les Hioung Nou devaient, suivant Cassiodore, descendre des hommes des bois appelés *Fauni ficarii*, suivant Jordanes, des *Spiritus immundi* qui ne seraient autres que *Kouei fang* (région des démons) des Chinois qui peut s'appliquer à d'autres barbares, aussi bien qu'aux Hioung Nou. Ils étaient nomades et leur domination s'étendait depuis Siouen Houa fou dans le Tche-li jusqu'au lac Barkoul. Nomades, excellents cavaliers, habiles à manier l'arc, ils faisaient des incursions continuelles en Chine. Dans la seconde moitié du iiie siècle avant notre ère, ils se constituèrent en nation. En 215 av. J.-C., le grand empereur Ts'in Che Houang-Ti, pour arrêter leurs incursions, fit construire ou mieux compléter la Grande Muraille par le général Mong Tien.

Les Hioung Nou avaient des rivaux dans les Yue Tche, dans la région qui forme la province chinoise actuelle du Kan Sou. Les Hioung Nou, d'abord sujets des Yue Tche, à leur tour avaient vaincu ceux-ci une première fois à la fin du iiie siècle et une seconde en l'an 177 avant J.-C. Les Yue Tche, chassés du Kan Sou, émigrèrent vers l'ouest, laissant le champ libre à leurs adversaires qui, à partir du i[er] siècle de notre ère, voient leur puissance disparaître devant celle des Chinois. Dans la seconde moitié du ive siècle, les Huns se divisent en deux branches : un groupe qui pénétra en Europe sous l'empereur Valens et conduit plus tard par Attila roulera, en le dévastant, à travers notre continent, et, en vagues formidables, ira, en 451, se briser dans les Champs Catalauniques contre les forces compactes et disciplinées des Romains d'Aëtius, des Visigoths de Théodoric, des Francs de Mérovée et des Burgondes, unis dans un sentiment de commune conservation pour arrêter l'élan destructeur des barbares asiatiques. L'autre groupe détruira le royaume Kouchan de Caboul, le royaume de Gandhâra et l'empire goupta, et, vainqueur du souverain sassanide Pirouz, en 484, sous le nom de Huns Blancs ou Hephthalites, créera dans l'Asie centrale un vaste empire qui au vi[e] siècle succombera aux attaques des Tou Kiue (Turks) occidentaux alliés du roi de Perse.

Pendant la première moitié du vi[e] siècle de notre ère, les Turks que les Chinois appelaient *Tou-kiue*, descendant des anciens Huns, dont les débris après leur ruine s'étaient fixés sur les bords de l'Irtich, avec leur chef Boumin, se rendirent indépendants des Avares (Jouan Jouan) ; ils se divisèrent en deux branches : la branche septentrionale ou orientale et

la branche occidentale ; elles restèrent distinctes
depuis le milieu du vie siècle, mais leur séparation
politique causée par les intrigues des Chinois qui
opposaient continuellement les deux tribus turkes
l'une à l'autre, ne date que de 582. Boumin, chef de
la branche septentrionale, mourut en 552 et fut remplacé par ses trois fils successivement ; son frère
cadet, Chetiemi (Istämi), est l'ancêtre des Turks
occidentaux ; il est connu des historiens byzantins
sous les noms de Dizaboul et de Silziboul. Après avoir
joué un rôle considérable, les Turks commencèrent
à tomber en décadence vers 630, et finalement ils
furent subjugués par les Chinois en 659. Les Turks ont
été la grande puissance de l'Asie centrale de la première moitié du vie siècle jusqu'au milieu du viie siècle. Mais de nombreuses branches de Turks continuèrent à subsister en Asie et, en particulier, celle des
Sedjoukides qui s'emparèrent en 1037 du Mawara-
n-Nahr (Transoxiane) et de là se répandirent dans
l'Iran, à Kirman, à Iconium (Konieh), à Alep, à
Damas. Les sultans seldjoukides d'Iconium furent
détruits en 1308 par les Mongols et leur empire
s'effrita en une foule de principautés. Au milieu du
xiiie siècle, le sultan d'Iconium Ala ed-din Kaiko-
bad II avait fait don à l'un de ses émirs, Ertoghrul
ibn Suleiman d'un petit territoire près de Dorylée
en Phrygie ; son successeur, Osman ou Othman
(1288-1326), se déclara indépendant des Seldjoukides ; c'est lui qui donna son nom à la famille qui
règne encore aujourd'hui en Turquie : les Osmanlis
ou Ottomans. Orkhan, successeur d'Osman, s'empara de Brousse (1326) et en fit sa capitale. Le second
successeur d'Osman, Mourad Ier (1359-1389), s'empara en 1360 d'Andrinople qui fut la résidence des

sultans ottomans de 1362 à 1453. Le fils de Mourad, Bayezid I Ilderim (1389-1402), vainquit les forces de la Chrétienté à Nicopolis en 1396, mais il fut arrêté dans sa marche triomphale par Tamerlan, qui écrasa les Turks dans une bataille décisive à Angora en 1402. Ce fut au cinquième successeur de Bayezid, Mahomet II, fils de Mourad, le vainqueur de Kosovo, que revient la gloire d'avoir mis fin à l'empire grec d'Orient en s'emparant en 1453 de Constantinople d'où nous essayons aujourd'hui de déloger ses descendants.

*
* *

Venons aux Bulgares. Les Chroniques arméniennes prétendent que sous le roi Arson Ier, au premier siècle avant l'ère chrétienne, des Bulgares chassés de leur pays par les guerres s'étaient établis au nord de l'Araxe ; ceci est douteux ; ce qui l'est moins, c'est qu'ils étaient établis aux environs de la mer d'Azov dans la seconde moitié du ve siècle ; ils étaient connus sous les noms de *Onogoundourous* (Constantin Porphyrogénète-Nicéphore) et de *Ounobundobulgares* (Théophane, *Chronog.*) qui les rapprochent des Huns. En 485, des hordes bulgares marchèrent vers le Borysthènes, traversèrent le Danube, mais furent chassées par Théodoric le Grand, roi des Ostrogoths. Nous les retrouverons tout à l'heure. Les Bulgares qui restèrent sur les bords de la mer d'Azov furent subjugués par les Khazars convertis au judaïsme au ixe siècle ; d'autres au commencement du ixe siècle marchèrent vers la Volga et la Kama, et créèrent le royaume de la Grande Bulgarie, Bulgarie intérieure (Bolgar Aldakhila), ou Bulgarie

noire ; on ignore si c'est la Volga qui a donné son
nom aux Bulgares ou si ce sont ceux-ci qui ont baptisé
le fleuve que Ptolémée appelait le *Rha*, Ménandre,
Attila, Constantin Porphyrogénète, *Atel* et *Etel*,
Théophane, *Atal*, Rubrouck, *Etilia*. Ils construisirent
près de l'embouchure de la Kama une capitale
nommée Brakhimof, qui fut détruite par André,
Grand Duc de Rostov et de Sousdal ; ils la rempla-
cèrent par Bolghar sur la Volga, au sud de la ville
actuelle de Kazan ; elle fut détruite par les Russes
en 968 ; prise par les Mongols en 1225, puis par Tamerlan en 1391, Bolghar est mentionnée par les voyageurs du moyen-âge, Plan Carpin, Guillaume de
Rubrouck, Marco Polo. Au xive siècle, le célèbre
géographe arabe Aboulféda écrivait qu'elle « est
située à l'extrémité septentrionale du monde habité,
non loin des rives du Volga, du côté du nord-est. Le
froid, à Bolar, empêche les fruits de mûrir ; aussi
n'y voit-on pas d'arbres à fruit : le raisin y est même
inconnu, mais la rave y vient à point ; elle est noire
et extrêmement grosse. Un homme de Bolar m'a dit
qu'au commencement de l'été le crépuscule ne cesse
pas d'éclairer l'horizon, et que les nuits y sont extrêmement courtes. Ce récit est véritable ; il est conforme
aux mouvements célestes. » Bolghar est aujourd'hui
représenté par le village de Bolgari.

En 921, le Kalife de Baghdad, Moctader Billah,
envoya une ambassade au roi des Bulgares, Almus,
fils de Silko, qui venait d'embrasser l'islamisme et
prit le nom de Dja'far et dont le fils entreprit en 924
le pèlerinage de la Mecque. Lors de la conquête mongole (1246), la Grande Bulgarie fit partie du royaume
de Kiptchak, domaine de Djoutchi, fils aîné de Gengis
Khan ; en 1438, Oulough Mohammed, cousin de Toka

Timour, de la famille de Djoutchi, transforma cet état en Khanat de Kazan qui subsista jusqu'à sa conquête par Ivan IV en 1552.

Retournons au Danube. Après leur défaite par Théodoric, les Bulgares chassés pendant quelques années, reparurent après le départ des Goths, ravagèrent la Thrace (499), la Macédoine, l'Epire et la Thessalie (517) ; puis recommencèrent leurs déprédations en 539 et en 559, puis ils s'allièrent aux Avares alors riches et puissants par leurs brigandages. Cependant quelques tribus n'acceptant pas cette alliance se retirèrent dans les états du roi de France, Dagobert, qui les envoya provisoirement en Bavière. Le Conseil du Roi, nous dit Lebeau, fut d'avis de se défaire de ces hôtes dangereux. On expédia des ordres secrets de les égorger tous dans la même nuit avec leurs femmes et leurs enfants. Il en périt 9.000 dans ce massacre cruel ; il ne s'en sauva que 700 qui trouvèrent une retraite chez les Esclavons Vinides (Vendes de la mer Adriatique).

En 679, une horde bulgare franchit le Danube sous le commandement d'Asparoukh, s'implanta au détriment des Slaves dans la région à laquelle elle imposait le nom qu'elle a portée depuis : Bulgarie. Les successeurs d'Asparoukh dont la dynastie est dite des Duloïdes étendirent au loin leur domaine : Kroum au commencement du ixe siècle s'avança jusqu'aux portes de Constantinople. Cette dynastie fut remplacée en 820 par celle d'Omortag sous laquelle les Bulgares se convertirent au christianisme (864) ; ils étaient commerçants et faisaient par leurs compatriotes établis à Constantinople, une telle concurrence aux marchands grecs qu'on les obligea à transporter leurs comptoirs à Thessalonique : ce

fut le signal de la guerre entre le tsar et l'empereur
Léon VI. Siméon poussa ses frontières jusqu'à la
Save, conquit la Valachie, mais, après sa mort, la
Bulgarie tomba dans l'anarchie ; envahie tour à tour
par ses voisins, elle lutta énergiquement jusqu'au
jour où ses troupes essuyèrent une terrible défaite
de la part des Byzantins au défilé de Cimbalongou
qui conduit de Seres à la haute vallée de Strymon
(Kara Sou) ; c'était le 29 juillet 1014 ; le vainqueur
Basile II fit crever les yeux à 15.000 prisonniers
bulgares, n'en épargnant qu'un sur cent qui simplement rendu borgne devait servir de guide à ses malheureux compagnons ; le tsar bulgare Samuel en
mourait de chagrin la même année, et sa mort sonnait le glas de l'indépendance bulgare. Quatre ans
plus tard, Basile II (qui mérita le surnom de *Tueur
des Bulgares*) entrait en triomphateur dans la capitale Ochrida : la Bulgarie devait rester sous le joug
de Byzance jusqu'en 1186.

Alliés aux Valaques, sous la conduite de Jovan
Asên I (1186-1196), les Bulgares reconstituèrent alors
un nouvel empire dont la capitale fut Tirnovo. Ils
firent un commerce actif avec les Ragusains, puis
avec les Génois et les Vénitiens ; le blé était leur
grand article d'exportation. Par un traité signé le
4 octobre 1352 avec un envoyé du doge Marino
Faliero par le tsar Jovan Alexandre Asên, Venise
obtenait le droit de construire des entrepôts jusque
dans l'intérieur du pays. Mais la Bulgarie tomba
rapidement en décadence : elle se divisa en trois
principautés indépendantes les unes des autres ; leur
faiblesse excita la convoitise de leurs voisins : le
tsar serbe Douchan s'empara de la Macédoine, mais
lorsque la Serbie disparut (1389), le reste de la Bul-

garie tomba entre les mains des Turks ; le dernier tsar, Jovan Schichman, fut tué en 1398 ; Widin fut capturé en 1396 ; la conquête turke était terminée en 1398. Désormais la Bulgarie était soumise au pouvoir politique des Osmanlis, au pouvoir religieux des Grecs ; par haine de ces derniers, un grand nombre de Bulgares se convertirent à l'Islam. Grâce à la Russie, la Bulgarie renaissait à la vie à la suite de la guerre d'Orient et des traités de San Stefano (3 mars 1878) et de Berlin (juillet 1878). Aujourd'hui, oubliant ses années de cruelle servitude, la Bulgarie se tourne contre son bienfaiteur et cherche à opprimer ses voisins qui n'ont eu que le tort de se défendre contre un ancien allié devenu un félon en 1913.

A quelle race appartiennent les Bulgares ? Ils ne viennent assurément pas des bords de l'Elbe comme les Slaves des Balkans, mais bien des rives de la mer d'Azov ou des bords de la Volga, c'est-à-dire des pays Tartares, c'est-à-dire des Turks. L'écrivain arabe Maçoudi nous disait déjà au xe siècle, que les Bulgares étaient d'origine turke ; ils ont, sans aucun doute, absorbé au cours des siècles quelques éléments finnois, grecs et même slaves, mais ils sont restés turks. Ils ont abandonné leur vieille langue bulgare pour une langue slave et ils ont embrassé l'orthodoxie, mais ils sont restés turks de race. Le Serbe, qui est slave, rit, chante, boit ; le Bulgare est silencieux et sobre. Sous une apparence de civilisation, on retrouve facilement dans le Bulgare l'ancêtre turk comme chez l'Allemand l'ancêtre germain avec sa sauvagerie native. Il eut fallu aux Bulgares pour chef un héros s'inspirant de la gloire du tsar Siméon ; ils ont la malechance d'être dirigés dans des voies obscures par un ambitieux sans scrupules et sans honneur imprégné des plus mauvaises traditions de Byzance : Ferdinand de Saxe-Cobourg-Gotha n'est pas un tsar bulgare, mais un basileus de la décadence.

Répétons-le : les Bulgares ne sont pas des Slaves ; ils n'ont du Slave qu'un vernis religieux et linguistique et ce vernis n'a pas modifié la race dans ses caractères essentiels : la cruauté, la fourberie, et, soyons justes, la bravoure. L'alliance du Bulgare et de l'Osmanli est l'alliance de deux peuples turks.

TABLE DES MATIÈRES

ABBEVILLE. — IMPRIMERIE F. PAILLART